Steinbach (Hrsg.)
Arabien: Mehr als Erdöl und Konflikte

Reihe:
Politisches Streiflicht

Udo Steinbach (Hrsg.)

Arabien: Mehr als Erdöl und Konflikte

Leske + Budrich, Opladen 1992

Bildnachweis:
Archiv für Kunst und Geschichte, Berlin 20, 298
dpa (Fotograf) 12, 174, 214 (Sanden), 242 (Grimm), 304 (Oftedal), 326, Titel
Heidi Peter, Kassel 92, 148, 272
Globus 180
Ullstein – Conti-Press 248

ISBN 3-8100-0981-4

Satz: Leske + Budrich
Druck und Verarbeitung: Presse-Druck, Augsburg

Printed in Germany

Inhalt

Vorwort

Die Araber und die „Arabische Welt“ begegnen uns nahezu täglich — in ganz unterschiedlichen Zusammenhängen — in den Medien. Gegenstand und Anlaß der Berichterstattung freilich sind zumeist wenig erfreulich.

Das hat viele Gründe. Einer ist in der Tat das schwere Erbe, das die Geschichte den Arabern hinterlassen hat: erst die Herrschaft des Osmanischen Reiches, später die anderthalb Jahrhunderte dauernde Dominanz Europas. Ein anderer Grund liegt naturgemäß in den Arabern selbst. Vergleichen mit anderen Teilen der nicht-europäischen (im weitesten Sinne) Welt tun sie sich schwer, die Gegebenheiten und Erfordernisse der Moderne anzunehmen und mitzugestalten. Ein dritter Grund aber liegt in unserem eingeschränkten Wahrnehmungsvermögen in einer Zeit, in der vornehmlich negative Sensationen, vermittelt in den Medien, eine breite Öffentlichkeit unterhalten.

In unseren Tagen, in der die Welt so rasch zusammenwächst, in der Schranken fallen und neue Formen vielseitiger Zusammenarbeit entstehen, sollten wir uns eine solche Fremdheit nicht mehr leisten. Das hier vorgelegte Bändchen soll deshalb ein wirklichkeitsnahes Bild der Araber und ihrer „Welt“ vermitteln. Es soll helfen, Fremdheit zu überwinden. Nach der Durchsicht der zumeist kurzen Beiträge soll der Leser das Gefühl haben, etwas mehr von der „arabischen Welt“, ihren Menschen und Problemen, aber auch ihren Bemühungen, in dieser Welt einen Platz zu finden, zu verstehen, als dies ihm aus der laufenden Berichterstattung möglich ist. Vor allem soll ein Gefühl dafür entstehen, daß die arabische Welt, wie übrigens alle Räume, die ein hohes Maß geographischer, geschichtlicher, kultureller und politischer Geschlossenheit aufweisen, vieldimensional und nicht auf wenige Schlagzeilen zu reduzieren ist. Dies gilt insbesondere auch für das arabische Geistesleben der Gegenwart, das uns mehr noch als das politische Leben unbekannt ist.

„Streiflichter" bedeuten keine systematische Ausleuchtung. Vielmehr werden einzelne Punkte kurz angestrahlt, die bezeichnend erscheinen für das Verständnis des Ganzen. Das Ganze soll also nicht aus den Augen verloren werden; doch dies durch die „Streiflicher" immer wieder herzustellen, soll dem Betrachter (Leser) überlassen bleiben.

Der inhaltliche Kern des Buches liegt in einer Doppelnummer, die die in Bonn erscheinende Wochenzeitung „*Das Parlament*" der „arabischen Welt" widmete (6. / 13. 9. 1991). Sie wurde damals redaktionell betreut von Dr. Johannes L. Kuppe, und vieles von seinem redaktionellen Engagement konnte übernommen werden. Ihm sei herzlich dafür gedankt. Zahlreiche Reaktionen auf die Zeitung damals drückten Bedauern aus, daß die Informationen und Analysen das Schicksal von Zeitungsbeiträgen würden teilen müssen, nämlich bei Erscheinen der nächsten Nummer vergessen zu werden und kaum noch auffindbar zu sein. So wurde die Idee einer Buchveröffentlichung geboren, bei der Edmund Budrich Geburtshelfer war. Ein herzlicher Dank auch ihm. Um den Kern der Zeitungspublikation wurden weitere Beiträge gruppiert, ohne allerdings den Charakter des „Streiflichts" zu verwischen.

Gemäß der Absicht, sich an ein breites Publikum zu richten, wurde auf orientalistischen Purismus verzichtet. Namen und Begriffe, die dem deutschen Leser vertraut sind, wurden so belassen, wie er sie kennt. Unbekanntere Begriffe werden so wiedergegeben, daß vom Schriftbild her eine korrekte Aussprache ermöglicht wird. Vereinheitlichungen der Umschrift, der Namen etc. unter den Beiträgen wurden so weit vorgenommen, als es sinnvoll erschien.

Hamburg, im März 1992 *Udo Steinbach*

1. Kapitel
Politische Ordnung im Übergang

Gesucht ist ein arabisches Sicherheitssystem. Der Golf-Kooperationsrat traf sich in Damaskus

Udo Steinbach

Die Krise am Golf — ein heilsamer Schock?

Den Deutschen begegnen die Araber in diesen Tagen mit einer Mischung aus Neid und Bewunderung. Beide beziehen sich auf ein und dasselbe: die deutsche Einheit. Die Deutschen haben erreicht, was den Arabern eine Fata Morgana geblieben ist, seit das Osmanische Reich im Ersten Weltkrieg zusammenbrach und die Neuordnung des Nahen Ostens anstand.

Kaum ein politisch bewußter Araber zwischen Marokko und Oman, der sich nicht eingestünde: Arabien steht noch immer — oder wieder einmal — in der Talsohle der Geschichte. Die Krise um Kuwait hat es zutage gebracht. Die Deutschen haben in ihren Augen demgegenüber historische Höhen erklommen.

Aufbrechender Nationalismus

In der Tat, die Krise um Kuwait hat auf den Zustand Arabiens ein erbarmungslos kaltes Licht geworfen. Da ist zunächst das Versagen, unter den Arabern zu einem übergreifenden Verständnis zu kommen, wie mit der Aggression des irakischen Diktators umzugehen sei. Die Zeiten Nassers schienen sich zu wiederholen. Breite Teile der arabischen Öffentlichkeit gaben einem emotional aufbrechenden Bekenntnis zum Arabertum spontanen Ausdruck. Das Gefühl, einer arabischen Schicksalsgemeinschaft anzugehören, wurde durch ihre Lesart der Ereignisse geschärft: Mit dem Aufmarsch der Alliierten schienen „die Araber" wieder einmal „dem Westen" gegenüberzustehen. Erstaunlich die Mobilisierung gerade dort, wo viele Beobachter sie zuletzt erwartet hätten, im Maghreb, dem Westen der arabischen Welt. Der arabische Nationalismus, totgesagt in den vergangenen zwei Jahrzehnten, artikulierte sich plötzlich in dramatischen Manifestationen.

Aber weder erfaßte er die Gesamtheit der Araber, noch schlug er am Ende politisch zu Buche. Zum einen natürlich war der Ausgangspunkt zu eindeutig: die Aggression eines starken arabischen Staates gegen seinen schwachen Nachbarn. Aber daneben hatten die arabischen Führer zu unterschiedliche Interessen, zu unterschiedlich war ihre politische Ausgangslage, als daß eine „arabische Lösung" hätte in den Karten sein können. Selten zuvor hat sich die Arabische Liga so ohnmächtig in einer innerarabischen Krise gezeigt.

Osteuropas Demokratisierung als Fanal

Darüber hinaus aber hatte die „nationale" Mobilisierung hinter Saddam einen faden Beigeschmack. Er ging von der Gestalt des irakischen Diktators selbst aus. Das totalitäre Regime in Bagdad war in der Vergangenheit alles andere als attraktiv erschienen. Im Gegenteil — ein Hauch von dem Sturm der Demokratisierung, der durch Osteuropa fegte, war auch in der arabischen Welt zu spüren. In Algerien war das Einparteienregime der „Front der Nationalen Befreiung" (FLN) 1989/90 praktisch zusammengebrochen. In Jordanien wurde im Herbst 1989 zum ersten Mal seit 1967 wieder ein Parlament gewählt. In Kuwait gingen im Frühjahr 1990 Menschen auf die Straße, um von der herrschenden Familie Sabah die Rückkehr zum Parlamentarismus zu fordern.

Bukarest im Dezember 1989, der urplötzliche Fall des rumänischen Diktators, fand einen starken Wiederhall. Wo würde es sich in der arabischen Welt wiederholen? Das Foto der Berliner Mauer, auf der jubelnde Menschen sitzen, im Hintergrund das Brandenburger Tor, war in Stuben und Büros zu sehen, wo sich politischer Protest artikulierte.

Saddam erst ein Ceaucescu, dann Hoffnungsträger? Die Krise um Kuwait hat die politische Tagesordnung verkehrt. Der Aufmarsch der Alliierten, angeführt von den USA, ließ erst einmal einen anderen Punkt auf der politischen Agenda hervorbrechen: den Kampf gegen auswärtige Mächte. Ein Bogen schien sich zu spannen zwischen dem Auftauchen der Franzosen geführt von Napoleon Bonaparte unter den Pyramiden im Jahre 1789 und dem Aufmarsch der Alliierten unter Führung von George Bush im Herbst 1990. Die Botschaften ähnelten einander in den Ohren vieler Araber: Damals die „mission civilisatrice“ und zwei Jahrhunderte später die „neue Weltordnung“.

Wo immer aber die Araber am Ende gestanden haben — auf der Seite der Alliierten oder Saddams —, die jüngste Krise hat erneut deutlich gemacht: Das Dilemma der „arabischen Nation“ ist auch ein Dilemma der politischen Strukturen. Die Zukunft dieser „arabischen Nation“ ist von politischer Öffnung, Demokratisierung und Menschenrechten nicht zu trennen.

An dieser Stelle freilich tritt eine andere Problemdimension in den Blick, die die jüngste Krise noch einmal aufgerissen hat: Das Verhältnis von Religion und politischer wie gesellschaftlicher Ordnung. Welchen Stellenwert hat der Islam, wenn ein Mann vom Schlage des irakischen Diktators zum „Heiligen Krieg“ aufrufen kann? Gemeint war nicht nur der Kampf gegen die nicht-islamischen Mitglieder der Allianz, allen voran natürlich die USA. „Heiliger Krieg“ vielmehr auch den Saudis, die die „Kreuzritter“ auf heiligsten islamischen Boden — Mekka und Medina liegen auf ihm — eingeladen hatten. Muslime wurden gegen Muslime aufgerufen. Fast ein Jahrzehnt hatte sich Saddam Hussein im Kampf gegen das „Heer des Mahdi“, das aus der benachbarten Islamischen Republik aufgebrochen war, um „über Kerbela nach Jerusalem“ zu ziehen, als lichtvoller Führer des modernen Arabien aufspielen können. In der Auseinandersetzung mit den Alliierten suchte er nun selbst die Religion zu instrumentalisieren, um die Massen zu mobilisieren.

Extremismus und Religion

Der Aufruf zum „Heiligen Krieg“ spaltete auch die Araber als Anhänger der islamischen Religion. Populistische islamische Führer, die aus der Religion eine politische Ideologie schmieden, waren willig, dem Aufruf Gehör zu schenken. Er paßte in ihr antiwestliches Weltbild. Die Religionsgelehrten selbst standen demgegenüber gegen den Aggressor und rechtfertigten den Aufmarsch der Alliierten auf saudi-arabischem Boden.

Ein extremistischer Islam scheint kaum in der Lage, die Beziehungen der arabischen Staaten und Regime untereinander auf eine stabile Grundlage zu stellen. Zu sehr haben westliche Ordnungsvorstellungen nach zwei Jahrhunderten politischer Modernisierung Platz gegriffen. Die politischen und gesellschaftlichen Eliten suchen vielmehr nach einem modernen Islam, der sich mit den politischen Prinzipien verbinden läßt, die am Ende des 20. Jahrhunderts Gesellschaften leiten, welche weltweit immer mehr zusammenrücken. So stand dem Paradox des Aufrufs zum „Heiligen Krieg“ das Paradox gegenüber, daß arabisch-islamische Regierungen an der Seite Amerikas gegen einen arabischen „Führer“ zu Felde zogen.

Kann sich ein extremistischer Islam auf eine Zukunft Arabiens unter dem Vorzeichen der Demokratie einstellen? Die Unruhen in Algerien, ausgelöst von der fundamentalistischen „Islamischen Heilsfront“, lassen Zweifel am Demokratieverständnis islamischer Extremisten aufkommen.

Der religiöse Extremismus wurzelt wesentlich — wenn auch nicht ausschließlich — in der wirtschaftlichen und gesellschaftlichen Krise weiter Teile der arabischen Welt. Ohne Zweifel hat sie sich in den letzten Jahren verschärft. In diesem Zusammenhang noch ein Schlaglicht, das von der Krise um Kuwait ausgeht: die vertane Entwicklungschance der Araber. Die Zahlen, die mit einem Mal über die Auslandsvermögen des Staates Kuwait und einzelner Kuwaitis kursierten, die Berichte über ihren Lebensstil, waren nicht neu. Aber in der aufgeheizten Atmosphäre wurden sie politisch brisant. Jene Araber, die hinter Saddam für die Sache der „arabischen Nation“ auf die Straße gingen, forderten, daß die Einnahmen „nationalisiert“ würden. Sie unter der arabischen Nation gerecht zu verteilen, würde bedeuten, sie der Verfügung derer zu entziehen, die ihre Souveränität — auch bei der Ölproduktion — westlichen Interessen verdankten.

Daß es ausgerechnet der irakische Diktator war, der sein Geld selbst in der Rüstung vergeudet hatte, welcher die Frage aufwarf, ändert nichts an ihrer Brisanz. Eine Chance ist verpaßt worden. Die Gründe dafür liegen auf der Hand: Es sind dies Wirtschafts- und Entwicklungsstrategien, die in die Sackgasse führten; Vergeudung, Rüstung und anhaltende Kriege — wie am Golf. Kein arabischer Ölproduzent kann sich von dieser Schuld freisprechen.

War die Krise um Kuwait ein heilsamer Schock? Es bleibt abzuwarten. Erst langsam erwachen die Araber aus der Benommenheit. Schockwirkungen haben sie schon früher hinnehmen müssen: etwa mit der Staatsgründung Israels 1948 oder der Niederlage der arabischen Armeen im Sechs-Tage-Krieg im Juni 1967. Aber noch niemals hat eine Krise alle Dimensionen der arabischen Befindlichkeit so aufgerissen, wie die turbulenten Monate vom August 1990 bis Februar 1991.

Die Araber können zwei Sachverhalten nicht mehr ausweichen, die sie sonst gern anders gesehen haben: Die Probleme der arabischen Welt lassen sich nicht auf den Konflikt mit Israel reduzieren, sondern sie haben eine eigene politische und geistige Tiefe. Dabei bleibt freilich der Konflikt mit Israel ein Brennpunkt. Ihn aufzulösen, würde es erleichtern, die Tiefendimension ihrer Probleme realistischer zu erfassen und eine Strategie ihrer Überwindung zu suchen.

Und zum anderen: Die Krise der arabischen Welt ist nicht ausschließlich das Ergebnis einer dunklen Konspiration auswärtiger Mächte, die sich summarisch als „der Westen" anprangern lassen. Sie ist zu einem großen Teil hausgemacht. Ihre Überwindung muß wesentlich von den Arabern selbst ausgehen.

Die politischen und geistigen Nachwirkungen der Operation „desert storm" sind im einzelnen noch nicht voll absehbar. Auch nach früheren Katastrophen hatten namentlich arabische Intellektuelle bemerkenswert freimütig Kritik an der eigenen Gesellschaft geübt. Die Tragweite dieser Kritik blieb freilich begrenzt.

Die Veränderungen, die die Welt in jüngster Zeit erlebt hat, sollten auch die Ausgangssituation für einen Wandel in der arabischen Welt bestimmen. Anzeichen deuten darauf hin, daß der Druck auf die Regime zwischen Marokko und Saudi-Arabien, ihre Herrschaft zu liberalisieren, anhält. Trotz spürbarer Unrast eines islamischen Extremismus ist unübersehbar, daß es die religiöse Ideologie nicht vermocht hat, neue Ordnungen zu schaffen, innerhalb derer die Entwicklungsprobleme der Araber hätten ernsthaft angepackt werden können. Unter diesen Vorzeichen erscheint die Beilegung des Geiselproblems im Libanon mehr als nur eine augenblickliche Konjunktur. Sie könnte als Ende einer religiös mobilisierten Konfrontation mit „dem Westen" um jeden Preis verstanden werden.

Auch die Auswirkungen der Beendigung des Ost-West-Konflikts auf den Nahen Osten beginnen sich abzuzeichnen: Regionale Krisen — auch dies ist eine der Lektionen des jüngsten Konflikts am Golf — sind wirkungsvoller steuerbar. Abenteuer wie das des irakischen Diktators sind riskant geworden. Die Regime schließlich, die jahrzehntelang den Sozialismus imitierten, um dafür aus Moskau Unterstützung für totalitäre Machtausübung zu erhalten, sehen sich dieses Beistands weitgehend beraubt. Vielleicht macht auch das sie geneigter, über „Perestrojka" nachzudenken. Die Vereinigung der beiden

Jemen, zeitgleich mit der deutschen (doch hierzulande leider zu wenig beachtet), ist ein Ergebnis dieses Wandlungsprozesses in der internationalen Politik.

Das Palästina-Problem

Wird es vor diesem Hintergrund endlich gelingen, eine Perspektive für die Lösung der Palästinafrage zu finden? Das Ende der Golfkrise hat erhebliche Bewegung gebracht. Die Rahmenbedingungen waren kaum je so günstig. Amerikanische Entschlossenheit, einen Verhandlungsprozeß in Gang zu setzen, die Bereitschaft Moskaus, mit Washington zusammenzuwirken, und eine Art von „neuem Denken" auf der arabischen Seite könnten veränderte Koordinaten sein, um die palästinensische Frage wieder auf die Agenda der internationalen Politik zu bringen.

Ohne „neues Denken" auf der israelischen Seite freilich wird nichts gehen. Die ungelöste Palästinafrage ist der Brennpunkt zahlreicher Probleme und Dilemmata der arabischen Welt. Sollte eine für alle Beteiligten annehmbare Lösung gefunden werden, könnten auch die mit der Kuwaitkrise aufgebrochenen inneren Spannungen in neuen Dimensionen angegangen werden: Spannungen um die Frage nach der „arabischen Nation", den inneren Ordnungen, nach der Rolle der Religion bei der Gestaltung der politischen und gesellschaftlichen Ordnungen und nach einer gerechten innerarabischen Wirtschaftsordnung.

Anfang einer Wende

So stehen die Araber am Anfang der 90er Jahre vor einem Paradox: Der Konflikt um Kuwait war zugleich die umfassendste Manifestation der politischen und geistigen Krise der arabischen Welt von heute. Zugleich aber kann sie Ausgangspunkt eines neuen Aufbruchs sein. Damit läßt sich eine historische Parallele zu Europa ziehen: 1918 war für beide ein Schicksalsjahr. Die alten Ordnungen, das Habsburgische, das Deutsche und das Osmanische Reich, brachen gleichzeitig zusammen. Die Geschichte seither, von 1918 bis 1990, war für beide, für Europa und Arabien, mehr eine Perversion als ein gerader historischer Weg. Für Europa tun sich nun neue Dimensionen auf. Auch die arabische Welt erhält eine Chance.

Ist es ihre letzte? Die Frage gewinnt ihre Brisanz im Lichte einer letzten Lektion des Golfkrieges. Einmal mehr hat sich der Westen als technologisch unerbittlich überlegen erwiesen. Wenn die arabische Welt in ihren alten Politik- und Denkmustern verhaftet bleibt, wird der Abstand des Westens in Wissenschaft und Technik noch größer. Dies aber steht in fundamentalem Gegensatz zur Vision des Arabers und Muslims von der Größe seiner Geschichte und der ihm tief innewohnenden Überzeugung von der Vollkommenheit der islamischen Religion, die auch seine Gesellschaft prägen und bestimmen sollte. Neue Verkrampfungen werden die Folge sein. Und neue Abenteurer vom Schlage eines Saddam Hussein werden auftreten, die aus dem Gefühl von Ohnmacht und Unterlegenheit politisches Kapital zu schlagen versuchen werden. Sie würden dann auf der gleichen Tastatur diffuser Komplexe und Aspirationen spielen wie der irakische Diktator. Wo diese Verführung endet, hat sich 1991 gezeigt.

Viele Experten hatten vorausgesagt, daß mit „desert storm“ die Kluft zwischen der arabischen Welt und dem Westen tiefer, die Feindseligkeit größer werden würde. Das Gegenteil scheint der Fall. Fast erscheint es, als würden die Araber Ballast abwerfen. Auf die Geiseln im Libanon ist schon hingewiesen worden. Aber auch die einsetzende Versöhnung im Libanon, das Ende eines über anderthalb Jahrzehnte dauernden Bürgerkriegs ist Indiz eines neuen Pragmatismus. Und die Akzeptanz Israels, der Wille, einen Kompromißfrieden zu schließen, scheint ausgeprägter als in der Vergangenheit. Bewegen sich — nach dem Gewitter am Golf — die arabische Welt und der Westen aufeinander zu? Hoffnung ist am Platze.

Napoleon in der Schlacht bei den Pyramiden am 21. Juli 1798 gegen die Mamelucken.
Radierung von P. J. A. Vallot, nach einem Gemälde von A. H. Gros, 1810.

Helmut Mejcher

Die vergewaltigte arabische Nation

Das koloniale Erbe

Die arabischen Territorialstaaten sind größtenteils aus den Nachkriegsordnungen der beiden Weltkriege dieses Jahrhunderts hervorgegangen. Freilich werden ihre eigentlichen Geburtsstunden in den finsteren Geheimabsprachen, in den leutseligen Anti-Kriegsreden sowie in den Finanzkalkulationen der halbbankrotten britischen und französischen Kolonial- bzw. europäischen Siegermächte dokumentiert. Auf Jahr und Tag ist das Datum also nicht zu fixieren. Vielmehr handelt es sich um einen Prozeß, der mit atemberaubender Geschwindigkeit innerhalb eines halben Jahrzehnts — in den Jahren von 1915 / 16 bis 1921 / 22 — abläuft.

An der Wiege der arabischen Staaten wie Irak und Syrien standen nicht nur die zu Recht vielgeschmähten Kolonialherren, sondern auch deren radikale Imperialismuskritiker, die als Apostel des Völkerbunds bezeichnet werden können. Der amerikanische Präsident Woodrow Wilson hatte seinen Schutzschirm für das Selbstbestimmungsrecht der Völker — Minderheiten wurden übersehen — rasch einrollen müssen. Seine Vorstellungen von einer neuen Weltordnung kollidierten mit den politischen und gesellschaftlichen Interessen zwischen Potomac und Pazifik. Der Völkerbund wurde zu einer anglo-französischen Domäne. Selbstbewußt hatte der frühere britische Vizekönig in Indien und inzwischen stellvertretende Außenminister an der Themse, Curzon, im Januar 1921 die Chance erkannt, in Genf „hoch spielen" zu können. Doch welcher Spielraum war der Friedensbewegung im Völkerbund geblieben ? Anläßlich einer Konferenz seiner Gründungsväter in New York im Jahre 1928 hatte der Vorsitzende Brailsford, der die koloniale Aufteilung Afrikas in seinem Buch: „The War for Steel and Gold" gründlich untersucht hatte, das Mandatssystem für den Nahen Osten mit Untertönen der Resignation „als schlimmstes Feigenblatt der ganzen Show“ bezeichnet, mit einer gewissen Erleichterung aber dennoch festgestellt, daß der Imperialismus immerhin zeitlich befristet bzw. gezähmt sei.

Was hatte es mit diesem Mandatssystem auf sich? Wie ist die absurde Geburtstagsparty von kolonialen Empirearchitekten und Verfechtern einer friedensstiftenden Rolle von „international government“ zu erklären? Gab es Mitspieler in der nahöstlichen Region? Wen verwundert es nicht, daß z.B. zu den ursprünglichen Völkerbundsmitgliedern und Unterzeichnerstaaten des Versailler Friedensvertrags mit Deutschland der Hedschas zählte, also jene heutige Provinz Saudi-Arabiens, die im Ersten Weltkrieg von dem Haschemitenfürsten Hussein regiert wurde, der die arabische Unabhängigkeitsbewegung vertrat und mit dem berühmt-berüchtigten britischen Agenten Lawrence von Arabien „gemeinsame Sache“ machte?

Erster Weltkrieg als Geburtshelfer

Die Zusammenhänge lassen sich kurz darstellen. Der Erste Weltkrieg war eine Schlacht der europäischen Giganten um den Erhalt oder den Griff nach der Weltmacht. Die Mittel reichten von der industriellen Kriegsmaschinerie mit ihrer Massenvernichtung und ihrem Giftgas bis zur sogenannten Revolutionierung untertäniger Kolonialvölker des Gegners. Die arabischen Provinzen des Osmanischen Reiches, des deutschen Kriegsalliierten, gerieten zwangsläufig in die anglo-französische Kriegslogik. Doch es ging um mehr. Das Szenarium eines Zusammenbruchs des Osmanischen Reiches gehörte im späten 19. Jahrhundert zu den Sandkastenspielen der europäischen Diplomaten. Der schlimmste Fall wäre ein Machtvakuum am Bosporus und an den Dardanellen gewesen. Besonders das Britische Empire, das schon jede direkte Berührung mit dem zaristisch-russischen Erzrivalen an der Nordwestgrenze Indiens zu vermeiden suchte, wollte auch ein Vordringen Rußlands durch die Meerengen unbedingt vermeiden. Aber im Ersten Weltkrieg galt St. Petersburg als ein höchst willkommener Verbündeter gegen Deutschland. Auf russisches Begehren wurden daher dem Zar im Konstantinopel-Abkommen von 1915 großzügige Konzessionen an den Meerengen und in Nordostanatolien gemacht.

Im anglo-französischen Ergänzungsabkommen ein Jahr später, das nach den Unterhändlern Mark Sykes und George Picot benannt ist, wurden die jeweiligen Interessensphären so festgelegt, daß den Franzosen eine Zone vom Libanon über Syrien und Südanatolien nach Mossul zufiel und die Briten südlich davon einen Landkorridor von Palästina nach Bagdad und Kuwait bzw. vom Mittelmeer nach Iran und Britisch-Indien erhielten. Mit der arabischen Unabhängigkeitsbewegung, die die britische Regierung inzwischen notgedrungen mit diplomatischen Zusagen vor den eigenen Karren gespannt hatte, glaubte London am Ende des Krieges leichtes Spiel zu haben — schließlich waren auch indische Rajas zu beugen gewesen.

Einen Strich durch diese veraltete Annektions- und Protektoratspolitik machte das amerikanische 14-Punkte-Programm für eine neue Weltordnung — obgleich Washington nicht in den Krieg gegen das Osmanische Reich eintrat. Die Forderungen der Bolschewisten nach ihrer gelungenen Revolution in Rußland sowie die von den Gewerkschaftsbewegungen und Linksliberalen in Europa entfachten Kriegszieldiskussionen trugen mit dazu bei, daß von einer Politik der Annektionen Abschied genommen werden mußte. Großbritannien und Frankreich konnten ihre Interessensphärenpolitik im Nahen Osten nur noch dadurch verwirklichen und legitimieren, daß sie sich im Auftrag des von ihnen dirigierten Völkerbunds verpflichteten, aus der Konkursmasse des Osmanischen Reiches am Orontes, Jordan und Tigris Nachfolgestaaten zu schaffen. Laut Artikel 22 der Völkerbundssatzung sollte für diese — gegenüber afrikanischen Kolonien — fortgeschritteneren sogenannten A-Mandate das Selbstbestimmungsrecht der Bevölkerung bzw. das Wahlrecht bezüglich eines Mandatars größere Bedeutung haben. Der Machtantritt der Mandatare hinterließ aber andere Spuren: In Syrien wurde die Verfassungsgebende Versammlung des Nationalkongresses von den Franzosen gewaltsam aufgelöst und der designierte konstitutionelle Monarch aus dem Lande gejagt. Dieser wiederum — Faisal I. — wurde von den Briten im Irak auf den Thron gehoben. Er empfahl sich als scheinbar willfähriges imperiales Kontrollinstrument des allmächtigen britischen Hochkommissars.

Die Kolonialmächte machen es sich leicht

Die politische Struktur dieser arabischen Nachfolgestaaten des Osmanischen Reichs glich nur formal den Grundsätzen europäischer Verfassungsstaaten. Ein Gesellschaftsvertrag, eine parlamentarische

Demokratie — derlei Aufgaben eines Staats- und Nationenbildungsprozesses erschienen den Mandataren bald als zu aufwendig, zumal sich in diesen Institutionen der Widerstand bzw. das Beharren bisheriger Herrschaftsverhältnisse auf dem Lande und in den Städten formierte. Die großen sozialen Probleme in den europäischen Mutterländern geboten eine billige Kontrollpolitik in den imperialen Besitzungen.

Auf der britischen Kolonialkonferenz in Kairo im Jahre 1921 legte der damalige Kolonialminister Winston Churchill, in dessen Zuständigkeit die arabischen Nahostmandate fielen, den Einsparungsschlüssel fest: ein „konstitutioneller" König mit außergewöhnlichen Vollmachten (für den britischen Kommissar) war als Vertragspartner billiger als ein aufrührerisches nationales Parlament. Dieses kostensparende Konzept der Briten bescheinigte dem Irak als erstem Mandatsstaat bereits im Jahre 1932 den staatlichen Reifegrad und die Mitgliedschaft im Völkerbund. Die Franzosen taten sich schwerer; die Unabhängigkeit Syriens und Libanons am Ende des Zweiten Weltkriegs war letztlich das Ergebnis eines anglo-amerikanischen Ultimatums an De Gaulle.

Die inneren und äußeren Bedingungen der Nachkriegsordnung für den Nahen Osten am Ende beider Weltkriege ähneln sich in frappanter Weise: Die Administration in Washington hatte nach 1945 die vitalen Interessen der amerikanischen Nation im Arabisch / Persischen Golf entdeckt. Ihre weltweiten Verpflichtungen in der Ära des Kalten Kriegs zwangen im Nahen Osten jedoch zur Arbeitsteilung mit den Briten. Willfährige Vertragspartner vermutete Washington in den neuartigen Sozialaufsteigern in Kreisen der Militärs in Ägypten, Syrien und im Irak. Dem britischen Verbündeten wurde unterstellt, daß er den sozialen Wandel fürchte und deshalb die traditionellen Eliten der Notabeln und Stammesscheichs konserviere. Im Grunde aber betrieben beide Mächte dieselbe Politik: die Kooptation von „kostengünstigen" Vertragspartnern zu Lasten demokratischer Innovationen bzw. der Unterstützung eines wirklich entwicklungspolitischen Staatsbildungsprozesses. Wie sich die Bilder ähneln!

Widerstände

Der von der britischen Regierung nachdrücklich geförderte Lawrence-Mythos verdeckte unter dem Mantel der Beduinenromantik die Realitäten der arabischen Urbanität und politischen Intelligenzia etwa in Basra, Bagdad und Damaskus.

Die Geheimabkommen im Verlauf des Ersten Weltkriegs durchschnitten eben nicht nur Territorien, sondern sie würgten auch den arabischen Selbstfindungsprozeß, der in den osmanischen Reichsreformbestrebungen des späten 19. Jahrhunderts seinen Ausgang genommen hatte, schlicht und einfach ab. Im Irak ging der oktroyierten Staatsgründung ein Aufstand der Bevölkerung voraus. In Syrien revoltierten der Nationalkongreß sowie die Drusen. In Palästina regte sich Widerstand gegen die Politik der Jüdischen Nationalheimstätte. In Ägypten und auch im fernen Tunesien wurden die Verfassungsbewegungen unterdrückt.

Das Auseinanderklaffen von Herrschaft und Gesellschaft in arabischen Ländern mag u.a. als Erbe osmanischer Regierungstechnik betrachtet werden. Schwerwiegender ist allerdings der Vorwurf, daß die Briten und Franzosen in ihrer Verwaltung der Nahostmandate de facto eine ähnliche Praxis fortsetzten und damit ihren Anspruch, demokratische Institutionen entwickeln zu wollen, von Anfang an unglaubwürdig machten.

Eine historische Tragik liegt ferner darin, daß gegen Ende des Zweiten Weltkriegs bzw. schon zu Beginn des Kalten Kriegs von den westlichen Hegemonialmächten im Nahen Osten emanzipatorische soziale Bewegungen und Parteien in den arabischen Ländern sämtlich in die Nähe sozialrevolutionärer Bewegungen gerückt und als Steigbügelhalter des sowjetischen Kontrahenten angesehen wurden. Im Namen von Demokratie und Freiheit konnte sich daher etwa im Irak Nuri as-Sa'ids eine repressive politische Kultur westlicher Gunst erfreuen. Bestenfalls wäre vor allem der amerikanischen Politik ein arabischer Atatürk willkommen gewesen.

Die politische Programmatik der Bewegung der Freien Offiziere in Ägypten, Syrien und bald auch im Irak mit ihren Forderungen nach politischer und wirtschaftlicher Dekolonisation sowie außenpolitischer Blockfreiheit ließ sich jedoch nicht in die Erdölstrategie westlicher Sicherheitspolitik einbinden.

Westliche Sicherheitsinteressen dominieren

Insgesamt wirkten sich die westlichen Vorstellungen von einer neuen Weltordnung am Ende der beiden Weltkriege also eher abträglich auf die Staats- und Nationenbildungsprozesse im Nahen Osten aus. Sogenannte Ordnungspolitik und Demokratisierung liefen auf eine imperiale Verordnungspolitik im Dienste westlicher Sicherheitsinteressen hinaus. Strukturelle Defizite arabischer Gesellschafts- und Verfassungspolitik wurden infolge der Kooptation von „Mitspielern“ seitens der Hegemonialmächte konserviert, wenn nicht weiter deformiert. Sie trugen zur Dominanz der Kontrahenten des Kalten Kriegs bei. Zumindest gehören die hier geschilderten Erfahrungen zur historischen Erinnerung und auch zum Trauma arabischer Völker und vieler Muslime.

Natürlich weist die arabische Welt insgesamt unterschiedliche historische Prägungen auf, und zweifellos ist sie auch nicht erst seit der Golfkrise von eigenen inneren Machtgegensätzen zerrissen. Tragisch ist aber auch hier deren schicksalhafte Verkettung mit der internationalen Politik. Ein Blick zurück in die Vergangenheit mag diesbezüglich aussagekräftiger sein als die vielen und noch kaum wirklich belegbaren Annahmen über die aktuelle Lage.

Es war schon vom Hedschas die Rede. Der dortige Emir und Urgroßvater des heutigen jordanischen Königs hatte nach der Pariser Friedenskonferenz den von seinem Sohn Faisal unterzeichneten Versailler Vertrag nicht ratifiziert. Seine Vorbehalte richteten sich gegen den Mandatsartikel 22 der Völkerbundssatzung, der ihm mit den Zielen der arabischen Unabhängigkeitsbewegung zu Recht unvereinbar erschien. Hussein, der zugleich Hüter der Heiligen Stätten des Islam war, trat dann wegen der Behandlung der Palästinafrage auch dem Lausanner Friedensvertrag (1922/23) mit der Türkei nicht bei. Der Hedschas, ein Ursprungsmitglied des Völkerbunds, hatte sich damit sozusagen aus der neuen „westlichen“ Weltordnung hinauskatapultiert. Diplomatisch isoliert und bar jeder völkerrechtlichen Stellung, konnte der schutzlose Hedschas vom wiedererstarkten Wahhabitenstaat der Al Saud einverleibt werden. Hussein wurde von den Völkerbundsmächten fallengelassen und starb später im Exil in Zypern. Auf der Arabischen Halbinsel hatte sich eine arabische Ordnungsstruktur durchgesetzt, deren Erhalt schon bald mit den westlichen Sicherheitsinteressen konvergieren sollte. Nördlich der Halbinsel, im sogenannten Fruchtbaren Halbmond, sollte dagegen der Nahostkonflikt bzw. die Palästinafrage eine neue Ordnungsstruktur bis heute verhindern.

Wolfgang Köhler

Das innerarabische Machtgefüge

Wechselspiel der Koalitionen

Mit der militärischen Niederlage des Irak hat sich auch das innerarabische Machtgefüge, voraussichtlich auf längere Zeit, grundlegend verändert. Anderthalb Jahre nach der Invasion Kuwaits ist der Irak infolge des Krieges von einer Regionalmacht zu einem Land geschrumpft, dessen hungernde Bevölkerung ums Überleben kämpft. Der Irak ist im Krieg nicht nur militärisch, sondern auch wirtschaftlich für viele Jahre „zurückgebombt" worden, regionale Vormachtansprüche kann die Führung in Bagdad nicht mehr erheben. Saddam Hussein hat freilich nicht nur die schwere militärische Niederlage überstanden, sondern auch das anhaltende wirtschaftliche Embargo, die internationale politische Isolierung und Aufstände im Inneren. Die irakische Armee, die nach der Niederlage stark genug war, die Aufstände im Inneren niederzuschlagen, unterliegt strengen Rüstungskontrollen der alliierten Siegermächte und bildet unter diesen Umständen für die unmittelbare Zukunft kein Machtinstrument mehr.

Irak: Regionale Vormacht

Als Saddam Hussein im Juli 1979 mit dem Amt des Staatsoberhauptes auch förmlich die Macht im Irak übernahm, befand sich sein Land auf dem Wege zu einer regionalen Vormacht. Die Stellung des Irak innerhalb der arabischen Welt wurde zusätzlich gestärkt infolge des ägyptisch-israelischen Separatfriedens von 1978/79, der den innerarabischen Machtrivalen Ägypten unter den arabischen Staaten weitgehend isolierte und diese sogar zur Verlegung des Hauptquartiers der Arabischen Liga von Kairo nach Tunis veranlaßte.

Der Sturz des Schahs 1979 schien dem Irak die Möglichkeit zu bieten, Iran als Vormacht am Golf abzulösen und sich zudem als Verteidiger der arabischen Welt gegen den über die Grenzen Irans hinausdrängenden revolutionären Islam zu profilieren.

Kuwait: neues Angriffsziel

Den Krieg gegen Iran, den die Machthaber in Bagdad Anfang September 1980 auslösten, überstand der Irak jedoch nur dank der militärischen und wirtschaftlichen Unterstützung der meisten arabischen Länder, vor allem der Golfstaaten und Ägyptens sowie der Sowjetunion, westeuropäischer Länder und der Vereinigten Staaten, die alle ihrerseits eine Ausbreitung des fundamentalistischen Islam über Iran hinaus verhindern wollten. Als die beiden Kriegsgegner, erschöpft von dem acht Jahre langen Krieg, sich im August 1988 auf einen Waffenstillstand einigten, sah sich Saddam Hussein als Sieger und erfolgreicher Verteidiger nicht nur des eigenen Landes, sondern auch der „arabischen Ordnung" gegen den Ansturm des revolutionären Islam aus Iran.

Anstatt die wirtschaftliche Kraft auf den Wiederaufbau seines vom Krieg schwer getroffenen Landes zu konzentrieren, rüstete er jedoch weiter, füllte vor allem seine Arsenale an Raketen und chemischen Waffen. Obwohl der Konflikt mit Iran noch nicht förmlich beendet war und irakische Truppen, zusätzlich zu Beobachtern der Vereinten Nationen, die Grenze zu Iran sicherten, richtete Saddam Hussein seine politisch-militärische Stoßkraft nach Süden und Westen. Kuwait hatte den Krieg in unmittelbarer Nähe des irakisch-iranischen Kampfschauplatzes unbeschadet als Verbündeter des Irak überstanden, obwohl die kuwaitische Führung die Kontakte zu Teheran nicht abgebrochen hatte und den iranischen Außenminister Velayati gelegentlich zu nächtlichen Geheimbesuchen empfing.

Nach dem Krieg richteten sich die besorgten Blicke der Kuwaiter weniger nach Iran als auf ihre Nachbarn zu Lande, den Irak und Saudi-Arabien, die beide in der Vergangenheit territoriale Ansprüche erhoben hatten und, so meinten manche Kuwaiter seinerzeit, das kleine Emirat am liebsten noch immer schlucken würden. Drohende Signale aus dem Irak wie die Weigerung, die Grenzfrage zu klären, und Ansprüche auf die Inseln Bubijan und Warba, selbst das Vordringen irakischer Truppen am 15. Oktober 1988 für einige Stunden, wurden in Kuwait offiziell verdrängt und öffentlich totgeschwiegen.

Die Mitgliedschaft des Irak im Arabischen Kooperationsrat, den die Staatsoberhäupter Ägyptens, des Irak, des damaligen Nordjemen und Jordaniens am 19. Februar 1989 in Bagdad proklamierten, wurde in Kuwait als ein Anzeichen begrüßt, daß Saddam Hussein nun seine Aufmerksamkeit vom Golf weg und dem „Fruchtbaren Halbmond" zuwenden werde. Im Libanon intensivierten die irakischen Machthaber ihre Unterstützung der christlichen Nationalisten unter dem Rebellengeneral Michel Aun im Kampf gegen Saddam Husseins Erzfeind in der arabischen Welt, den syrischen Führer Hafiz al-Asad, der im irakisch-iranischen Krieg auf Seiten Irans gestanden hatte. Syrien blieb ebenso wie der Libanon aus dem Rat ausgeschlossen und sah sich von den Machtgruppierungen in der arabischen Welt isoliert, ebenso der Sudan, über dessen Aufnahme in den Kooperationsrat seinerzeit gesprochen worden war, und Südjemen. Die fünf Maghreb-Staaten Libyen, Tunesien, Algerien, Marokko und Mauretanien bildeten im Frühjahr 1989 die dritte Regionalvereinigung im Rahmen der Arabischen Liga, die „Union des arabischen Maghreb".

Die irakische Mitgliedschaft im Arabischen Kooperationsrat, der sich vor allem wirtschaftliche Ziele gesetzt hatte und „gemäßigte" und pragmatische Führer wie Staatspräsident Mubarak von Ägypten und König Hussein von Jordanien einschloß, wurde im Westen zunächst als eine Versicherung aufgefaßt, daß Saddam Hussein keinen „extremistischen" Kurs verfolge. In der arabischen Welt, im besonderen in Saudi-Arabien, wurde der Viererblock eher als ein weiterer Zug in den innerarabischen Machtspielen verstanden, vor allem als ein Druckmittel auf das saudi-arabische Königreich, das sich durch den Einschluß seines jahrzehntelangen Rivalen Nordjemen (der sich im Mai 1990 mit Südjemen zusammenschließen sollte) eingekreist und in seiner traditionellen Vormachtrolle auf der Arabischen Halbinsel herausgefordert sah.

Saudi-Arabiens Sorgen

Die Ängste der saudi-arabischen Herrscher vor einer solchen Einkreisung sollten sich im darauffolgenden Jahr nach der irakischen Invasion Kuwaits durch die politische Anlehnung des Jemen und Jordaniens an die irakische Position bestätigen. Als sich 1981 Saudi-Arabien mit Kuwait, Bahrain, Qatar, den Vereinigten Arabischen

Emiraten und Oman zum Arabischen Golfkooperationsrat zusammenschloß, blieben der Irak und die beiden Jemen-Staaten zu ihrer Verärgerung ausgeschlossen.

Kaum hatten der Irak und Iran einen Waffenstillstand abgeschlossen, da beeilten sich — zur abermaligen Verärgerung der irakischen Führung — Saudi-Arabien, Kuwait und Bahrain, ihre Beziehungen zu Iran zu verbessern, die Oman und die Vereinigten Arabischen Emirate auch während des Krieges gepflegt hatten. Der Abschluß von zwei irakisch-saudi-arabischen Vereinbarungen über Nichteinmischung in die inneren Angelegenheiten des anderen und über gegenseitigen Gewaltverzicht beim Besuch König Fahds in Bagdad am 25. März 1989, wenige Wochen nach der Proklamation des Arabischen Kooperationsrates, schien auf den ersten Blick saudi-arabische Ängste zu besänftigen, wurde jedoch eher als eine Bekräftigung irakischer Drohungen und Machtgelüste verstanden.

Der irakische Einfall in Kuwait im darauffolgenden Jahr sollte Saddam Hussein nach seinem eigenen Verständnis und im Verständnis seiner Anhänger im eigenen Land und darüber hinaus den Weg zum Führer der arabischen Welt eröffnen. Als Herausforderer Israels und des Westens war er vielen Arabern schon in den Monaten zuvor wie ein „neuer Nasser" erschienen, der nicht nur nationalistische, sondern auch religiöse Appelle an die arabischen Massen richtete. Mit seiner Drohung, im Falle eines israelischen Angriffs halb Israel mit chemischen Waffen zu vernichten, und seinem Versprechen, Jerusalem zu befreien, fand er unter den Arabern schon vor dem Einfall in Kuwait ein begeistertes Echo. Der immer wieder enttäuschte Traum, den als angemessen empfundenen Ehrenplatz in der Weltpolitik wieder einzunehmen, schien sich für die Araber nun endlich zu erfüllen.

Tatsächlich brachte Saddam Hussein mit seiner Invasion jedoch die bisherige „arabische Ordnung", deren Verteidigung im Kampf gegen Iran er sich gerühmt hatte, zum Zusammenbruch, spaltete die arabischen Regime und schwächte damit die Kampfkraft der Araber gegenüber den von ihm selbst erklärten Feinden: Israel und dem Westen. Denn mit der Auslösung des „zweiten Golfkrieges" überschritt Saddam Hussein nicht nur abermals die Grenzen seines eigenen Landes, sondern auch die Begrenzungen, die das internationale Gleichgewicht politischer, wirtschaftlicher und strategischer Interessen dem Irak gesetzt hatte. Denn die Vereinigten Staaten und ihre Verbündeten, die durch ihre Unterstützung Saddam Husseins verhindert hatten, daß das Machtvakuum am Golf nach dem Abzug

Großbritanniens in den sechziger Jahren und dem Zusammenbruch des Schah-Regimes 1978/79 durch islamische Revolutionäre in Iran ausgefüllt wurde, griffen nun direkt ein, um Saddam Husseins Irak am Aufstieg zur Führungsmacht in der ölreichen Golfregion und darüber hinaus als potentielle Vormacht im Nahen Osten und Bedrohung Israels zu hindern.

Saddams Fehlkalkulation

Der irakische Führer verkannte die veränderte internationale Lage nach dem Ende des Kalten Krieges: Es gab nur noch eine Großmacht, die Vereinigten Staaten, deren Rolle im Nahen Osten und darüber hinaus durch ihren militärischen Sieg über den Irak zusätzlich bestätigt wurde; die Rivalität zwischen den Vereinigten Staaten und der Sowjetunion konnte kein Herrscher der „Dritten Welt" mehr zur Verbesserung der eigenen Machtstellung ausnützen. Zudem schätzte Saddam Hussein offenbar die militärischen Kräfteverhältnisse, vor allem auch die Kampfkraft seiner eigenen Streitkräfte und seiner Gegner falsch ein. So spielte er mit seinem gewaltsamen Vorgehen gegen Kuwait und seiner Bedrohung Saudi-Arabiens und Israels letzten Endes denjenigen in die Hände, die zu bekämpfen er ausgezogen war.

Syrien, dessen Führer Asad die Zeichen der Zeit besser erkannte als sein irakischer Machtrivale und sich der antiirakischen Kriegskoalition unter Führung der Vereinigten Staaten anschloß, gehörte gemeinsam mit den sechs Staaten des Golfkooperationsrates und Ägypten zu den arabischen Siegern des Krieges und überwand so seine Isolierung in der arabischen Welt und in der internationalen Politik.

Für seine Parteinahme wurde Syrien nicht nur finanziell von den unmittelbar betroffenen Golfstaaten: Kuwait, Saudi-Arabien und Vereinigte Arabische Emirate, belohnt, sondern auch politisch. Die Machthaber in Damaskus erweiterten schon vor Kriegsbeginn, im Oktober 1990, durch einen entscheidenden militärischen Schlag gegen ihre Feinde im Libanon, die christlichen Nationalisten unter General Aun, ihren Einflußbereich, ohne auf Proteste oder gar Widerstand von Seiten Israels und der Vereinigten Staaten zu stoßen. Anders als Saddam Hussein mit seinem plumpen Gewaltakt gegen Kuwait, nutzte Asad geschickt die Gunst der veränderten politischmilitärischen Umstände, um der Verwirklichung traditioneller syrischer Ansprüche wenigstens auf ein historisches „Groß-Syrien" näherzukommen.

Ägyptens Wiederaufstieg

Die zentrale Rolle Ägyptens in der arabischen Welt, die infolge des ägyptisch-israelischen Separatfriedens von 1978/79 zeitweilig suspendiert worden war, ist als Ergebnis des Krieges am Golf zusätzlich bestätigt worden, ohne daß Ägypten durch den einst von Gamal Abd an-Nasir (Nasser) erhobenen Führungsanspruch belastet wird. Die Rivalität zwischen den Machtzentren Bagdad und Kairo ist infolge des Krieges zugunsten von Kairo entschieden worden. Der ägyptische Präsident Mubarak verfügt jedoch weder über die Ausstrahlungskraft eines Nasser, noch erhebt er wie Saddam Hussein einen Führungsanspruch als „neuer Saladin", der die Araber unter seiner Herrschaft vereinigen und Palästina von den Israelis befreien möchte. Die Führung in Kairo betont die zentrale Rolle Ägyptens für die Sicherheit der arabischen Welt, nachdem Ägypten im Kampf gegen Saddam Husseins Irak den Eckstein der arabischen Kriegskoalition gebildet hatte: weniger durch die etwa 40 000 an den Golf entsandten Soldaten, vielmehr noch als strategisches Hinterland, denn ein großer Teil des militärischen Aufmarsches und Nachschubs der antiirakischen Kriegsallianz gelangte entweder durch den Suez-Kanal oder durch den ägyptischen Luftraum an den Golf. Zudem bildete Ägypten ein politisches Gegengewicht zu der öffentlichen Unterstützung, die Saddam Hussein unter der Bevölkerung der Maghreb-Länder, unter den Palästinensern, in Jordanien, im Sudan und im Jemen erhielt.

Rolle der Arabischen Liga

Mit der einstimmigen Wahl des ägyptischen Außenministers Abd al-Magid zum Generalsekretär der Arabischen Liga Mitte Mai hat sich Ägypten seine Rückkehr in den Mittelpunkt arabischer Politik ein weiteres Mal bestätigen lassen. Diese Einstimmigkeit schon als Anzeichen künftiger arabischer Einigkeit und Solidarität im Rahmen der Liga sehen zu wollen, erscheint jedoch voreilig. Denn die Übereinstimmung der Liga-Mitglieder reicht bisher über die Wahl des Generalsekretärs und Kairos als Sitz des Liga-Hauptquartiers kaum hinaus. Als sich die arabischen Regime nach der irakischen Invasion Kuwaits als unfähig erwiesen, den Konflikt untereinander im Rahmen der Liga zu regeln, und sich die Liga in Gegner des Irak und solche spaltete, die sich dem irakischen Standpunkt mehr oder weniger anschlossen, war die Liga schon totgesagt worden. Daß die Liga inzwischen von allen Mitgliedern zumindest als eine Art gesamtarabischer Treffpunkt in Kairo anerkannt wird, erscheint als ein weiteres Anzeichen für die aus dem Krieg gestärkt hervorgegangene Rolle Ägyptens als die zentrale politische Macht in der arabischen Welt.

Kriegskoalition zerbröckelt

Während es der Liga immerhin gelang, sich nach ihrer schwersten Krise im Jahre 1990 in einem, wenn auch politisch wenig verbindlichen Rahmen wieder zusammenzufinden, zerbröckelte die arabische Kriegskoalition gegen den Irak schon bald nach Kriegsende. Marokko, das als einziges Maghreb-Land zunächst etwa 1 200 Soldaten als Bestandteil der antiirakischen Kriegskoalition an den Golf entsandt hatte, war unter dem Druck der öffentlichen Meinung im eigenen Land und in den anderen Maghreb-Ländern ausgeschert. Die „Erklärung von Damaskus" vom 6. März 1992, eine Rahmenvereinbarung der sechs Mitglieder des Golfkooperationsrates mit Ägypten und Syrien über die Sicherheit der Golfregion und die Bildung eines Fonds zur wirtschaftlichen Entwicklung, blieb weitgehend unverwirklicht. Abgesehen von den Rivalitäten unter den Golfstaaten, unter denen Saudi-Arabien die Vormachtstellung beansprucht, bilden politische Meinungsverschiedenheiten Hindernisse für die geplante Bildung einer gemeinsamen Streitmacht am Golf: Wer bedroht die Sicherheit des Golfes? Kuwait sagt nach den Erfahrungen des vergangenen Jahres, der Irak. Ägypten sieht eher Iran als eine Bedrohung. Dieser Auffassung widersprechen Länder wie Oman und die Vereinigten Arabischen Emirate, die Iran in eine Sicherheitsvereinbarung einschließen möchten. Kuwait möchte sich lieber von amerikanischen und britischen als von ägyptischen und syrischen Soldaten beschützen lassen, Saudi-Arabien sähe am liebsten gar keine ausländischen Soldaten mehr auf seinem Territorium. Aus Verärgerung über den ungeklärten Status der ägyptischen Truppen nach Kriegsende hatte Mubarak im April ihren Abzug aus der Golfregion angeordnet. Zu den politischen Meinungsverschiedenheiten zwischen den modernen Republiken am Mittelmeer und den traditionellen Monarchien am Golf, kommen tiefgehende gesellschaftliche Unterschiede. Ägyptern und Syrer fühlen sich den „Gölflern" überlegen, die ihrerseits auf Ägypter und Syrer als „Bettler" herabsehen.

König Hussein's Sonderlage

Von den Anhängern des Irak gelang es Jordanien, auf den Kurs der Sieger einzuschwenken, indem seine Staatsführung — im Unterschied zum Parlament — die amerikanischen Vorschläge für die geplante Friedenskonferenz annahm. Eine Versöhnung mit den Golfstaaten steht jedoch noch aus, ebenso ein Besuch König Husseins in Ägypten, der den politischen Seitenwechsel zugunsten der Siegerfraktion unter ägyptischer Führung besiegeln könnte. Unfähig, eine eigenständige Politik zu verfolgen, hatte sich König Hussein unter dem Druck seiner eigenen, größtenteils palästinensischen Untertanen und offenbar irregeleitet durch falsche Siegeserwartungen der irakischen Führung dem Standpunkt Saddam Husseins zugeneigt. Nach dessen Niederlage kann er froh sein, in einen Friedensprozeß eingeschlossen zu werden, dem er in seinem Innersten vermutlich immer zugestimmt hatte und der ihm nun die Möglichkeit bietet, aus dem politischen Abseits in der arabischen Welt herauszukommen.

Die Palästinenser im Abseits

Die Palästinenser und ihre politische Führung, die PLO, erscheinen demgegenüber nach dem Irak als die größten Verlierer des Krieges. Verzweifelt unter israelischer Besatzung seit 1967 und ohne Aussicht auf Erfüllung ihrer nationalen Ziele, hatten viele Palästinenser Saddam Hussein zugejubelt, der ihnen die Befreiung von israelischer Unterdrückung verhieß. Mit ihrem Jubel machten sie sich nicht nur die reichen Golfaraber zu Feinden, die sie finanziell unterstützten und vielen von ihnen eine Art zweite Heimat geboten hatten, sondern verloren auch die seit Beginn des Volksaufstandes, der Intifada, gegen die israelische Besatzungsmacht international gewonnene Sympathien.

Wie isoliert die PLO und die Palästinenser derzeit dastehen, wurde bei der Niederlage der PLO-Kämpfer im Südlibanon im Juli 1991 offenkundig. Die Forderung der PLO nach offiziellen Verhandlungen über den künftigen Status der etwa 350 000 Palästinenser im Libanon mit dem Ziel einer neuen politischen Vereinbarung stießen bei der von Syrien unterstützten libanesischen Regierung auf taube Ohren. Widerspruch in der arabischen Welt bei ihrem bewaffneten Vorgehen gegen die Palästinenser brauchten die Regierung in Beirut und ihre Schutzmacht in Damaskus nicht zu befürchten. Kein arabisches Regime machte sich mehr für die Palästinenser stark, deren nationaler Kampf jahrzehntelang an der Spitze der Tagesordnungen arabischer Gipfelkonferenzen und anderer Treffen arabischer Politiker gestanden und das politische Bindemittel der gewöhnlich zerstrittenen arabischen Führer gebildet hatte. Der Stellung der Palästinenser, deren nationaler Befreiungskampf in der arabischen Welt einst wie eine „heilige Sache“ aller Araber hochgehalten worden war, hatte nicht nur die Parteinahme für Saddam Hussein geschadet.

Überleben in Frage gestellt

Für die arabischen Regime sind vielmehr Probleme vorrangig geworden, die ihr Überleben in Frage stellen: neben Sicherheitsvereinbarungen für die Golfregion die sich verschlechternde wirtschaftliche Lage, Drohungen muslimischer Fundamentalisten und das wachsende Verlangen unter der Bevölkerung nach politischen Reformen. Nachdem selbst jahrelange Gegner der amerikanischen Nahostpolitik wie die Syrer auf die politische Linie der Vereinigten Staaten eingeschwenkt sind, erscheint eine gemeinsame Front der Araber zugunsten der „palästinensischen Sache“ erst recht unwahrscheinlich. Werden die arabischen Regime in Verkennung ihrer eigenen längerfristigen Interessen die Palästinenser gar zugunsten von Vereinbarungen mit Israel „opfern“, die der Erhaltung ihrer eigenen Macht zugute kommen könnten? Das Schicksal der etwa 1,75 Millionen Palästinenser in den israelisch besetzten Gebieten Westjordanland und Gaza-Streifen spielt in der Machtpolitik arabischer — und anderer — Regime ohnehin keine Rolle.

Kenneth W. Stein

Husni Mubarak
Effizienz statt Charisma

Der ägyptische Leitartikler as-Sayyid Yassin schreibt in einer Kolumne in der ägyptischen Tageszeitung al-Ahram vom 12. 12. 1981, Husni Mubarak könnte die Synthese von Nasser (These) und Sadat (Antithese) sein. Man dürfe erwarten, daß sich der neue ägyptische Präsident, welcher die Regierungsgeschäfte nach dem Attentat auf Sadat Anfang Oktober 1981 übernahm, als umsichtiger Führer des volkreichsten und gewichtigsten Staates der arabischen Welt erweisen werde. Aus der Perspektive des vergangenen Jahrzehnts hat sich diese Prognose als zutreffend erwiesen.

Husni Mubarak wurde ebenso wie Sadat 1928 in der im Nildelta gelegenen Provinz Minufiya geboren. Vor der Revolution vom Juli 1952 graduierte er an der ägyptischen Militärakademie und wurde Luftwaffenoffizier. In der Sowjetunion erlernte Mubarak das Fliegen von mittleren und schweren Bombern und nahm an Ausbildungskursen teil, u.a. an der sowjetischen Generalstabsakademie. Er erwarb sich den Ruf eines befähigten Piloten und arbeitete sich schnell in der ägyptischen Luftwaffe hoch. 1969 wurde er von Nasser zum Personalchef der Luftwaffe ernannt und erhielt 1972 unter Sadat die Position ihres Oberkommandierenden.

Mubarak fiel eine entscheidende Rolle bei der Entwicklung der technischen Leistungsfähigkeit der Luftwaffe zu, die durch die Ereignisse von 1967 so tief gedemütigt worden war. Die Teilerfolge des Krieges von 1973 sind nicht zuletzt ihm zuzuschreiben. Im April 1975 wurde ihm das Amt des Vizepräsidenten von Sadat angetragen. Hatte Mubarak doch bewiesen, daß er die Fähigkeit besitzt, unter Belastung zu arbeiten und mit kritischen Situationen fertig zu werden. Darüber hinaus schien er die Ideale von Pflichterfüllung und Verantwortungsbewußtsein, welche Sadat von einem Vizepräsidenten verlangte, geradezu zu verkörpern.

Ab 1975 begann Mubarak, eine zunehmend aktive Rolle in der ägyptischen Innen- und Außenpolitik zu spielen. Im Auftrag Sadats unternahm er diplomatische Missionen nach Europa, in den kommunistischen Machtbereich, die Arabische Welt und die Vereinigten Staaten. An der Entwicklung der „Nationalen Demokratischen Partei" Sadats hatte er zunehmenden Anteil.

Anders als sein Vorgänger ist Mubarak nicht impulsiv; er ist kein Jet-Setter, der sich überschwenglich zur Schau stellt, oder ein Medienstar. Er gibt sich zurückhaltend, hart arbeitend, ein Mann der Tat und nicht der Worte; ein Manager, der gleichwohl auch der Manipulation fähig ist. Ein Führer, der sich Effektivität, Produktivität und Verantwortlichkeit verpflichtet hat.

Ausschlaggebend dafür, daß Mubarak mit dem Erbe Sadats betraut wurde, sind seine militärischen Erfolge im Krieg von 1973 und die langjährige Amtszeit als Vizepräsident (6 Jahre) gewesen. Wie Sadat, ist auch er dem Camp-David-Prozeß verpflichtet, der für Ägypten schließlich die Rückgabe bzw. Befreiung des gesamten Sinai bedeutete. Doch Mubarak erwies und erweist sich auch bereit, Alternativen auszuhandeln, wenn sie dazu führen könnten, den Palästinensern ihre legitimen Rechte zu verschaffen und zu einem gerechten Kompromiß zwischen den Palästinensern und Israel zu gelangen — ohne freilich auch nur einen Fußbreit arabischen Bodens aufzugeben.

Auch am Beginn der 90er Jahre sieht sich Mubarak noch immer der Aufgabe gegenüber, einen verhandelten Frieden zwischen der arabischen Welt und Israel zustande zu bringen. Zugleich galt und gilt es, die Rolle Ägyptens innerhalb der arabischen Politik immer wieder zu bestimmen. Dabei verhält er sich vorsichtig und vermeidet Gesten allzu kühner Versöhnung mit andersgearteten Partnern — jedenfalls solange die arabische Welt politisch noch so geteilt ist und noch immer vor der Aufgabe steht, ihr eigenes Haus in Ordnung zu bringen.

Innenpolitisch war Mubarak von Anfang an mit schwierigen Aufgaben konfrontiert. Bereits die Ernennung der ersten neuen Kabinettsmitglieder Anfang Januar 1982 verfolgte deutlich das Ziel, eine Lösung der ökonomischen und internen Probleme Ägyptens zu finden. Es galt, die Importe von Konsumgütern zu verringern, während gleichzeitig die individuellen materialistischen Ansprüche wuchsen. Mehr Auslandshilfe aus den USA und der bei seinem Machtantritt zunächst noch entfremdeten arabischen Welt mußte angelockt werden; Antworten auf infrastrukturelle Herausforderungen im Transportwesen und aufgrund des übermäßig raschen Bevölkerungszuwachses mußten gefunden werden. Vetternwirtschaft und Bestechung galt es zu bekämpfen und jungen Menschen, namentlich Universitätsabsolventen, Arbeit zu verschaffen, um zu verhindern, daß diese frustriert für die Verlockungen fundamentalistischer und anderer regierungsfeindlicher Gruppierungen anfällig würden.

Sadat hinterließ Mubarak ein hochzentralisiertes und autoritäres Regierungssystem. Mubarak ererbte zugleich eine Gesellschaft, die dabei war, ihre kulturellen Normen, ihre wirtschaftliche Struktur, ihre politischen Institutionen zu liberalisieren und die individuellen Freiheiten auszuweiten. Gegenüber dem charismatischen Stil seines Vorgängers haben Nüchternheit und Pragmatismus die Politik Mubaraks in den zehn Jahren seiner Amtsausübung als Präsident Ägyptens charakterisiert. Innenpolitisch hat er an die Ansätze Sadats in puncto Liberalisierung und Demokratisierung angeknüpft und damit nicht unerheblich dazu beigetragen, daß Ägypten trotz der zahlreichen wirtschaftlichen Probleme durch die 80er Jahre hindurch stabil geblieben ist. In der Außenpolitik war er herausgefordert, das ägyptische Staatsschiff zwischen den Klippen zweier Krisen und Kriege am Golf zu steuern. Es ist ihm — beide Male an der Seite des Westens — gelungen.

Andreas Rieck

Hoffnung für den zerrütteten Libanon

15 Jahre Krieg

Fünfzehn Jahre lang, vom April 1975 bis zum Oktober 1990, ist der Kleinstaat Libanon Schauplatz einer endlosen Kette von Kriegs- und Terrorhandlungen gewesen. 150 000 Tote, Hunderttausende von Vertriebenen, Hunderte von völlig zerstörten Orten, darunter das alte Stadtzentrum von Beirut, und die Verarmung eines großen Teils der Bevölkerung gehören zur Bilanz dieses Wütens, bei dem keine Seite ihre politischen Ziele erreicht hat, weder irgendeine der libanesischen Milizen noch die PLO, Israel, Iran und Syrien, die auswärtigen Hauptakteure. Den größten Gewinn konnte noch Syrien aus dem Bürgerkrieg ziehen, das schließlich allen Seiten — außer Israel — die Anerkennung seiner Besatzungstruppen als „Feuerwehr" abtrotzen konnte, nachdem es sich seit Ende der 60er Jahre immer wieder als Brandstifter betätigt hat. Aber selbst Syriens Triumph im Libanon, festgeschrieben in einem Vertrag über Kooperation und „privilegierte Beziehungen" vom Mai 1991, ist vielleicht nur vorübergehend.

Seit Ende 1990 ist der Bürgerkriegszustand im größten Teil des Landes beendet, und im Mai 1991 haben die großen und kleinen Milizen erstaunlich problemlos ihre schweren Waffen und ihre Pfründe den Organen der legalen Staatsmacht übergeben, die zuvor fünfzehn Jahre lang kaum reale Autorität ausgeübt hatte. Nur im Südlibanon, wo Israel seit 1978 eine sogenannte Sicherheitszone besetzt hält, wird noch geschossen. Die schiitisch-fundamentalistische Hezbollah („Gottespartei") hat sich mit dem Argument, sie sei eine Widerstandsbewegung gegen Israel, mit syrischer Duldung der Entwaffnung widersetzen können, und gegen die von Israel unterhaltene Miliz „Südlibanesische Armee" können einstweilen weder der libanesische Staat noch Syrien etwas ausrichten. Aber auch dieses Problem ist einer Lösung näher gekommen, seit die reguläre libanesische Armee im Juli mit Entschlossenheit die Entwaffnung der PLO im Südlibanon in Angriff genommen hat, mit deren Aktivitäten Israel seine Besatzungspolitik rechtfertigt.

Friedensplan von Taif

Die Voraussetzung für die Befriedung des Libanon, der nicht nur in der arabischen Welt seit langem zum Synonym für Chaos und Terror geworden war, ist im Oktober 1989 mit dem international unterstützten Friedensplan von Taif geschaffen worden. Dieser im wesentlichen von arabischen und anderen auswärtigen Vermittlern erarbeitete Kompromiß, der anfangs kaum einer der kämpfenden Parteien zusagte, ist inzwischen von fast allen Seiten als einzig praktikable Grundlage für die Neuordnung des Staates anerkannt worden. Er regelt sowohl die innenpolitische als auch die außenpolitische Dimension des Konfliktes und verlangt von allen Kriegsparteien Abstriche von ihren Forderungen.

Die Christen, die heute kaum noch 40 Prozent der libanesischen Bevölkerung stellen dürften, behalten weiterhin einige Schlüsselpositionen und die Hälfte der Sitze in Regierung und Parlament, aber ihre ehemalige Vormacht in den staatlichen Institutionen ist gebrochen. Das Projekt der christlichen Falken, sich im Rahmen einer föderalistischen Aufteilung des Landes politische Handlungsfreiheit gegenüber den Muslimen zu bewahren, ist gescheitert, nicht zuletzt an gewaltsam ausgetragenen Machtkämpfen der Christen untereinander, aber sie haben am meisten von einer Wiederherstellung der Koexistenz in allen Landesteilen zu gewinnen. Die Muslime, die sich ihrerseits noch mehr in internen Konflikten zwischen Sunniten, Schiiten und Drusen bzw. zwischen Fundamentalisten und Säkularisten aufgerieben hatten, haben sich heute damit abgefunden, daß das Land nicht einfach von der Mehrheit unter Nichtachtung der Wünsche der christlichen Minderheit regiert werden kann.

Wenn die Vereinbarungen von Taif in diesem Jahr auch erstaunlich schnell und reibungslos in die Tat umgesetzt werden konnten, so stehen einige wichtige Bewährungsproben noch aus. Dazu gehören die Ausarbeitung eines neuen Wahlgesetzes und die Organisation von Parlamentswahlen, die seit 1972 nicht mehr stattgefunden haben. In den Bürgerkriegsjahren hatte das Parlament lediglich immer wieder sein eigenes Mandat verlängert, und im Juni 1991 sind vierzig neue Abgeordnete von der Regierung ernannt worden. Erst wenn, wie geplant, im Frühjahr 1992 das Volk wieder selbst über seine Vertreter bestimmen kann, wird man von einer wirklichen Rückkehr zur Legalität sprechen können. Die auf 30 Minister aufgeblähte Regierung ist im Dezember 1990 fast ganz und gar nach syrischem Diktat zusammengestellt worden.

Syrien: Der „entscheidende" Nachbar

Die künftige Rolle Syriens wird der wichtigste Prüfstein für die Wiederherstellung eines pluralistischen und liberalen Libanon sein. Wenn die syrischen Truppen, wie im Taif-Abkommen vorgesehen, bis spätestens September 1992 aus den zentralen Landesteilen abziehen, bestehen dafür gute Chancen, aber dies wird neuerlichen internationalen Druck auf Syrien erfordern. Einstweilen versuchen die Syrer noch, ihren Zugriff auf die libanesischen staatlichen Organe weiter zu festigen und zu institutionalisieren.

Das Schicksal des kleinen Landes wird auch künftig auf jeden Fall wesentlich von seinen beiden übermächtigen Nachbarn Syrien und Israel bestimmt werden. Im günstigsten Fall könnten sich Syrien und Israel darauf einigen, dem Libanon wieder den Status eines neutralen Pufferstaates zuzugestehen, so wie es bis Mitte der 60er Jahre der Fall war, und ihre beider Truppen vollständig abzuziehen. Die Gefahr, daß der Libanon wieder zum Schauplatz eines Stellvertreterkrieges zwischen seinen Nachbarn wird, ist aber noch nicht ganz gebannt.

Bisher gibt die Entwicklung seit Ende 1990 Anlaß zu vorsichtigem Optimismus, da zweifellos eine Mehrheit der Libanesen die Souveränität des Landes und die friedliche Koexistenz zwischen Christen und Muslimen wiederherstellen will. Die Exzesse des Bürgerkriegs haben zwar die Religionsgemeinschaften weiter voneinander entfremdet, aber auf eine schweigende Mehrheit auch läuternd gewirkt. Konflikte zwischen Christen und Muslimen um die Verteilung der politischen und wirtschaftlichen Macht werden zwar auch in Zukunft nicht ausbleiben, aber aller Wahrscheinlichkeit nach in zivilisierterer Form als in den letzten fünfzehn Jahren ausgetragen werden. Wenn sich das Vertrauen in die politische Zukunft des Libanon erst einmal gefestigt hat, bestehen sogar gute Chancen, daß er seine wirtschaftliche Prosperität zurückgewinnt. Sowohl unter den im Lande verbliebenen Libanesen als auch unter der millionenstarken Emigrantengemeinde gibt es nach wie vor eine schwerreiche Klasse, die das Land in fünf bis zehn Jahren einmal mehr zur „Schweiz des Orients" machen könnte.

Thomas Koszinowski

Hafiz al-Asad
Ein kalter Rechner und Pragmatiker

Die Biographie des syrischen Präsidenten Hafiz al-Asad ähnelt in vielen Aspekten der anderer führender Politiker der arabischen Welt, wie z. B. der des früheren ägyptischen Präsidenten Nasser oder des irakischen Präsidenten Saddam Hussein. Wie diese entstammt Asad der unteren Mittelschicht. Zudem gehört Asad zu der religiösen Minderheit der Alawiten. Unter dem Eindruck der französischen Kolonialherrschaft geriet er schon früh unter den Einfluß der nationalarabischen Ideologien und der sie vertretenden Parteien. In Syrien war es die Baath-Partei, die am konsequentesten für die Idee des arabischen Nationalismus, die Einheit der Araber und den Kampf gegen die ausländische Fremdherrschaft, in erster Linie Englands und Frankreichs, eintrat. Die Baath-Partei, der Asad bereits während seiner Schulzeit beitrat, wurde fortan zu seiner politischen Heimat, ähnlich wie auch für Saddam Hussein. Diese Partei übte auch deshalb eine besondere Anziehungskraft aus, weil sie eine laizistische Gesellschaftsordnung propagierte, in der religiöse Unterschiede keine Rolle spielten und Angehörige von religiösen Minderheiten denen der islamischen Mehrheit gleichgestellt sind.

Als Angehöriger der unteren Mittelschicht waren die beruflichen Möglichkeiten Asads beschränkt. Die beste Chance für einen gesellschaftlichen Aufstieg boten die Streitkräfte. Da die Offizierslaufbahn für die Söhne der Oberschicht nicht lukrativ war, blieb dieser Weg den unteren Schichten offen. Die französische Kolonialregierung bevorzugte bewußt die Angehörigen von Minderheiten für das Militär, weshalb viele junge Alawiten in die Streitkräfte eintraten. Für Asad ergab sich deshalb fast zwangsläufig die militärische Laufbahn.

Mit der Machtübernahme der Baath-Partei 1963 begann der militärische und politische Aufstieg Asads. Nachdem er 1964 zum Luftwaffenchef ernannt worden war, nutzte er diesen Posten zielstrebig, um sich eine eigene Machtbasis zu schaffen. Bei dem Staatsstreich vom Februar 1966, bei dem der linke Baath-Flügel die Macht übernahm, entschied Asad bereits den Ausgang des Machtkampfes. Als Lohn erhielt er das Amt des Verteidigungsministers und somit die Kontrolle über die gesamten Streitkräfte. Asad baute die verschiedenen militärischen Geheimdienste zu einem effektiven Machtinstrument aus und stieg bald zum mächtigsten Mann im Staate auf, gegen den keine politische Entscheidung mehr möglich war. Im November 1970 übernahm er schließlich in einem unblutigen Staatsstreich selbst die Macht.

Asad hatte während seines Aufstiegs zum Alleinherrscher Syriens Eigenschaften bewiesen, die ihn vor anderen auszeichneten und im Kampf um die Macht von großem Vorteil waren. Eine der wichtigsten Charaktereigenschaften Asads ist seine Fähigkeit, abwarten zu können, bis sich ihm der günstigste Augenblick zum Handeln bietet. Im innenpolitischen Machtkampf hielt sich Asad so lange im Hintergrund, bis sich seine Rivalen gegenseitig aufgerieben hatten und er seine Machtbasis so weit gefestigt hatte, daß der Griff zur Macht nur noch ein formaler Akt war. Bei der Sicherung seiner Macht ist Asad nie vor der rücksichtslosen Anwendung von Gewalt zurückgeschreckt; er hätte sich sonst auch nicht lange halten können. Anders aber als Saddam Hussein hat er die Anwendung von nackter Gewalt immer nur als letztes Mittel benutzt, wenn Verhandlungen und friedliche Methoden nicht mehr halfen.

Wie für Nasser oder Saddam Hussein stand bzw. steht im Mittelpunkt der Politik Asads die Idee des arabischen Nationalismus, die den Rahmen seines politischen Handelns bildet. Letztlich strebt Asad, genauso wie Nasser oder Saddam Hussein, die Vereinigung der arabischen Welt an, um den Arabern den ihnen — nach seiner Überzeugung — zustehenden Platz in der Völkerfamilie zu sichern, wobei er für sich selbst eine führende Rolle beansprucht. Als Realist beschränkt er sich jedoch auf das Nächstliegende und Realisierbare. Ihm geht es um die Ausdehnung seines Herrschaftsbereiches auf die benachbarten Gebiete, vor allem den Libanon, der als Bestandteil Großsyriens, zu dem auch Jordanien und Palästina zählen, gilt. Der Bürgerkrieg, der 1975 im Libanon ausbrach, bot Asad den Vorwand für eine Intervention. Asad hat jedoch eine offene Annexion, wie sie Saddam Hussein gegenüber Kuwait versucht hat und mit der er scheiterte, vermieden und sich mit der bloßen Kontrolle des Libanon zufriedengegeben.

Für Asad geht es im Libanon aber um mehr, nämlich um die Sicherung seiner Flanke gegenüber Israel für den Fall eines militärischen Konfliktes. Israel ist für Asad, wie für alle arabischen Nationalisten, der gefährlichste Gegner und der eigentliche Feind der arabischen Einheit. Der Kampf gegen Israel ist aber kein Selbstzweck, sondern er verschafft Asad auch Legitimität für seine Herrschaft und Politik. Die hohen Ausgaben für das Militär, rund die Hälfte der Staatsausgaben, lassen sich gegenüber der Bevölkerung nur mit dem Argument vertreten, daß man Palästina befreien müsse. Kaum ein Araber könnte es wagen, dieses Argument in Frage zu stellen, denn das wäre Verrat an der arabischen Sache.

Die von Asad seit Jahren betriebene Hochrüstung, die nebenbei auch die Wünsche des Militärs, seiner eigentlichen Stütze, nach modernsten Waffen und Privilegien befriedigt, verfolgt letzten Endes das Ziel der Erlangung eines strategischen Gleichgewichts mit Israel. Nach Auffassung Asads können Verhandlungen mit Israel im Rahmen der laufenden Nahostfriedenskonferenz nur dann mit Aussicht auf Erfolg geführt und die arabischen Interessen gewahrt werden, wenn sie vom Standpunkt der militärischen Gleichwertigkeit geführt werden. Für diese Politik hat Asad, der stets die Unabhängigkeit der arabischen Welt von jedem ausländischen Einfluß vertritt, auch eine gewisse Abhängigkeit von der Sowjetunion in Kauf genommen, weil nur die Sowjetunion bereit war, modernste Waffen zu liefern und Syrien vor einem israelischen Angriff zu schützen, was 1982 zum Abschluß eines Freundschaftsvertrages führte.

Das Ende des Ost-West-Konfliktes und der Rückzug der Sowjetunion aus dem Nahen Osten hat dieser Politik die Grundlage entzogen. Dies hat die Politiker in der Region veranlaßt, ihre bisherige Strategie zu überdenken. Asad hat sich, im Gegensatz zu Saddam Hussein, auf die Veränderungen in der internationalen Politik besser eingestellt. Durch die Entsendung eines Truppenkontingents nach Saudi-Arabien hat er sich praktisch auf die Seite der USA, die nun zur allein bestimmenden Großmacht in der Nahostregion geworden zu sein scheinen, geschlagen. Er hat damit zugleich eine realistischere und klügere Einschätzung der Lage bewiesen als sein Erzrivale Saddam Hussein. Wie schon so oft in der Vergangenheit hat es Asad zugleich verstanden, sich aus einer kritischen Lage unbeschadet herauszumanövrieren und sich und seinem Land zudem noch Vorteile zu verschaffen, indem er Syrien für sein militärisches Engagement im Golfkrieg umfangreiche Finanzhilfen seitens der reichen arabischen Ölstaaten und von den USA die Duldung seiner Vormachtstellung im Libanon sicherte. Er ist damit erneut seinem Ruf als ein kühl kalkulierender Rechner und Pragmatiker, der jede Gelegenheit zu seinem Vorteil ausnutzt, gerecht geworden.

Ob Asad auch bei der Nahostfriedenskonferenz genügend Realismus und Flexibilität an den Tag legen wird, wird sich erst noch erweisen müssen. Ohne die Schutzmacht Sowjetunion dürfte es für Asad schwer werden, sich dem gemeinsamen Druck Israels und der USA zu entziehen. Zu viele Konzessionen in der Nahostfrage aber müßten seine bisherige Politik unglaubwürdig erscheinen lassen, was wiederum seine innenpolitische Stellung in Frage stellen könnte.

Henner Fürtig

Kriege um Öl und Vorherrschaft
Die Wetterecke „Golf"

Der Siegeszug des Rohstoffs Erdöl begann fast exakt mit dem Anfang unseres Jahrhunderts. 1901 erwarb der britische Unternehmer d'Arcy vom persischen Schah eine auf sechzig Jahre befristete Konzession, um nach „Naturgas, Petroleum, Asphalt und Ozokeriten" zu suchen. 1908 wurde er bei Masdsched-e Soleiman im Südwesten Persiens fündig, 1909 gründete er die Anglo-Persian Oil Company (APOC), mußte seine Anteile aber schon bald darauf an die britische Regierung abtreten. Bereits im 1. Weltkrieg erwies sich das von der APOC geförderte „Schwarze Gold" als bedeutsame Größe für die überlegene Mobilität der britischen Flotte, die ihre Kampfschiffe forciert von Kohle- auf Ölfeuerung umrüstete.

Zwischen den Weltkriegen begannen auch andere, insbesondere britische, französische, niederländische und — mit einigem Abstand — auch amerikanische Unternehmen mit Explorationen in der Golfregion (1927 Kirkuk/Mossul, 1932 Bahrain, 1938 Saudi-Arabien) und steckten ihre „Claims" ab.

Weltenergieversorgung

Seine einzigartige Weltgeltung erlangte der flüssige Kohlenwasserstoff aber erst mit dem überproportionalen Anstieg des Weltbedarfs an Primärenergie nach 1945. Schon in den frühen 70er Jahren erreichte das Erdöl, getragen vom boomenden Massenverkehr und industriellen Wachstum, einen Anteil von 40 % an der Weltenergieversorgung. Auch seine Bedeutung als Rohstoff für die chemische Industrie hatte angesichts der weltweiten Ausbreitung von Kunststofferzeugnissen enorm zugenommen.

Was sich bei den Erkundungen in der Golfregion in den 20er und 30er Jahren angedeutet hatte, bestätigte sich nach dem 2. Weltkrieg auf eindrucksvolle Weise: Die zwölf erdölexportierenden Länder der Region verfügen über die größten nachgewiesenen Erdölvorkommen der Erde. 404 Mrd. Barrel (1 Barrell = 159 l) Rohöl lagern (Stand: 1988) in den Festland- und off-shore-Feldern vom Irak im Norden bis Oman im Süden des Persischen Golfes. Das entspricht 63 % der Weltvorräte. Eine zweite Komponente erscheint ebenso wichtig: die Erdölfelder in der Golfregion sind besonders groß, ergiebig und vergleichsweise leicht zu erschließen. Mindestens zwanzig von ihnen versprechen einen Vorrat von jeweils 5 Mrd. Barrel. Wenn auch in den vergangenen Jahren und Jahrzehnten zeitweise andere Förderregionen in das Blickfeld gerieten (z. B. Golf von Mexiko, Nordsee, Westafrika, Indochina), so erwiesen sich deren Kapazitäten doch meistens als nicht ausreichend genug (hohe Erschließungskosten, begrenzte Vorräte, wachsender Eigenbedarf), um die einzigartige Stellung der Förderländer am Persischen Golf ernsthaft zu gefährden. Fast alle seriösen Energiebedarfsprognosen gehen zumindest bis in die ersten Jahrzehnte nach der Jahrtausendwende davon aus, daß sich diese Situation nicht gravierend verändern wird.

Verdrängungswettbewerbe

Aufgrund der bisher immensen Bedeutung der Golfregion für das ökonomische „Wohl und Wehe“ der Industrienationen kann es kaum verwundern, daß die Region nach 1945 Schauplatz permanenter Verdrängungswettbewerbe wurde, die sich auf verschiedenen Ebenen abspielten, parallel verliefen, sich aber ebenso häufig auch überlappten und gegenseitig beeinflußten. Ein erster Prozeß bestand in der langwierigen Durchsetzung einer Vormachtstellung nordamerikanischer Erdölunternehmen gegen die europäische, namentlich die britische Konkurrenz, die erst 1971, mit dem britischen Rückzug aus den Gebieten „östlich von Suez“ abgeschlossen wurde. Ein zweiter Prozeß manifestierte sich in den zunehmenden Bestrebungen der Förderländer, selbst die Verfügungsgewalt über ihre Naturreichtümer zu erringen. Wenn dieser Kampf auch nicht immer solche spektakulären Züge annahm wie in der Iran-Krise 1950-53, als der iranische Ministerpräsident Mohammed Mossadegh die persischen Vorkommen zu verstaatlichen suchte, so symbolisierte er doch auch den Willen der Förderländer nach nationaler Souveränität.

Ein dritter Prozeß wird in Gegenwart und vorhersehbarer Zukunft in der erbitterten Konkurrenz der Golfstaaten untereinander sichtbar, einen möglichst großen Anteil an den Zugriffs- und Verwertungsmöglichkeiten des Erdöls zu erringen. Alle betreffenden Staaten bestreiten ihr Budget zu mehr als 80 % aus den Erlösen des Erdölexports. Das bedingt ein besonders militantes Gebaren derer, die über diese „Monokulturen" herrschen, gegenüber jeder tatsächlichen oder vermeintlichen Herausforderung aus dem Inland, mehr aber noch aus der Nachbarschaft. Weder die 1961 gegründete „Organisation erdölexportierender Staaten (eng. Abk. OPEC)", der alle Staaten der Region angehören, noch der „Gulf Cooperation Council" (GCC), zu den sich 1981 die Monarchien auf der Arabischen Halbinsel zusammenschlossen, konnten diese Konkurrenz eindämmen oder gar ausschließen.

Die Golfkriege

1980 bis 1988 waren mit dem Irak und Iran zwei OPEC-Mitglieder in den längsten und blutigsten Krieg verwickelt, den je Entwicklungsländer gegeneinander austrugen. Eine Million Tote forderte dieser 1. Golfkrieg. Entgegen allen Beteuerungen prallte nicht nur Panislamismus auf Panarabismus, kämpften Sunniten gegen Schiiten und erreichte nicht nur der jahrhundertealte arabisch-persische Dualismus einen neuen militanten Höhepunkt. Vielmehr ging es auch um irakische Ansprüche auf die iranische Provinz Khuzestan, in der 80 % des iranischen Erdöls gefördert werden, und um das iranische Bestreben, mit der Etablierung einer schiitischen Marionettenrepublik im Südirak die Verfügungsgewalt über das Rumailah-Feld zu erlangen. Die ausgebluteten Gegner mußten sich 1988 auf einen Waffenstillstand einigen.

Der mit etwa 80 Mrd. Dollar international verschuldete Irak meinte aus der bedrückenden wirtschaftlichen Hinterlassenschaft des 1. Golfkrieges keinen anderen Ausweg zu finden, als 1990 Kuwait zu überfallen und damit den 2. Golfkrieg auszulösen. Ungelöste territoriale Probleme aus der Vergangenheit bildeten dabei einmal mehr nur einen Vorwand, um handfeste ökonomische Interessen durchzusetzen. Der Zugriff auf die immensen finanziellen Vermögenswerte Kuwaits (darunter 100-120 Mrd. Dollar Auslandsinvestitionen) eröffnete die faszinierende Möglichkeit, umgehend die Kriegsschulden zu tilgen und danach immer noch über ausreichend Mittel zu verfügen, die Kritiker, letztlich die gesamte eigene Bevölkerung zu „pazifizieren". Die Eroberung Kuwaits verhieß überdies einen irakischen Gesamtbesitz an Erdöl von 195 Mrd. Barrel, immerhin 20 % der zugänglichen prospektierten Welterdölreserven. Die irakische Regierung sah sich als zweitgrößten Erdöleigner der Welt, der 25 % der Produktion in Nah- und Mittelost hätte kontrollieren können.

Die beiden großen Kriege in der Golfregion im vergangenen Jahrzehnt überschatteten die Vielzahl kleinerer Konkurrenzkämpfe um den Rohstoff Erdöl, die selbst innerhalb des GCC fortbestehen. Jahrelang stritten Saudi-Arabien und Oman über Hoheitsrechte in der Buraimi-Oase, zudem waren auch die Zugehörigkeit der Quellen von Umm Zamul und die Grenzen in der Wüste Rub' al-Khali zwischen beiden Staaten umstritten. Saudi-Arabien und Kuwait konnten sich jahrelang nicht über ihre Seegrenzen einigen; 1977 okkupierte Saudi-Arabien die Inseln Umm al-Maradam und Kura vor der neutralen Zone mit Kuwait, was der Emir als „Aggression" bezeichnete. Bahrain und Katar streiten sich um den Besitz der Hawar-Inseln und um Zubara, asch-Scharika und Fudschaira über ihre gemeinsamen Landgrenzen, Dubai und asch-Scharika über eine Industriezone an der Grenze, Ras al-Khaima und asch-Scharika über ein Grenzgebiet, in dem neben Erdöl auch Phosphaterz vermutet wird, Ras al-Khaima und Oman über die Seegrenzen und über Gebiete auf der Halbinsel Musandam.

Einfluß des Ost-West-Konflikts

Zur vielfältigen wirtschaftlichen Bedeutung der Golfregion kommt noch ihre ebenso herausragende militärstrategische Rolle. In den vergangenen Dekaden einer festgefügten Bipolarität in der Weltpolitik konnte es kaum verwundern, daß der Ost-West-Konflikt auch die strategische Lage in der Golfregion entscheidend beeinflußte. Im Rahmen der „Zwei-Säulen-Politik" versicherten sich die USA Irans und Saudi-Arabiens; nach dem Sturz des Schahs 1979 übernahm Saudi-Arabien, verstärkt durch den GCC, die Rolle einer Stütze westlicher Interessen. Die Sowjetunion setzte auf den Irak, mit dem sie 1972 einen „Freundschaftsvertrag" einging. Auch die Invasion in Afghanistan war 1979 nicht zuletzt von dem Wunsch getragen, dem Golfgebiet geographisch näherzukommen.

Beide Supermächte sorgten für eine gigantische Aufrüstung ihrer Klientelstaaten. Seit dem Ende des Vietnamkrieges ist die Golfregion die am schnellsten und umfangreichsten militarisierte Zone der Erde. 1977 hatte der damalige USA-Präsident Carter den Persischen Golf zur „vitalen Interessenzone" seines Landes erklärt. Keiner seiner Nachfolger hat diese Doktrin bisher aufgegeben; die unverändert große Bedeutung des Golföls auch für die amerikanische Wirtschaft (die unterdessen wieder 50 % ihres Erdölbedarfs importieren muß) läßt das auch nach der Beendigung des Kalten Krieges kaum erwarten.

Wie kaum anders zu erwarten, haben die Hegemonie- und Stellvertreterkämpfe des Kalten Krieges das Verhältnis der Golfstaaten zueinander auch nach seinem Ende entscheidend geprägt. Die Golfregion bildet ein eigenes politisches Subsystem, das Beziehungen zwischen Zentrum und Peripherie ebenso kennt, wie sie ansonsten vornehmlich in der Weltpolitik ausgemacht werden. Im Zentrum des Subsystems stehen der Irak, Iran und Saudi-Arabien. Ihr Kampf um Hegemonie in der Region bestand schon vor dem Kalten Krieg, wurde durch ihn aber vehement radikalisiert und setzt sich wahrscheinlich auch in den 90er Jahren fort. Es kann als Gesetz gelten, daß keine wie auch immer geartete Koalition zustande kommt, die alle drei Staaten umfaßt. In den 70er Jahren standen die „zwei Säulen" Iran und Saudi-Arabien gegen den Irak; in den 80er Jahren bildeten der Irak und Saudi-Arabien eine erstaunlich stabile Koalition gegen Iran. An der Wende zu den 90er Jahren sah der 2. Golfkrieg ein fragiles Bündnis zwischen Saudi-Arabien und dem sich formal neutral verhaltenden Iran gegen den Irak.

Kein Frieden in Sicht

Die Vielzahl ungelöster Probleme und Widersprüche aus Vergangenheit und Gegenwart bilden eine schwere Hypothek für einen dringend notwendigen Friedensprozeß in der Golfregion. Es ist kaum zu erwarten, daß sich der Irak ohne erhebliche Widerstände aus den Verpflichtungen lösen wird, die die Niederlage im 2. Golfkrieg dem Land auferlegte. Der Irak und Iran stehen, jeder für sich und voraussehbar wohl oft gegeneinander, erst am Anfang der Beseitigung von Kriegsschäden in Höhe von etwa 1 000 Mrd. US-Dollar, die ihnen der 1. Golfkrieg bescherte. Auch vom politischen Umfeld der Region gehen bislang keine optimistisch stimmenden Impulse aus, weder vom ungelösten Nahostkonflikt, noch vom Afghanistanproblem oder der außerordentlich labilen Situation am Horn von Afrika. Auf absehbare Zeit wird die Golfregion wohl eine „Schlechtwetterecke" der Weltpolitik bleiben.

Amazia Baram

Saddam Hussein
Der entfesselte Diktator

Geboren am 28. April 1937, wächst er, Halbwaise von Geburt an, im Hause seines Onkels Khairallah Tulfah in Tikrit, etwa 150 km nördlich von Bagdad am Tigris gelegen, auf. Eine halboffizielle Biographie bezeichnet seine Eltern als „arme Bauern". Ohne abgeschlossene Schulbildung schließt sich der junge Saddam Hussein 1957 der Baath-Partei an, die sich damals noch im Untergrund befand.

Am 14. Juli 1958 wird die Monarchie durch die Armee, angeführt von General Abd al-Karim Qasem, gestürzt. Für ein paar Monate als legale Partei zugelassen, gerät die Baath-Partei doch bald in Konflikt mit dem General, der ihr zu wenig panarabischen Eifer an den Tag legt.

Ein Jahr später wird Saddam von der Partei ausgewählt, Qasem zu ermorden. Das Attentat (7. 10. 1959) schlägt fehl, und Saddam ist gezwungen, sich nach Damaskus ins Exil zu begeben. Hier trifft er zum ersten Mal den Mitbegründer und Chefideologen der Baath-Partei, Michel Aflaq. Seine Karriere in der Partei sollte von nun an steil bergauf gehen.

In Kairo, der nächsten Station seines Exils, schreibt er sich zwar in der juristischen Fakultät ein, doch betreibt er niemals ernsthafte Studien. Als General Qasem am 8. 2. 1963 durch eine Koalition der Baath-Partei mit nasseristischen Offizieren gestürzt wird, begibt sich Saddam sofort nach Bagdad, wo er sich in Sachen der inneren Sicherheit der Partei engagiert. Zu dieser Zeit heiratet er seine Cousine Sayyida, Tochter seines Onkels, bei dem er aufgewachsen war, und Schwester von Adnan Khairallah, dem Verteidigungsminister des Irak von 1977 bis zu seinem Tod im Jahre 1989.

Am 18. 11. 1963 setzt General Abd al-Salam Aref der Herrschaft der Baath-Partei ein vorläufiges Ende. Ein Attentatsversuch auf ihn bringt Saddam bis 1966 ins Gefängnis. Immerhin verbringt er hier die Zeit damit, über die Gründe des Scheiterns der Partei, an der Macht zu bleiben, und über die Pläne für die Zukunft nachzudenken. Um sich besser auf die Karriere eines wahren Revolutionärs vorzubereiten, liest er Lenin. Tatsächlich gelingt es der Partei, im doppelten Putsch vom 17. und 30. Juli 1968, die Macht zu übernehmen, die sie bis in die Gegenwart behalten hat.

Im November 1969 wird Saddam Hussein stellvertretender Generalsekretär der Partei und Vize-Vorsitzender des Revolutionären Kommandorates, des höchsten Entscheidungsgremiums im Staat. Seine Beförderung verdankt er zum Teil seinem Erfolg bei der Säuberung der Armee von anti-baathistischen Offizieren, bei der Errichtung eines effizienten und brutalen internen Sicherheitsapparats sowie zum nicht geringeren Teil seinen entfernten Familienbindungen und engen politischen Beziehungen mit Präsident Hasan al-Bakr, dem Vorsitzenden des Kommandorats.

Saddam Hussein ist der Architekt der gegenwärtigen politischen Ordnung im Irak, deren Regime wesentlich auf drei Säulen ruht: der Armee (die Hussein und seine Gefolgsleute erfolgreich zu einem gefügigen Werkzeug bilden konnten), den verschiedenen internen Sicherheitseinrichtungen und dem zivilen Flügel der Partei. Die Stabilität freilich hatte ihren Preis in einem Regime, das extrem totalitär war und kontinuierlich eine politische Repression betrieb, die sogar in der gewaltsamen politischen Geschichte des Irak nicht ihresgleichen hat. Die Sicherheitsapparate wurden eingesetzt, um tatsächliche und eingebildete Feinde der Partei zu beseitigen: Nasseristen, Kommunisten, Monarchisten, schiitische Fundamentalisten und andere. Zugleich gelang es Saddam, seine Herrschaft der Führungsspitze der Partei selbst aufzuzwingen und schließlich seine Feinde in ihr zu eliminieren.

Intensive Kampagnen führten zu einer raschen Zunahme des Mitgliederbestandes der Partei. Saddams Machtübernahme als Staatspräsident (1979) war von einer massiven Mitgliederkampagne für die Partei und die Volksarmee begleitet. Das Ergebnis war, daß 1987 die Zahl der Mitglieder der Volksarmee bei über 690 000, die der Parteimitglieder auf den verschiedenen Hierarchiestufen bei 1,5 Millionen, d.h. etwa bei 10 % der Gesamtbevölkerung des Irak lag. Die Partei und ihre Miliz wurden bedeutende Kanäle der Sozialisierung und Indoktrinierung: Gesellschaftlicher und politischer Aufstieg hingen in wachsendem Maße von der Parteimitgliedschaft ab; die politischen Diskussionen in den Parteizellen waren wichtige Vehikel, über die das Regime seine Botschaft in weite Teile der irakischen Öffentlichkeit trug.

Auf der arabischen Bühne erinnerten die Ziele und Instrumente der Baath-Politik an die Politik Nassers zwischen 1955 und 1964: Ziel war es, eine hegemoniale Position in der arabischen Welt zu erreichen. Die Stoßkraft irakischer Politik ging gegen Syrien und die Golfstaaten. Der erste Rückschlag freilich gegen die so ehrgeizige arabische Politik kam schon im September 1970, als der Irak sein Versprechen brach, die PLO gegen König Husseins Truppen zu verteidigen. Saddam mußte befürchten, daß dies zur Vernichtung des irakischen Truppenkontingents in Jordanien und zum Zusammenbruch des Baath-Regimes in Bagdad führen würde. Schon wenig später, im November 1971, geriet der Irak einmal mehr an seine Grenzen, als Iran drei strategische Inseln im südlichen Golf annektierte. Dem Irak gelang es nicht, arabische Unterstützung zu mobilisieren; mehr noch, am Anfang der 70er Jahre hatte es das Baath-Regime geschafft, als eine Art Paria in der arabischen Welt dazustehen.

Saddam Husseins arabische Politik wurde nun pragmatischer: Er trachtete danach, die Kluft zwischen der Theorie der Partei und den tatsächlichen Politikpotentialen des irakischen Staates in Sachen arabischer Einheit zu überbrücken. Die Baath-Führung räumte ein, daß die Verwirklichung der arabischen Einheit zunächst hintangestellt werden müsse; stattdessen wurde das Konzept einer lockeren Föderation, die die existierenden arabischen Staaten umfassen würde, entwickelt. Dieser ideologische Schwenk machte es der Baath-Führung in Bagdad möglich, einen irakischen Nationalismus zu entwickeln, der auf dem mesopotamischen Erbe des alten Irak abgestützt wurde. Obwohl weiterhin dem Arabismus verpflichtet, legitimierte das neue Credo eine lokale politische Identität. Dieser ideologische Kompromiß sollte zugleich die innere Einheit des Irak festigen. Während dies für die Schiiten im Süden mit einer erheblichen Verbesserung der materiellen Situation und der politischen und gesellschaftlichen Stellung verbunden war, beruhte die Befriedung der Kurden im Norden wesentlich auf anhaltender Gewaltanwendung.

Schon bald nach der Machtübernahme der Baath-Partei kam es im Frühjahr 1969 zum Konflikt mit Iran über die Frage der souveränen Rechte im Schatt al-Arab. Der damit einsetzende Konflikt mit Iran, der im März 1975 durch das Abkommen von Algier zwischen Saddam Hussein und Schah Mohammed Reza Pahlawi mit einem Kompromiß beigelegt wurde, führte schließlich im September 1980 zum Überfall auf die Islamische Republik Iran. Saddam Hussein erklärte das Abkommen von Algier für null und nichtig; dies als Antwort auf Khomeinis Unterstützung für die Kurden, die Aufwiegelung unter den irakischen Schiiten und Angriffe auf Grenzstädte. Von den ersten Tagen des Krieges an wurde dieser Krieg mit seiner Person identifiziert, offiziell genannt „Saddams Qadisiyya“ — nach jener Schlacht im Irak, in welcher die muslimischen Araber im Jahre 635 christlicher Zeitrechnung die zoroastrischen Perser besiegt hatten.

Als der Krieg im August 1988 durch einen Waffenstillstand zwischen den kriegführenden Parteien beendet wurde, konnte sich Saddam Hussein als Sieger fühlen. Eine Verkettung von persönlicher und politischer Selbstüberschätzung, ideologisch begründetem Expansionismus, wirtschaftlichen Zwängen und Mißdeutungen der internationalen Politik führten schließlich zum neuerlichen Überfall Saddam Husseins auf einen anderen Nachbarn — am 2. 8. 1990 auf Kuwait. Die militärische Niederlage gegen die Alliierten in der Operation „desert storm“ (Januar / Februar 1991) hat über Saddams persönliche und politische Zukunft sowie auch über die Zukunft des Irak als eines territorialen, zentral regierten Staates ein Fragezeichen treten lassen.

Neben die gewalttätigen Züge seines Regimes treten andererseits unübersehbare Erfolge bei der Entwicklung des Irak. Um das Arbeitskräftepotential zu erweitern, gab Saddam Hussein irakischen Frauen bislang nicht dagewesene Anreize, außerhalb des Hauses zu arbeiten. Dies war begleitet von einer Verbesserung ihrer Erziehung und ihres rechtlichen Status. Um die Zahl irakischer Bürger zu vergrößern, erleichterte er die Naturalisierung anderer Araber; darüber hinaus gab er irakischen Familien Impulse, möglichst viele Kinder aufzuziehen. Seit der Mitte der 70er Jahre machte die irakische Wirtschaft einen bis dahin nicht gekannten Sprung nach vorne auf der Basis der sprunghaft gestiegenen Öleinnahmen. Der Schwerpunkt des Entwicklungsprogramms lag auf den Gebieten, in denen rascher Erfolg garantiert war und sich Erfolge am deutlichsten manifestieren ließen: Öl und Bergbau, chemische Industrie sowie massive Bewässerungsprojekte. Impulse gab Saddam Hussein auch dem Erziehungswesen im Irak: Die Anzahl der Schulkinder verdreifachte und die der Studenten im höheren Bildungswesen verfünffachte sich nahezu zwischen 1970 und 1985. Seit 1978 / 79 initiierte er eine durchgreifende Kampagne zur Ausrottung des Analphabetentums.

Am Ende erscheint Saddam Hussein als ein extrem ausgebildeter Vertreter jenes Dilemmas arabischer Entwicklung, in dem Modernisierung und Gewalt miteinander einhergehen. Auch der „Wüstensturm“, der gegen ihn entfacht würde, vermochte nicht, es aufzulösen.

Quelle: B. Reich (ed): Political Leaders of the Contemporary Middle East and North Africa. A Political Dictionary

Detlev Ahlers

Eine endlose Geschichte – Friedensordnung für den Golf

In der Mitte des vergangenen Jahrzehnts wurde von „Golfkrieg“ geschrieben, wenn im iranisch-irakischen Krieg auf halber Luftstrecke zwischen dem Schwarzen Meer und dem Persisch-Arabischen Golf geschossen wurde. Bis heute sprechen wir von einer „Folge des Golfkrieges“, wenn es um die Tragödie der Kurden in demselben Gebiet geht, meinen aber diesmal den Kuwait-Krieg. Die Araber haben nur den letzten auch „Golfkrieg“ genannt. „Hinter dem Namen Golfkrieg steht eine Mischung von Interessen und Ängsten, und zwar in erster Linie des Westens“ (Johannes Reissner). Dasselbe gilt dann auch für eine „Friedensordnung für den Golf“. Der Westen hat ein „existentielles“ Interesse an einer kriegs- und minenfreien Ölversorgung aus dem Golf, wie es US-Außenminister James Baker genannt hat.

Strategisch wird als Golfregion, jedenfalls bis zum Zerfall des sowjetischen Weltreiches, das Gebiet nordwestlich des Drittelkreises vom Horn von Afrika bis Afghanistan bezeichnet, ein Gebiet also, dessen Küsten von Aden über die Piratenküste bis ins Zweistromland großenteils bis weit in dieses Jahrhundert hinein von England kontrolliert wurden. Im Norden reicht die Region bis nach Kurdistan, also bis in die Türkei. Wie die Ölkrise nach dem israelisch-arabischen Krieg 1973 bewiesen hat, und wie der während des Kuwaitkrieges in Arabien geäußerte Vorwurf der „doppelten Standards“ bei der Durchsetzung der UNO-Resolutionen über Kuwait und Palästina nahelegt, besteht auch ein enger Zusammenhang zwischen Konflikten am Golf und denen am Mittelmeer, namentlich um Israel. Aber auch in Libanon werden Stellvertretergefechte der Golfkriege gekämpft. An dieser Stelle zum Thema Israel nur soviel: Daß eine „Friedensordnung für den Golf", vor allem, wenn sie wesentlich westlich beeinflußt sein soll, ohne eine Regelung des israelisch-arabischen Verhältnisses nicht denkbar ist, ist jedenfalls unabweisbar.

Im engeren Sinne umfaßte eine solche Ordnung die Staaten, die an der Küste des Golfes liegen. Sind sie friedensfähig miteinander? Oder kann der Westen zumindestens seinen Einfluß so geltend machen, daß seine Ölversorgung aus dem Golf gesichert ist?

Koloniale Grenzen

Ein Blick auf die hauptsächlich von den Briten gezeichnete Staatenkarte zeigt, daß der Staat mit der weitaus kleinsten Küste die weitaus größten Schwierigkeiten bereitet. Iraks in flimmernder Sonne kaum wahrnehmbarer Übergang in den Golf, platter, salziger Schlick, der allmählich nasser wird, ist von Fao am Schatt al-Arab bis zum Hafen Umm Qasr, der nur durch kuwaitisches Hoheitsgewässer erreichbar ist, kaum 50 Kilometer breit. Der größte irakische Hafen Basra, 80 Kilometer Schatt-aufwärts, ist durch den Krieg um den Schatt und seine Folgen praktisch unbrauchbar geworden, zumal die Tiefwasserlinie, die als Grenze vom Irak zur Zeit mal wieder anerkannt ist, nahe am irakischen Westufer verläuft. Ganze 14 Kilometer breit ist Iraks direkter Zugang zu internationalen Gewässern. Seit der Unabhängigkeit Kuwaits versucht der Irak, sich mit dem Nachbarn über die Zugehörigkeit der unbewohnten Schlickinseln Warba und Bubayan zu einigen, die Umm Qasr verpfropfen.

Während seiner Rundfunkrede am 26. Februar 1991, in der er den Rückzug aus Kuwait bekanntgab, hat Saddam den Anspruch auf den Nachbarstaat noch einmal bekräftigt: „Tapfere Iraker, ehrenvolle Irakerinnen! Kuwait ist ein Teil Eures Landes . . . Auch die Tore von Konstantinopel haben sich nicht beim ersten Eroberungsversuch den Muslimen geöffnet." Und den Vertrag von Algier (1975), in dem Irak dem Iran (hauptsächlich zur Beendigung der US-iranischen Unterstützung eines Kurdenaufstandes) den Schatt bis zur Tiefwasserlinie überlassen hat, zerriß Saddam zum Kriegsbeginn im September 1980: „Der Schatt al-Arab . . . ist und bleibt irakisch und arabisch, dem Namen nach und in der Wirklichkeit."

Wegen der nur boshaft zu nennenden Einschnürung des Irak am Golf durch die postkolonialen Grenzen ist diese Mittelmacht vor allem beim Erdölexport auf das Wohlwollen ihrer Nachbarn in einer

Weise angewiesen, die auch weniger brutale Herrscher in Bagdad als Saddam Hussein nicht davon wird überzeugen können, alle bestehenden Grenzen als sakrosankt anzuerkennen. Die Türkei, Saudi-Arabien und Syrien können, wie sie bewiesen haben, durch Zudrehen der Ölleitungen einen Lebensnerv abklemmen. Selbst wenn es im Irak ein Regime geben sollte, dem man einen Frieden à la Versailles diktieren könnte, werden die irakischen Ansprüche auf einen besseren Zugang zum Golf virulent bleiben, solange es den Irak gibt.

Ein jemenitischer Vorschlag während der Kuwaitkrise sah vor, daß sich die irakischen Truppen bis hinter die im Herbst von Bagdad im irakischen Sinne neu festgelegte Grenze „der Provinzen Kuwait und Basra" zurückzieht. Aber der Irak verfügt zur Zeit über keine Regierung, mit der man seriös über Frieden reden kann. Sollte sich dies ändern, wären kuwaitische Zugeständnisse für eine Friedensordnung am Golf sinnvoll, aber bei der Halsstarrigkeit der Familie Sabah wenig wahrscheinlich.

Die längste Golf-Küste hat Iran. Er ist in den siebziger Jahren von den USA hochgerüstet worden, um eine westliche „Wächterfunktion" am Golf nach dem Rückzug der Briten „östlich von Suez" 1971 wahrzunehmen. Doch dann brachen die islamische Revolution und der iranisch-irakische Krieg aus. Kurz bevor Iran nach acht Kriegsjahren gezwungen war — vor allem durch das Eingreifen des US-geführten Flottenverbandes im Tankerkrieg auf Seiten des Iraks und Kuwaits, aber auch durch Erschöpfung —, im Sinne der UN-Waffenstillstandsbemühungen einzulenken, sagte Präsident Khamenei in einer Freitagspredigt: „Am Ende sollen Saddams Helfer, wie auch die Völker der Welt, mit härteren Schlägen der revolutionären Kraft rechnen." Daraus ist nicht viel Bereitschaft zu einer Friedensordnung abzuleiten.

„In den Augen der islamischen Revolutionäre in Teheran ... (fehlt) allen Regimen in dem islamisch geprägten Raum ... die Legitimation zu herrschen" (Udo Steinbach). Khomeini selbst prägte den Begriff „Islamischer Golf". Auch wenn die jetzige iranische Führung den „Revolutionsexport" nur noch im Sinne von Mission begreift, gibt es eine starke Minderheit, welche die religiöse Aufforderung zur „Anstrengung" (Dschihad) als solche zum „Heiligen Krieg" begreift. Diese Fraktion wollte im Kuwait-Krieg zugunsten des Irak gegen den Westen und zugunsten der irakischen Schiiten gegen Bagdad eingreifen. Die besonnene Politik des Präsidenten Rafsandschani, der von Anfang an den Abzug der Iraker aus Kuwait und den Abzug des Westens aus dem Golf forderte, hat Iran zu einem diplomatischen

Gewinner des Kuwaitkrieges werden lassen — ein Vorteil, den Teheran nun zur Vervollkommnung der eigenen ABC-Waffenproduktion umzusetzen versucht. Die jetzige irakische Führung hingegen verfolgt das große Ziel einer vom „neuen irakischen Menschen“ beherrschten arabischen Welt (wofür sich allemal zu sterben lohnt), deren Hauptfeinde die Perser und der Westen wären. Beiden Staaten sind diese Ziele weit wichtiger als ein Gewaltverzicht, der sie an ihrer Verwirklichung hindert.

Eine unheilige Allianz

Das Verhältnis Irans zu einer weiteren wichtigen Macht am Golf, Saudi-Arabien, einem Staat, der Iran bei der Verwirklichung der islamischen Staats- und Lebensidee vordergründig am nächsten kommt, hat sich nach dem Ende des Golfkrieges entspannt. Zum ersten Mal seit dem Massentod iranischer Pilger 1987 (erschossen von saudischen Sicherheitskräften und in Panik zu Tode getrampelt) haben 1991 wieder iranische Pilger die Wallfahrt nach Mekka angetreten. Außenminister Velayati war mehrmals zu Gesprächen in Riad und Taif. Dennoch schwebt über dieser nachbarschaftlichen Beziehung das bleibende Wort Rafsandschanis, der die Gläubigen zum Sturz der „Unrechtsherrschaft der Familie Saud über die heiligen Stätten“ aufgefordert hat. Bei allen tiefgreifenden Differenzen sind aber diese beiden Staaten stets zu einem Pragmatismus gegeneinander fähig gewesen, der vermutlich anhalten wird. Als Beispiel mag gelten, daß Iran während des Tankerkrieges plötzlich die Attacken auf saudische Schiffe eingestellt (und sich dafür auf kuwaitische konzentriert) hat, während die Saudis (dafür) den Amerikanern nicht die Nutzung saudischer Basen gestattet haben.

Saudi-Arabien ist die Führungsmacht des Golfkooperationsrates, in dem sich die gesamte Südwestküste des Golfes zu Beistand verpflichtet hat (Saudi-Arabien, Kuwait, Vereinigte Arabische Emirate, Katar, Bahrain und Oman). In der zweiten Augustwoche 1990 hat dieser Rat, wie der jemenitische Außenminister al-Iryani erzählt, festgestellt, daß „alle anderen arabischen Staaten zusammen nicht stark genug sind, der Aggression des Irak ohne fremde Hilfe entgegenzutreten“. Diese Beurteilung war zweifelsohne richtig; überraschend war aber die Konsequenz, welche die Golf-Staaten daraus gezogen haben: Sie ergaben sich völlig dem fremden Krisen- und

Kriegsmanagement und unterließen jede eigenständige Konfliktlösung.

Inzwischen versanden auch die Nachkriegsbemühungen, mit Syrien und Ägypten eine arabische Schutztruppe für den Golf aufzubauen, die nach Lage der Dinge gegen den Irak und Iran gerichtet wäre. Selbst wenn es zu einer solchen Vereinbarung kommen sollte, die finanzielle Hilfe gegen militärischen Schutz vorsähe und damit fatal an die wirkungslose kuwaitische Söldnerarmee vom August 1990 erinnerte, wäre es zweifelhaft, ob nicht bereits bei der nächsten Aggression gegen einen Staat des Golfkooperationsrates das Bündnis wiederum wegen seiner Unterlegenheit fremde, das heißt westliche Hilfe anfordern müßte. Auch Iran hat mehrfach, zuletzt auf der Gipfelkonferenz der islamischen Welt in Istanbul (1991), auf die Selbstverständlichkeit hingewiesen, daß eine dauerhafte „Friedensordnung für den Golf" nicht ohne ihn zu erreichen wäre.

„Westliche" Lösungen untauglich

Es gibt zwei westliche Lösungsansätze für den Golf, während die Konferenz in Istanbul und die Arabische Liga bisher keinen hervorgebracht haben. Der erste leitet sich aus der „Neuen Weltordnung" Amerikas ab, und diese Ordnung soll auf „Recht und Gerechtigkeit" basieren. Aber der Aufmarsch der Amerikaner am Golf wird von der Masse der Araber weiterhin „als Auftakt zu einer neuen kolonialen Beherrschung" (Wolfgang Wagner) empfunden; so ist es zweifelhaft, ob bei dieser Grundstimmung ein friedensstiftender Einfluß wirksam werden könnte. Vor allem aber steht dieser Ordnung entgegen, daß keiner der Golfküsten-Staaten auch nur im Ansatz den westlichen Wertevorstellungen von Recht und Gerechtigkeit entspricht. Alle diese Staaten unterdrücken Minderheiten; in Bahrain sind die entrechteten Schiiten gar in der Mehrheit — dort wie in Kuwait ist auch der iranische Wille, diesen Glaubensbrüdern zu helfen, ein möglicher Konfliktgrund. Alle diese Staaten füllen Bände in den Fallsammlungen von Menschenrechtsorganisationen. Keiner dieser Staaten hat eine entscheidungsbefugte Volksvertretung; besonders in Saudi-Arabien, das nun zur Zeit wieder von den USA hochgerüstet wird, gilt demokratische Willensbildung als Widerspruch zur Ordnung des Korans und damit als Ketzerei. Westliche Anstrengungen, einer solchen Region mit anderen Werten einen Frieden „unserer

Art" bringen zu wollen, sind bestenfalls zum Scheitern verurteilt. Schlimmstenfalls destabilisieren sie die prowestlichen Systeme dort, was vielleicht in dem einen oder anderen Fall zu einer Verbesserung der Menschenrechtssituation führen, nicht aber der westlichen Ölversorgung nutzen würde. In all diesen Staaten ist die machtlose Bevölkerung anti-westlicher eingestellt als die Regierungen.

Friedensnobelpreisträger Willy Brandt hat in Bagdad im November Saddam Hussein seinen Vorschlag für eine „Konferenz für Sicherheit und Zusammenarbeit im Mittleren Osten" vorgelegt. Sie solle, so erklärte er in Bagdad, über den Golf, Palästina, Kurdistan, Israel und Zypern verhandeln. Bisher hat dieser Vorschlag Brandts am Golf kein Echo gefunden. Denn die Gegensätze, die dort die Kriegsgefahr in sich bergen, erscheinen zu tiefgreifend, um „wegverhandelt" werden zu können. Vor allem jedoch müßten die Staaten zunächst nach innen „friedensfähig" werden — aber steht uns eigentlich ein solcher Kulturimperialismus zu?

Dennoch muß das Thema „Friedensordnung für den Golf" nicht als gänzlich unlösbar abgeschlossen werden. Der Westen hat vor allem ein Interesse an seiner Ölversorgung. In einer der heißesten Regionen der Welt hat er dieses Interesse im Tanker- und im Kuwaitkrieg eindrucks- und wirkungsvoll durchgesetzt.

Eine Friedensordnung für den Golf, die den Namen verdient, wäre aber vermutlich erst durch die Herstellung der Einheit der Arabischen Nation zu verwirklichen, was die Mächte der Region jedoch selbst schaffen müssen. Dabei könnte es allerdings sein, daß eine solche Ordnung dann den „existenziellen" westlichen Interessen zuwiderliefe.

Ursula Braun

Die Zukunft der Arabischen Halbinsel

Durch den Kuwait-Konflikt und seine weltweiten Auswirkungen ist die besondere Bedeutung der arabischen Golfstaaten offenkundig geworden. Es geht hier um die Staaten des 1981 gegründeten Golf-Kooperationsrates (GKR): Saudi-Arabien, Kuwait, Katar, Bahrain, die Vereinigten Arabischen Emirate und Oman. Die Jemenitische Republik, die ebenfalls zu dieser Subregion gehört, wird ausgeklammert. Um über die künftige Entwicklung in diesem Raum Voraussagen zu wagen, muß sie im Zusammenhang der bisher herrschenden Strukturen erörtert werden. Diese erweisen sich als dauerhafter, als häufig von außen angenommen.

Auswirkungen der Kuwait-Krise

Die irakische Invasion verursachte in den GKR-Staaten zunächst eine Schockwirkung und schien Impulse für einen Wandel auf verschiedenen Ebenen zu geben:

— Intern erschien es den regierenden Oligarchien — wie schon in früheren Krisensituationen — opportun, durch Einbeziehung von Repräsentanten der Bevölkerung den staatlichen Entscheidungsapparat zu erweitern.
— Im arabischen Bezug wurde vertiefte Kooperation ins Auge gefaßt; selbstverständlich kamen dafür nur Mitglieder der Anti-Irak-Front in Betracht, vor allem Syrien und Ägypten. Diese beiden Staaten sollten nach Vorstellung der reichen Golfstaaten mit ihrer finanziellen Unterstützung ein regionales Wirtschafts- und Sicherheitssystem bilden.

— Von einer solchen Politik erhofften sich die Regierungen zugleich eine Entlastung im sicherheitspolitischen Bereich. Hier sollte regionale Kooperation allzu große Abhängigkeit von westlichen Ländern, insbesondere von den USA verringern. In diesem Zusammenhang bedeutete die enge amerikanisch-israelische Bindung eine Belastung vor allem der saudi-arabischen Innenpolitik.

Doch, wie so häufig in früheren Krisen, ließ mit der unmittelbaren Gefahr auch die Schockwirkung nach und damit der Wunsch nach stärkerer Veränderung des status quo. Schließlich konnten sich die sechs Staaten nach Saddam Husseins Debakel mit zu den Siegern zählen. Das irakische Bedrohungspotential war gemindert. Das erwiesene internationale Interesse an den GKR-Staaten, der erhebliche Einsatz für ihre Sicherheit und damit für ihren Bestand veranlaßte die Regierungen alsbald, sich auf frühere autoritäre Positionen zurückzuziehen und Reformpläne wie Vorstellungen über außen- und sicherheitspolitische Neuorientierung wieder zögernder anzugehen.

Der demokratischen und liberalen Vorstellungen verpflichtete Westen zeigte sich durch diese Entwicklung wenig beunruhigt, vielmehr wurde sie quasi sanktioniert. Allerdings riefen die Vorgänge im befreiten Kuwait, die dortigen Racheakte an Palästinensern und anderen echten und vermeintlichen Kollaborateuren sowie weitere Menschenrechtsverletzungen Proteste hervor. Doch nirgends wurde ein Wandel der Regierungssysteme angemahnt; jede Alternative erschien risikoreich. Im Westen überwog die Annahme, daß Pluralismus und Liberalisierung in den GKR-Staaten zu unberechenbaren Unruhen führen könnten. Auch löste die Perspektive, daß eine Demokratisierung Kräfte an die Macht bringen könnte, die eine antiwestliche Politik einleiten würden, in westlichen Hauptstädten Befürchtungen aus. In diesem Zusammenhang dachte man nicht zuletzt an eine Dominanz der Islamisten, an Vorgänge in Iran, in Jordanien, Algerien und auch in Tunesien.

Solche internationalen Erwägungen erleichterten den Regierungen am Golf ihre Rückkehr zum status quo ante. Intern rückte wieder das gewohnte Sicherheitsdenken in den Vordergrund und damit die Furcht vor Subversion. Die Effizienz der entsprechenden Sicherheitsapparate erhielt neue Priorität.

Zwischen den arabischen Staaten ließ die Kooperationsbereitschaft ebenfalls wieder nach. Die Vorstellung enger Verflechtung mit Ägypten und Syrien weckte plötzlich Zweifel und Beunruhigung. So wurde das geplante Wirtschafts- und Sicherheitssystem alsbald herabgestuft. Die damit verbundene Finanzhilfe, entsprechend einem Konzept für einen Finanztransfer der reichen in ärmere Staaten, wird offenbar künftig wieder in die bisherigen Kanäle bilateraler Zuwendungen geleitet. Die rigorose Ausweisung einer großen Zahl von Palästinensern, aber auch von Angehörigen anderer arabischer Staaten insbesondere aus Kuwait und Saudi-Arabien (Jemeniten) stoppt einen weiteren Strom von Finanztransfer in ärmere arabische Staaten, nämlich die Gastarbeiterüberweisungen, und läßt zudem ein neues Potential von Feindseligkeiten entstehen.

Im Bereich der äußeren Sicherheit ziehen sich die Regierungen am Golf erneut auf den Erwerb teurer Rüstungssysteme vor allem aus den USA zurück, noch bevor die bislang angeschafften von den Streitkräften absorbiert sind; die nationalen Armeen sollen ausgebaut werden. Jedoch: gegen die übermächtigen Nachbarn Iran und den Irak — wenn diese einmal die Folgen der Kriege überwunden haben werden — könnten die GKR-Staaten sich auch mit bester Rüstung nicht allein verteidigen. Dagegen hätte ein regionales Bündnis mit Ägypten und Syrien wohl zumindest abschreckende Wirkung. Neben der Frage nach seinem Bestand spielt hier jedoch auch Rücksichtnahme auf Iran eine Rolle: Teheran lehnt eine ägyptische Militärpräsenz am Golf entschieden ab.

Sobald Iran und der Irak wieder annähernd Vorkriegsstatus erreicht haben, wird das gewohnte Muster des Wettstreits um die Vormacht am Golf wieder sichtbar werden; dies wird zwar kurz- bis mittelfristig nicht zu erneuter militärischer Konfrontation führen, wird aber jede wirkliche regionale Kooperation im Sicherheitsbereich blockieren.

Im Hinblick auf die Zukunft des GKR erbrachte die Kuwait-Krise den jüngsten Beweis dafür, daß dieser Zusammenschluß sich seit seiner Konstituierung vor 10 Jahren nicht als kohärenter dritter Faktor am Golf entwickelt hat.

Saudi-Arabiens Positionsgewinn

Dagegen kann die saudi-arabische Regierung innenpolitisch durchaus Vorteile verbuchen. Der Appell des Königs an auswärtigen Beistand, der nach der irakischen Invasion Kuwaits zu einem unvorhergesehenen Aufmarsch fremder Truppen im Königreich führte, war zunächst nicht ohne internes Risiko. Die starken islamischen Kräfte im Lande, aber auch junge Intellektuelle hatten negativ reagiert. Die islamische Führung (ulama) konnte dann allerdings dafür gewonnen werden, die ausländische Präsenz ausdrücklich zu sanktionieren.

Die saudi-arabische Erdöl-Förderkapazität versetzte das Land in die Lage, den Hauptanteil des durch die irakische Invasion und ihre Folgen ausgefallenen irakischen und kuwaitischen Öls auf dem Weltmarkt zu ersetzen. Dies unterstrich einmal mehr die beherrschende Position des Königreiches auf dem Weltölmarkt. Damit wuchs zugleich das westliche Interesse an Stabilität in diesem Land und an seiner auch künftig mäßigenden Rolle im Rahmen der OPEC. Daraus resultiert eine fortgesetzte Sicherheitsgarantie Washingtons. Allerdings beharrte die saudi-arabische Regierung auf ihrer Ablehnung amerikanischer Truppenstationierung auf ihrem Territorium. Doch konnten für beide Seiten offenbar befriedigende Voraussetzungen für eine mögliche weitere amerikanische Intervention, sollte sie notwendig werden, ausgehandelt werden.

Kuwait entschloß sich im September 1991 zur Unterzeichnung eines Militärabkommens mit den USA mit zehnjähriger Laufzeit. Dieses sieht u.a. gemeinsame Manöver vor, die Benutzung kuwaitischer Häfen durch die US-Marine und die Lagerung von amerikanischem Kriegsgerät auf kuwaitischem Territorium, schließt also die Stationierung fremder Truppen aus. Weitere militärische Kooperationsabkommen mit Groß-Britannien und Frankreich sollen folgen. Ähnliche Abkommen könnten möglicherweise zwischen den drei westlichen Staaten und anderen Emiraten am Golf geschlossen werden. Mit Oman besteht seit mehreren Jahren eine begrenzte militärische Kooperation.

Regionalpolitisch ist die Wiederannäherung zwischen Saudi-Arabien und Iran bemerkenswert. In starkem Kontrast zur vorangegangenen Phase liegt Teheran heute an einem guten Verhältnis zu den GKR-Staaten, vor allem zu Saudi-Arabien. So fanden beide Regierungen in der Frage der Beteiligung iranischer Pilger am Hadsch einen Kompromiß. Nach vierjährigem Boykott kamen 1991 wieder über hunderttausend iranische Pilger nach Mekka und Medina und verursachten keine Störungen. Auch eine große Zahl arabischer Pilger nahm trotz der Boykottaufrufe aus Bagdad, aber auch aus Amman und Algier, an der Pilgerfahrt teil. Die Rolle des saudischen Herrscherhauses als „Hüter der Heiligen Stätten“ wurde also durch den Hilferuf an „Ungläubige“ zum Schutz der nationalen Integrität nicht erschüttert.

Auch in der Ölpolitik, in der Teheran und Riad stets gegensätzliche Positionen eingenommen hatten, zeigte die iranische Regierung

Mitte 1991, offenbar in Anerkennung der starken saudi-arabischen Stellung in diesem Bereich, Interesse an einer Harmonisierung. Das Rapprochement zwischen Saudi-Arabien und Iran dürfte allerdings nicht von Dauer sein. Iran sieht sich als dominierende Golfmacht. Seine Kompromißbereitschaft zu Beginn der 90er Jahre ist lediglich durch interne Zwänge und die derzeitige regionale Konstellation bestimmt.

Opposition will Reformen, keine Revolution

Als Folge der iranischen Revolution wurden die sechs Staaten des Golf-Kooperationsrates vom Westen aus meist als instabil und ihre Regierungen als gefährdet angesehen. Jedoch bewiesen sie in den zahlreichen Turbulenzen der Region erstaunliche Überlebensfähigkeit. Interne Opposition gibt es in allen sechs Ländern. Verunsicherung der Regierungen durch Terror- und Sabotageakte führte zum Aufbau effizienter Sicherheitsapparate, die sich imstande zeigten, interne Unruhen unter Kontrolle zu halten. Repression ist jedoch nicht die wichtigste Voraussetzung für den Bestand der Regierungen. Im arabischen Vergleich verfügen sie über ein gewisses Maß an Legitimität.

Die wichtigsten Oppositionskräfte zielen daher auch nicht auf den Sturz der herrschenden Familien ab, denn die Namen Al Saud oder Al Sabah sind als Symbole dieser jungen Staaten zu verstehen. Opposition richtet sich vielmehr gegen die Art der Machtausübung, gegen Verschwendung, Luxus und Korruption der Eliten und ihres vielfältigen Anhanges. Sie richtet sich gegen Fehlinvestitionen wie z. B. den höchst kostspieligen, letztlich jedoch ineffizienten Militärapparat, kurz: gegen eine unausgewogene Finanzpolitik. Wirtschaftskreise, die neue „educated middle class", aber auch liberale islamische Kräfte fordern Mitsprache im politischen Entscheidungsprozeß, fordern eine Öffnung des politischen Systems, Meinungs- und Pressefreiheit. In Saudi-Arabien bezieht sich ein Teil der Opposition auch auf die rigide soziale Ordnung.

Dagegen stehen — das gilt wiederum vornehmlich für Saudi-Arabien — die konservativen religiösen Führer, aber auch junge religiöse Eiferer, die für eine strenge islamische Ausrichtung eintreten und die, wenn sie einmal an die Macht gelangten, kaum liberale und demokratische Grundsätze verträten. Zwischen diesen Polen steht die Regierung in Riad, doch bestehen auch innerhalb der herrschenden Familie Differenzen zwischen Vertretern liberaler und traditionalistisch-islamischer Tendenzen. Es gibt einige Anzeichen dafür, daß die ersteren nicht ohne Chancen sind.

Probleme erzwingen Öffnung

Wahlen, gar allgemeine Wahlen für ein Repräsentativorgan zu fordern, wäre für die GKR-Staaten in kurz- bis mittelfristiger Perspektive vermutlich übereilt. Kuwait bildet hier eine Ausnahme. Das Emirat hatte gemäß seiner Verfassung von 1962 eine gewählte Nationalversammlung, bei allerdings eingeschränktem Wahlrecht. Die Opposition fordert nachdrücklich die Wiedereinberufung dieser vom Emir 1986 aufgelösten Versammlung.

Doch auch in den anderen GKR-Staaten verlangt ein wachsender Teil der Bevölkerung nach einem repräsentativen Kontrollorgan. Vermutlich werden die Regierungen angesichts der Probleme, mit denen sie in allernächster Zeit konfrontiert werden, solchen Wünschen entgegenkommen, und sei es nur, um die Verantwortung für Opfer, die sie ihrer Bevölkerung abverlangen müssen, zu teilen: die Finanzlage ist nicht mehr vom Überfluß geprägt, nicht zuletzt wird das Problem der Wasserversorgung kommende Jahrzehnte überschatten. König Fahd von Saudi-Arabien hat im März 1992 Maßnahmen einer begrenzten Umstrukturierung der Regierung erlassen. Sie betreffen die Ernennung eines Konsultativrates, ein Grundgesetz sowie ein gewisses Maß an Entscheidungsgewalt für die Provinzregierungen. Solche Maßnahmen waren vom König schon in früheren Jahren wiederholt angekündigt, doch nie mit einer Terminangabe verbunden worden. Die sozialen Strukturen haben sich in allen Golfländern gewandelt; darüber hinaus können sie sich weniger als früher von gesamtarabischen Problemen abkoppeln.

Nach der geschwächten Anziehungskraft sozialistischer Gesellschaftsmodelle könnten Kräfte der Veränderung wohl hauptsächlich aus der alles beherrschenden Religion, dem Islam, kommen und damit aus dem Anspruch einzelner Gruppen, ihn authentischer als die Herrschenden zu vertreten. Die Durchsetzungskraft solcher Gruppen ist schwer einzuschätzen.

David E. Long

Fahd bin Abd al-Aziz Al Saud
Fast ein absoluter Monarch

Fahd ist Staatsoberhaupt und Ministerpräsident des Königreichs Saudi-Arabien. Aufgrund der Beschränkungen, die ihm durch die königliche Familie auferlegt sind, ist er freilich kein absoluter Monarch. So gehört es nicht zuletzt zum Verantwortungsbereich des Königs, einen Konsens zwischen den unterschiedlichen Faktionen innerhalb der königlichen Familie sicherzustellen. König Fahd ist als „Beherrscher der Gläubigen" auch der höchste rechtliche Würdenträger, eine Eigenschaft, in der er sich auch den Titel des „Hüters der beiden heiligen Stätten" (Mekka und Medina) gegeben hat.

König Fahd bin Abd al-Aziz Al Saud ist der siebzehnte Herrscher in der Genealogie seit Mohammed bin Saud, dem Gründer der Dynastie, und der fünfte König Saudi-Arabiens. Er wurde 1921 in Riad als elfter Sohn von König Abd al-Aziz bin Saud geboren; er gehört zugleich zur Gruppe der sieben Sudairi-Brüder, die nach Fahds Mutter Hassa bint as-Sudairi (nach der machtvollen Sudairi-Familie im Nadschd) benannt werden. Auch heute noch bilden die sieben Blutsbrüder eine enge Verwandtschaft; das zeigt sich nicht zuletzt darin, daß sie in Angelegenheiten, die die königliche Familie betreffen, und in der Politik des Landes als eine einheitliche geschlossene Gruppe auftreten.

Fahd wurde im Koran und islamischen Gesetz, in den Grundzügen der Mathematik und Geographie sowie den Traditionen und Überlieferungen der Gesellschaft der Wüste, die sein Erbe waren, unterrichtet. In späteren Jahren erlernte er Englisch und Dinge, die für die öffentliche Verwaltung des königlich regierten Staates erforderlich werden würde.

1945, vierundzwanzig Jahre alt, begleitete er seinen älteren Bruder und Außenminister, Prinz (später König) Faisal bin Abd al-Aziz Al

Saud nach San Francisco zur Gründungsversammlung der Vereinten Nationen. Der Besuch erweiterte nicht nur seinen Horizont über die Grenzen Saudi-Arabiens hinaus, sondern vermittelte ihm auch einen dauerhaften Eindruck des Ranges der UNO als einer wichtigen Körperschaft zur Herstellung eines internationalen Konsenses in Sachen des Weltfriedens. Konsultation (Shura) und Konsens (Idschma) sind uralte Institutionen in der arabischen Welt; sie sind geradezu Gütesiegel des saudischen politischen Prozesses und grundlegende Strategien, wenn es für Fahd darum geht, Entscheidungen in Sachen Innen- und Außenpolitik zu treffen.

Seine erste ministerielle „Verwendung" erfuhr Fahd kurz nach dem Tod von Abd al-Aziz im November 1953 als erster Minister für Erziehung. Davor war das Erziehungswesen als ein Büro beim Finanzministerium mitverwaltet worden. Erziehung im damaligen Saudi-Arabien war rudimentär, und das curriculum durchweg traditionell und religiös. In späteren Jahren sollte sich der künftige König daran erinnern, daß es zu den Zeiten, da er der erste Erziehungsminister wurde, nur eine Oberschule und insgesamt nur 35 000 Schüler im Lande gab. (Heute gibt es mehr als doppelt so viele, die allein einen Universitätsabschluß anstreben.)

1962 war ein Krisenjahr der saudischen Politik. Die Gesundheit König Sauds, des Nachfolgers von König Abd al-Aziz (bin Saud) und die von Ägypten unterstützte Revolution im benachbarten Jemen schufen eine gespannte innere und äußere Atmosphäre. Am 17. Oktober trat König Saud als Ministerpräsident zugunsten von Faisal zurück. Zwei Wochen später bildete Faisal ein neues Kabinett; Fahd wurde Innenminister, eine Position, die er bis zu Faisals Tod im März 1975 innehatte.

Am 2. November 1964 wurde Saud zur Abdankung zugunsten von Faisal als König und Staatsoberhaupt gezwungen; im März 1965 benannte dieser seinen Bruder Khalid als Kronprinzen und stellvertretenden Ministerpräsidenten. Am 17. Oktober 1967 wurde Fahd als zweiter stellvertretender Ministerpräsident und zweiter Aspirant in der Linie der Anwärterschaft auf das Königtum designiert. Der Tod von König Faisal durch die Hand eines — wie es heißt — geistesgestörten Neffen machte Fahd nicht nur zum Thronerben, sondern de facto auch zum Chefadministrator des Königreichs. Sein Bruder Khalid, obwohl König, überließ die Verwaltung und die wichtigsten politischen Entscheidungen ihm.

So war es natürlich, daß Fahd zum König ernannt wurde, als Khalid am 13. Juli 1982 starb. Die religiöse Führerschaft und andere Notabeln, die „Leute, welche binden und auflösen" (ahl al-aqd wal-hall) gaben die erforderliche formale Zustimmung, indem sie das entsprechende religiöse Gutachten (Fatwa) verabschiedeten, welches der Nachfolge die erforderliche islamisch-rechtliche Sanktion gab. König Fahd ist mithin also nicht ein absoluter Monarch im westlichen Sinne, sondern durch das islamische Gesetz und den Konsensus der königlichen Familie und anderer Notabeln gebunden. Sein Herrschaftsstil bedeutet Führerschaft durch Herstellung immer neuer Formen von Konsensus.

In seiner Innenpolitik folgt der König der Tradition seines 1975 ermordeten Vorgängers Faisal: das Land einerseits zu modernisieren, andererseits aber am traditionellen islamischen Charakter seiner Gesellschaft festzuhalten. Weder Fahd noch seine königlichen Brüder und Verwandten haben jemals danach gestrebt, Saudi-Arabiens äußerst traditionelle und konservative Gesellschaft schneller in das Zeitalter der Moderne voranzubringen, als dies möglich sein würde, ohne soziale oder politische Verwerfungen entstehen zu lassen. Insbesondere liegt ihm daran, Säkularisierung und Modernisierung auseinanderzuhalten. Saudi-Arabiens politische, gesellschaftliche und auch wirtschaftliche Institutionen beruhen auf dem Islam, und die politische Führung ist entschlossen, dies auch so zu belassen.

Außenpolitisch verfolgt Fahd die traditionelle saudische Linie, deren oberste Priorität darin besteht, den Islam und den islamischen *way of life* in der islamischen Welt zu fördern. Als Hüter der beiden heiligsten Stätten des Islam, Mekka und Medina, empfinden die Saudis dafür eine besondere Verantwortung. Tatsächlich fließen mehr menschliche und finanzielle Ressourcen — außerhalb des Bereichs der Verteidigung — in die Verwaltung der jährlichen Pilgerfahrt als in irgendeinen anderen Bereich der inneren und auswärtigen Politik des Landes. Jedes Jahr begeben sich Fahd und andere hochrangige Regierungsmitglieder zur Pilgerzeit nach Mekka, um dort persönlich ausländische Würdenträger aus islamischen Ländern, die zur Pilgerfahrt anreisen, zu begrüßen.

Den Vereinigten Staaten und dem Westen insgesamt eng verbunden, hat Fahd seit Anfang der achtziger Jahre nach Formeln für einen Kompromiß im arabisch-israelischen Konflikt gesucht. Dieser liegt in der Verwirklichung des Rechts auf Selbstbestimmung für die Palästinenser als des einzigen Weges, das Unrecht, das ihnen durch die Schaffung von Israel zugefügt worden ist, auszugleichen. In diesem Sinne stellte schon der nach ihm benannte Plan vom 7. August 1981 in Punkt 7: „das Recht aller Staaten in der Region, in Frieden zu leben“, fest. Dieser Plan wurde im September 1982 als „Fes-Plan“ auf einer Gipfelkonferenz der Arabischen Liga angenommen.

Es liegt in der Logik der auf einen Ausgleich in der Palästinafrage gerichteten Politik Saudi-Arabiens, daß sich König Fahd zu einem Beobachterstatus seines Landes in den arabisch-israelischen Verhandlungen, die am 30. Oktober 1991 in Madrid begannen, bereit fand. Zugleich wurde damit einmal mehr die Nähe Riads zur Politik Washingtons manifestiert.

In der Golfregion übernahm Fahd mit seinem Herrschaftsantritt ein schweres Erbe. Der Krieg zwischen dem Irak und Iran bedrohte auch die Stabilität seines Landes. Nicht zuletzt die Furcht vor der von Teheran ausgehenden islamistischen Propaganda bestimmte ihn, an der von seinem Vorgänger eingeschlagenen Politik der Unterstützung Bagdads festzuhalten. Der Zusammenstoß zwischen islamischen Pilgern und saudischen Ordnungskräften in Mekka während der Wallfahrt im Juli 1987, bei dem über 400 Pilger (unter ihnen mehr als die Hälfte aus Iran) den Tod fanden, gab dieser Furcht eine realistische Dimension.

Nach dem Überfall des Irak auf Kuwait am 2. August 1990 sah sich Riad nun von dieser Seite bedroht. König Fahd schlug sich nicht nur in das Lager der internationalen Allianz gegen Saddam Hussein, sondern stellte saudischen Boden auch für den Aufmarsch der alliierten Truppen zur Verfügung.

Angesichts eines instabilen Umfeldes hält der Druck auf die Stabilität des Landes auch nach der Vertreibung Saddam Husseins aus Kuwait an. Aber auch im Inneren sieht sich König Fahd nach dem „Wüstensturm“ Kräften gegenüber, die auf Veränderung drängen. Veränderung und Tradition auszubalancieren, wird den Einsatz des ganzen Ansehens der saudischen Monarchie und der langjährigen politischen Erfahrung des Monarchen selbst erforderlich machen.

Quelle: B. Reich (eb.): Political Leaders of the Contemporary Middle East and North Africa. A Political Dictionary.

Hanspeter Mattes

Die Maghrebstaaten in der Krise

Nach dem Sieg der Islamisten des FIS (Front Islamique du Salut) am 26. 12. 1991 im ersten Wahlgang zu den algerischen Legislativwahlen wurde erneut der Eindruck erweckt, als seien die Islamisten das größte Problem für eine Liberalisierung der politischen Systeme in Nordafrika und mithin ihr größtes internes Konfliktpotential. Vordergründig stellen die Islamisten seit ihrem Zugewinn an Aktionsraum durch vereinzelte Liberalisierungsmaßnahmen und seit dem steten Anwachsen ihrer überwiegend jungen, militanten Mitglieder in den 80er Jahren die Staatsführungen vor drei Probleme: Nämlich 1. das Problem, ihre Beziehung zu islamistischen Gruppen zu regeln, 2. die eigene Legitimität abzusichern bzw. neu zu begründen, 3. den ideologischen Standpunkt zu modifizieren, um insbesondere den Jugendlichen ein politisches und gesellschaftliches Modell anbieten zu können, das an die Stelle der unter zunehmendem Mobilisierungsverlust leidenden Einheitsidologie treten kann.

Islamisten im Vormarsch

Der Einflußgewinn islamistischer Gruppen in den Maghrebstaaten wurde begünstigt durch den Mißerfolg der staatlichen Ideologie und Entwicklungspolitik sowie das Anwachsen sozioökonomischer Probleme (v.a. in Algerien, Marokko, Tunesien), die das Gros der Jugendlichen und deren Berufsperspektiven tangierten. Gefördert wurden die islamistischen Gruppen in ihren Aktionen und als Organisationen durch direkte finanzielle Unterstützung seitens ausländischer Staaten wie Iran, Saudi-Arabien und die Golfstaaten. Eine indirekte Unterstützung erhielten sie durch eine zeitweilig ambivalente staatliche Politik ihnen gegenüber (v.a. in Algerien, Tunesien), die in Algerien 1989 sogar in die Zulassung einer ersten islamistischen Organisation, des FIS, als politische Partei mündete, obwohl die Zielsetzung der Organisation dem gültigen Parteiengesetz und der Verfassung widersprach. Eine weitere wichtige indirekte Unterstützung erhielten und erhalten islamistische Gruppen durch fehlende einflußreiche Gegenkräfte, d.h. zum einem eine mit liberalen, demokratischen Organisationsstrukturen und Verhaltensweisen vertraute Bevölkerung, und zum anderen politisch erfahrene Parteien, die über ausgereifte Konzeptionen wie auch Finanzen verfügen und eine Alternative zur bisherigen Einheitspartei darstellen.

Gegenwärtig sind Algerien und Tunesien die Zentren islamistischer Aktivitäten im Maghreb. Algerien hat seit den Unruhen vom Oktober 1988, den folgenden Liberalisierungsmaßnahmen (Festschreibung eines pluralistischen Systems mit der Verfassung vom Februar 1989) und der Legalisierung islamistischer Parteien, von denen der FIS die zahlenmäßig stärkste darstellt, als erstes Land des Maghreb Erfahrungen mit einer Beteiligung der Islamisten auf kommunaler und regionaler Verwaltungsebene gesammelt. Bei den Kommunal- und Regionalparlamentswahlen im Juni 1990, die den Legitimationsverlust des FLN (Front de Libération Nationale) kraß verdeutlichten, gewann der FIS von 1 541 Gemeinderäten in 853, von 48 Provinzparlamenten in 32 die Mehrheit. Obwohl es in den vom FIS übernommenen Verwaltungen zu zahlreichen Klagen, u.a. wegen des gesetzwidrigen und undemokratischen, die Verwaltungsstrukturen mißachtenden Verhaltens und wegen ihrer repressiven Moralisierungskampangnen kam, und andererseits auch vom FIS die sozialpolitischen Versprechen auf lokaler Ebene nicht eingelöst werden konnten, kam es im Dezember 1991 bei der Legislativwahl erneut zu einem Sieg des FIS. Doch muß betont werden, daß nur noch 3 Millionen statt 4,5 Millionen Wähler (Juni 1990) ihre Stimme abgaben. Allerdings war im Dezember 1991 eine deutlich höhere Abstinenz beim Urnengang festzustellen (41 %) als noch im Juni 1990 (35 %). Die mangelnden politischen Alternativen wie die mangelnde politische Bildung der Mehrzahl der Wahlberechtigten förderten zweifellos diese Entwicklung.

Die auch in Tunesien überdurchschnittlich militanten Mitglieder der islamistischen Gruppen wurden seit dem Beginn einer formalen politischen Liberalisierung nach der Absetzung Präsident Habib Bourguibas (7. 11. 1987) unter dem neuen Präsidenten Ben Ali trotz mehrmaligen Ersuchens seitens der im Ennahdha (Die Wiedergeburt) organisierten Islamisten nicht als Partei legalisiert. Die Politik der tunesischen Staatsführung zielt vielmehr darauf ab, diese stärkste islamistische Gruppe in Tunesien durch Übernahme einzelner Forderungen zu marginalisieren. Die Militanz der Ennahdha-Anhänger um Rachid Ghannouchi führte insbesondere 1989, 1990 und 1991 zu teilweise gewaltsamen Konfrontationen, da jene versuchten, über ihre im Untergrund aktive Parallelorganisation terroristische Anschläge zur Destabilisierung der politischen Führung durchzuführen. Die wachsende Gewaltkomponente von Ennahdha löste innerhalb der Organisation Kontroversen über die Strategie aus („Legalisten" vs. Gewalt bzw. gewaltsamen Umsturz Befürwortende), die im Mai 1991 zum offiziellen Austritt einiger Führungsmitglieder um Abdelfattah Mourou, dem die Leitung der offen agierenden Organisationsstrukturen zukam, führten.

In Tunesien bewirkten die gewaltsamen Aktionen der Ennahdha eine stärkere Frontbildung zwischen Staatsführung, Regierungspartei auf der einen und nichtislamistischen, legalen Oppositonsparteien auf der anderen Seite, die zwischen Kritik der Opposition an der Staatsführung und Kooperation gegen die Islamisten pendelte. Es gilt jedoch, daß mit zunehmendem Gewalt- und Konfrontationskurs der Islamisten die legalen Oppositionsparteien zur Kooperation mit der Staatsführung tendieren. Tunesiens Oppositionsparteien können zur ehemaligen Einheits- und jetzigen Regierungspartei RCD (Rassemblement Constitutionnel Démocratique), die nach wie vor die staatlichen Institutionen und die Verwaltung dominiert, aus denselben Gründen wie die algerische nichtislamistische Opposition kein Gegengewicht bilden: Sie sind nicht imstande, dem potentiellen Wähler eine überzeugende programmatische und personelle Alternative zu bieten.

Marokko hat hauptsächlich an den Universitäten und Sekundarschulen politische Aktivitäten von islamistischen Gruppen zu verzeichnen. Diesen Aktionsgruppen (größte Gruppe die offiziell seit 1990 verbotene Vereinigung Adl wal-Ihsan um Abdessalam Yassine) fehlt es jedoch an einer breiteren Basis. Ein wesentlicher Grund hierfür ist die Stellung des marokkanischen Königs, der gleichzeitig politisches und religiöses Oberhaupt und religiös als „Stellvertreter des Propheten (Mohammed)" legitimiert ist. Zahlreiche den König unterstützende religiöse Vereinigungen, religiöse Gelehrte und die aktiven religiösen Bruderschaften stellen eine Gegenkraft zu den islamistischen Gruppen dar. Dennoch zeigte sich die marokkanische wie auch die tunesische Staatsführung über die Eindämmung des augenscheinlichen Siegeszuges der Islamisten in das algerische Parlament durch die Aussetzung des zweiten Wahlganges nach der Demission Präsident Bendjedids (11. 1. 1992) und die Übernahme der Staatsführung Algeriens durch einen Höchsten Staatsrat am 14. 1. 1992 beruhigt. Das „Problem Islamisten" ist damit für die maghrebinischen Staaten allerdings noch nicht gelöst. Es scheint jedoch zunächst einmal unter Kontrolle zu sein, um den Staatsführungen eine weitere Pause zu gönnen für einen Versuch, die grundlegenden Probleme anzugehen.

Wirtschaftliche Probleme

Die politische Polarisierung der letzten Jahre zwischen Islamisten und Staatsführung in Algerien und Tunesien hat neben dem Problem der „schweigenden Mehrheit" (wie dies in Algerien bei den Wahlen 1990 und 1991 deutlich wurde), das vor allem ein Resultat der Einheitsparteiherrschaft ist, insbesondere die drängenden sozioökonomischen Probleme überlagert. Die seit 1989 mit der Gründung der Arabischen Maghrebunion (AMU) eingeleitete Kooperation, mit der eine zukünftige Wirtschaftsgemeinschaft aufgebaut werden soll, hängt zu einem großen Teil von der Festigung moderater politischer Systeme ab. Mit anderen Worten: Militante, auf Außenwirkung (maghrebinische Ebene) ausgerichtete islamistische Staatsführungen mit dem Ziel, einen islamischen Staat umzusetzen und seine Etablierung im jeweiligen Nachbarland mit allen Mitteln zu fördern, kommen als Kooperationspartner nicht in Frage. Es sind jedoch in allererster Linie die sozioökonomischen Probleme (hohe Verschuldung; Infrastrukturdefizite; Wohnungsknappheit; Probleme im Bildungs- und Gesundheitswesen; Nahrungsmitteldefizit; Jugendarbeitslosigkeit usw.) die in den Maghrebstaaten auf Dauer für erhöhtes politisches Konfliktpotential sorgen können und deren Lösung dringlich ist.
Die aus den sozioökonomischen Problemen resultierenden sozialen Konflikte sind relativ leicht, wie die algerischen Erfahrungen seit 1989 zeigten, durch militante Organisationen zu politisieren, so daß die eigentlichen Ursachen bei den Versuchen der Konfliktberuhigung oder -lösung ins Vergessen geraten, um periodisch immer wieder in Proteste oder Unruhen zu münden. Nachweislich überwogen

in Algerien, Marokko und Tunesien soziale Konflikte unter den innenpolitischen Konflikten der 80er Jahre. Sie wurden ausgelöst durch die sozioökonomische Situation einer bestimmten Bevölkerungsgruppe (z.B. Arbeiter, Angestellte, Schüler, Studenten) oder soziale Mißstände wie Wohnungsnot, Preiserhöhungen und ständig sinkende Kaufkraft.

Weder Algerien, Marokko noch Tunesien ist es nach der Unabhängigkeit gelungen, die von zentralstaatlichen Institutionen übernommene Steuerung der Wirtschaft dem wachsenden Bedarf der Bevölkerung anzupassen oder Strukturdefizite abzubauen. Die unterschiedliche Zulassung privaten Engagements bzw. die unterschiedlich stark ausgeprägte staatliche Lenkung, die in Algerien mit Abstand am höchsten ausfiel, hat hierbei keine wesentlichen Abweichungen in den Resultaten erzielt. Während zunächst nach der Unabhängigkeit der Staaten im Bildungs-, Gesundheits- und Infrastrukturbereich massiv investiert wurde, haben der Preisverfall für Rohöl und Phosphat Ende der 70er Jahre und Anfang der 80er Jahre in Tunesien und Marokko, ab Mitte der 80er Jahre in Algerien ihre Auswirkungen gezeigt und eine hohe Auslandsverschuldung zum Ausgleich der Mindereinnahmen nach sich gezogen. Diese Auslandsverschuldung löste aufgrund der Verschlechterung der Kreditkonditionen in allen drei Staaten eine Finanzierungskrise aus. Trockenjahre und schlechte Ernten verlangten zudem erhöhte Nahrungsmittelimporte gerade in den letzten Jahren, so daß die Haushaltsdefizite und die Verschuldung ständig stiegen.

Explodierende Bevölkerung

Das Bevölkerungswachstum verschärfte die Finanzierungs- und Versorgungsprobleme in allen Bereichen. Weder im Bereich der Transportinfrastruktur, noch im Bereich des Wohnungsbaus (v.a. des Sozialwohnungsbaus) oder im Bildungs- und Gesundheitsbereich, im Bereich Arbeitsplatzschaffung oder Nahrungsmittelversorgung kann der tatsächliche Bedarf auch nur annähernd gedeckt werden. Die sich kumulierenden Defizite im Bildungsbereich z.B. haben Langzeitauswirkungen, die generell das Ausbildungsniveau und den qualifizierten Nachwuchs betreffen, dessen Fehlen wiederum Auswirkungen auf den Ablauf von Arbeitsprozessen, die Modernisierung der Wirtschaft und die Umsetzung der Entwicklungsprogramme hat. Die

Defizite haben die sozialen, einkommensmäßigen und konsumbetreffenden Ungleichheiten verstärkt und Konflikte um Besitzstandswahrung und Lohnsicherung der organisierten Arbeiterschaft und der Beamten parallel zur Zunahme der Verteilungsschwierigkeiten in den 80er Jahren häufiger auftreten lassen. Die Beschäftigungsrate wiederum entwickelte sich gleichfalls nicht entsprechend dem Bedarf, so daß durchschnittlich auf einen Beschäftigten 2,4 Arbeitslose in Tunesien und Marokko bzw. 3,6 Arbeitslose in Algerien kommen.

Familienplanungsprogramme bzw. Programme zur Umsetzung von Geburtenbeschränkung, haben bislang in keinem Land im gewünschten Umfang gegriffen. Die Altersstruktur der Bevölkerung der Maghrebstaaten ist ein weiterer Faktor von nicht zu unterschätzender Bedeutung (rund 70 % der Bevölkerung unter 21 Jahren), da dieser direkt mit der Arbeitsmarktlage gekoppelt ist und das Unzufriedenheitspotential in der überwiegend jugendlichen Bevölkerung, die besonders von der Perspektivlosigkeit betroffen ist, stärkt. Die Arbeitslosigkeit Jugendlicher zwischen 15 - 24, aber auch junger Erwachsener zwischen 25 - 34 Jahren mit und ohne Schulbildung hat steigende Tendenz und liegt in Marokko 1984 um 36 %, in Tunesien bei den 18 - 24 Jährigen bei 25 % und bei den 25 - 44 Jährigen bei 8,5 % im gleichen Zeitraum, während in Algerien 1990 nach offiziellen Untersuchungen 63 % der 15 - 19 Jährigen, 30,9 % der 20 - 24 Jährigen und 17,4 % der 25 - 29 Jährigen arbeitslos sind. Das Problem der Eingliederung der Jugendlichen ist somit drängend, zumal die Arbeitsemigration seit Mitte der 70er Jahre nicht mehr als Entlastung angesehen werden kann, da das klassische Einwanderungsland Frankreich seine Aufnahme beschränkte. Konnten bis Anfang der 80er Jahre Hochschulabsolventen oder Schulabgänger mit Sekundarschulabschluß mit der Aufnahme in den öffentlichen Verwaltungssektor und damit mit sozialem Aufstieg rechnen, ist inzwischen die Aufnahmefähigkeit der bereits aufgeblähten Verwaltungen, in der zahlreiche Angestellte und Beamte unterbeschäftigt waren und sind, erschöpft. Die Zahl der arbeitslosen Jugendlichen wird somit durch Jugendliche mit Sekundarschulausbildung oder Hochschulabschluß erhöht; Schulbesuch und Studium sichern nicht mehr automatisch sozialen Aufstieg. Inzwischen liegen z.B. für Algerien bereits Zahlen vor, die nachweisen, daß 20 % der Schulpflichtigen (1990) keine Schule besuchten. Die arbeitslosen Jugendlichen mit oder ohne Ausbildung müssen weiterhin von der Großfamilie mitversorgt werden. In Algerien bot und bietet der Schwarzmarkt (ebenso wie in Nordmarokko) diesen Arbeitslosen Verdienstmöglichkeiten, weswegen politische Maßnahmen zur Bekämpfung dieser Aktivitäten in beiden Staaten bereits zu Unruhen führten. Verdienstmöglichkeiten bietet zunehmend der informelle Sektor, das heißt jener Sektor, dessen Wirtschaftstätigkeiten nicht offiziell erfaßt sind (z.B. zur Besteuerung) und der außerhalb der gesetzlichen Bestimmungen über Mindestlöhne liegt. Meist handelt es sich um kleine Dienstleistungsbetriebe/-tätigkeiten, die Überlebensmöglichkeiten für die ärmsten Schichten bieten.

Die Perspektivlosigkeit eines Großteils der Jugendlichen, die verbunden ist mit einer zeitlich sich unbegrenzt darstellenden Abhängigkeit von der Familie (dem Familienoberhaupt) verlängert zudem die Dauer der Unmündigkeit und Unterordnung selbst in jenen Fällen, wo zum Unterhalt der Familie als Ganzes beigetragen werden kann. Gleichzeitig sorgt ein mangelndes Angebot zur Freizeitgestaltung für Jugendliche allgemein (mit und ohne finanzielle Konsum-/Nutzungsmöglichkeiten) für nicht nur temporäre Langeweile. Alkohol- und Drogenprobleme nehmen massiv zu, wenn sie auch hinsichtlich ihres Ausmaßes wenig in der Öffentlichkeit bekannt gemacht werden. An diesem Punkt schließt sich sozusagen der Kreis, denn hier setzen islamistische Gruppen an, die eine „Lösung" der Probleme versprechen. Sie bieten dem Einzelnen „Zukunft" und ein Ordnungssystem an, das auf umfassende Integration angelegt ist, darüber hinaus Aufgaben zuteilt und damit Sinn stiftend wirken will. Bislang waren nur die Islamisten imstande, in dieses politische wie gesellschaftliche Vakuum vorzustoßen und unter allen Schichten und Bildungsgruppen jugendliche Mitglieder und Sympathisanten für sich zu rekrutieren und zu mobilisieren.

Mustapha Ouertani

Zine El Abidine Ben Ali
Verwalter der Macht

Am 7. November 1987 überraschte Radio Tunis in den Morgenstunden seine Hörer. Anstelle der täglichen Hymne auf den Staatspräsidenten erfolgte die Erklärung des Premierministers Ben Ali, daß der Präsident „auf Lebenszeit", Habib Bourguiba, aus Krankheitsgründen abgesetzt worden und er selbst verfassungsgemäß sein Nachfolger sei.

Zine El Abidine Ben Ali, der erst gut einen Monat lang Premierminister und Generalsekretär der regierenden „Parti Socialiste Destourien" war, übernahm damit die Staatsgeschäfte. Die Ablösung des vierundachtzigjährigen altersschwachen Präsidenten Bourguiba wurde nach Artikel 57 der tunesischen Verfassung vorgenommen, der besagt, daß im Krankheits- oder Todesfall das höchste Staatsamt an den Ministerpräsidenten weitergegeben wird. Ein ärztliches Bulletin, von sieben tunesischen Medizinprofessoren unterzeichnet, bescheinigte dem ehemaligen selbsternannten „Combattant Suprême", der einunddreißig Jahre ununterbrochen autokratisch regierte und der am längsten amtierende Staatschef Afrikas war, Amtsunfähigkeit.

Der neue Staatspräsident ist ein Mann mit fast unauffälliger, aber stetiger, exemplarischer Karriere. Er wird beschrieben als ein Pragmatiker, „un artisan, pas un artiste". Seine Laufbahn zeichnete sich durch Gewissenhaftigkeit, Disziplin und Durchsetzungsvermögen aus, Eigenschaften, die in der derzeitigen Situation des Landes besonders gefragt sind.

Ben Ali wurde am 3. September 1936 in Hammam-Sousse geboren. Nachdem er sein Diplom als Elektronik-Ingenieur erworben hatte, setzte er seine militärische Ausbildung an der Ecole Spéciale

Inter-armes von Saint-Cyr und an der Ecole d'artillerie in Chalons-sur-Marne in Frankreich fort. Zusätzliche Qualifikationen erwarb er in den Vereinigten Staaten.

Schon in jungen Jahren wurde er 1958 zum Leiter des militärischen Staatssicherheitsdienstes ernannt. Dieses Amt bekleidete er sechzehn Jahre mit Kompetenz und Ehrgeiz. 1974 wurde er als Militärattaché nach Rabat entsandt. 1977 erhielt er den Posten des Generaldirektors der Sûreté Nationale. Zwei Jahre später wurde er in den Rang eines Generals erhoben.

Von 1980 bis 1984 erweiterte er als Botschafter in Warschau seine Kenntnisse und Erfahrungen auf der internationalen Bühne der Diplomatie. Nach den „Brotunruhen" und der Ablösung des Innenministers Driss Guiga wurde das Innenministerium durch den Premierminister Mohamed Mzali übernommen. Mzali holte den Botschafter Ben Ali aus Polen zurück und übergab ihm erneut die Leitung der Sûreté Nationale. Kurze Zeit später avancierte Ben Ali zum Staatssekretär für Nationale Sicherheit. 1985 übernahm er das neu eingerichtete, dem Premierminister unterstellte Sicherheitsministerium. Angesichts der stetig anwachsenden Unruhe in der tunesischen Bevölkerung — gefördert auch durch die Integristen — bedurfte es der Hand eines starken Mannes, als der sich Ben Ali bereits erwiesen hatte. Er war der Mann der Stunde.

Ende April 1986 übernahm er das Innenministerium. Auf dem zwölften Parteitag der regierenden „Neo-Destour-Partei" (PSD) wurde er im selben Jahr in deren Zentralkomitee aufgenommen und zu einem der drei stellvertretenden Generalsekretäre der Partei ernannt. Seitdem zählt er zu den führenden Persönlichkeiten der tunesischen Politik.

Als fünfter Premierminister Tunesiens erklärte Ben Ali am 3. Oktober 1987, daß er sich für die Wahrung der staatlichen und demokratischen Prinzipien einsetzen und den weiteren Aufbau der modernen tunesischen Gesellschaft vorantreiben wolle „en coopération et en symbiose avec tous ses collaborateurs pour la consolidation du régime républicain, le renforcement des institutions, la consécration de l'Etat de droit, la sauvegarde des acquis de la nation et la garantie des toutes les conditions de succés pour l'oeuvre de développement intégral du pays".

Seit der Kabinettsumbildung am 27. Oktober 1987 arbeitete Ben Ali mit einer Mannschaft, die fachspezifisch ausgebildet, jung (Durchschnittsalter fünfundvierzig Jahre) und in der politischen Szene noch relativ unbekannt war. Der Premierminister setzte seinen Schwerpunkt auf innere Sicherheit, Wirtschaft und Planungswesen.

Diesen Katalog behielt er auch bei, als er im November 1987 das Staatspräsidentenamt übernahm, wobei die innere Sicherheit neue inhaltliche Akzente erhielt. Der neue Staatschef versprach mehr innere Freiheiten und einen politischen Pluralismus. Er kündigte durchgreifende Änderungen wie ein Mehrparteiengesetz und ein neues Pressegesetz an. Außerdem betonte er, daß es keine Berechtigung mehr für eine Präsidentschaft auf Lebenszeit gäbe, bei der der Wille der Bürger unberücksichtigt bliebe.

In seiner ersten Erklärung vor dem Parlament bescheinigte Ben Ali dem tunesischen Volk „ein Niveau der Verantwortlichkeit und Reife", dem er mit seiner künftigen Politik Rechnung tragen wolle. Zugleich rief er das Volk zu konstruktiver Mitarbeit auf. „Bei uns gibt es keinen Platz für Unterdrückung und Ungerechtigkeit", sagte er, „auch für Anarchie bleibt da kein Raum". Korruption und Verschwendung öffentlicher Gelder sollen bekämpft werden; ein neues Zeitalter der Demokratisierung sollte in Tunesien anbrechen.

Die lähmende politische Ungewißheit, in der sich Tunesien in den letzten Jahren befand, schien mit dem Wechsel an der Staatsspitze beendet zu sein. Befürchtungen, daß es unter dem Berufsoffizier Ben Ali einen militärischen Umsturz geben könnte, bestätigten sich nicht; der General erwies sich als Demokrat und leitete eine neue Ära in Tunesien ein.

Jochen Blaschke

Ethnische und religiöse Minderheiten

In den Nationalstaaten gibt es nur wenig Platz für sie

Ethnisch-politische Konflikte füllen die Medien. Minderheiten sind zu Hauptakteuren in den innen- und außenpolitischen Arenen geworden: Das gilt jetzt auch für den Vorderen und Mittleren Orient. Das Tabu dieser Thematik in Wissenschaft und Politik und die damit verbundenen Ängste vor arabischen und türkischen Nationalisten wurde in den letzten zehn Jahren durchbrochen. Heute spricht jeder davon: Von Marokko und Algerien bis Iran und Pakistan erleben die islamischen Länder ethnisch und religiös motivierte Umbrüche.

Wie konnten Minderheiten eine solche Bedeutung erhalten? Ist der Einfluß ethnisch-politischer Bewegungen aus der Geschichte des osmanischen und der persischen Großreiche zu verstehen? Welche Rolle spielten die Kolonialmächte und die spezifischen Formen der Nationalstaatsbildung? Welchen Einfluß haben Religion und Klientelismus? Können die Staaten der Region angesichts ethnischer und religiöser Bruchstellen überleben?

Minderheiten und orientalische Despotie

Das osmanische, das persische und das indische Großreich waren durch starke Zentren und durch jeweils spezifische Minderheitenpolitiken gekennzeichnet. Besonders ausgeprägt war die Situation von Minderheiten im osmanischen Reich, das nach religiösen Kriterien in Nationen (Millets) gegliedert war. Neben der muslimisch-sunnitischen Verwaltung und Gerichtsbarkeit waren die kirchlichen Hierarchien der Christen und das Rabinat der Juden in den osmanischen Staat eingebunden. Die europäischen Kolonialmächte untergruben dieses System, indem sie religiöse Loyalitäten nutzten, um über die Protegierung einzelner christlicher Gruppen Gefolgsleute innerhalb des Reichs der Osmanen zu rekrutieren. Damit war das System der Einbindung von Minderheiten in den Staat zerbrochen. Der osmanische und jungtürkische Nationalismus machte diese Millets dann zu Feindbildern, anders formuliert: Millets wurden zu integralen Bestandteilen des Verständnisses von Nation. Religiöse Kriterien spielen daher eine hervorragende Rolle für Prozesse ethnischer Abgrenzung in der Region.

Die Zentralregierung mischte sich nur wenig in das kulturelle Leben auf dörflicher und kleinstädtischer Ebene ein, so daß den kommunalen religiösen Traditionen ein breiter Raum blieb. Wie in allen Großreichen der Region war der „orientalisch-despotische" Hof zentralistisch und das Reich zur Versorgung dieses Hofes organisiert. Je weiter der Sultan oder Schah, desto mehr Freiheiten behielten die Bewohner. Die ausgedehnten Herrschaftssysteme waren ohne Akzeptanz kommunaler Unterschiede gar nicht zu kontrollieren. Lokalismen blieben so erhalten, wurden aber auch nicht mit irgendeiner Wertigkeit versehen. Erst unter dem Einfluß des europäischen Nationalismus konnten periphere Kulturen zur Definition ethnischer Grenzen genutzt werden — dies geschah dann in der Regel mit aller Gewalt.

Im Gegensatz zur Idee einer einheitlichen islamischen Region war der Vordere und Mittlere Orient religiös und sprachlich immer ein heterogenes Gebiet. Die Großreichstrukturen banden die Minderheiten vielfältig ein, und der offizielle Islam, der lokale Differenzen in der Regel nicht angriff, überdeckte religiöse Synkretismen. Der Zentralismus ließ Raum für ein breites Panorama kultureller Abweichungen in den Peripherien. Darüber hinaus wurde in Grenz- und Rückzugsgebieten die religiöse und tribale Heterodoxie genutzt, um durch das Prinzip des Teile-und-herrsche den Einfluß des Hofes zu sichern.

Erst die Dominanz europäischer Ideen und kolonialer Mächte führte zur Revidierung der Formen von Religion, Staat und Gesellschaft. In der Folge entstanden die heute virulenten Minderheitenkonflikte. Der Islam wurde in ein theologisches System gepreßt, das sich dem Westen widersetzen sollte. Reformer versuchten, mit rationalistischen Methoden den Islam an die Bedürfnisse der Moderne anzupassen, ohne einer Säkularisierung das Wort zu reden. Orthodoxie prägte auch die frühen Nationalismen, mit denen einerseits gegen den europäischen Imperialismus protestiert, andererseits aber partikulare Interessen neuer Gegeneliten artikuliert wurden.

Der arabische, türkische, persische, groß-syrische, armenische, kurdische — usw. — Nationalismus versuchte, sich jeweils auf Lokalismen zu berufen. Dies mochten Ideen von gemeinsamer Abkunft einer überlegenen Rasse mit Traditionen von Steppenvölkern oder einer gemeinsamen Sprache oder einer gemeinsamen religiösen Hierarchie gewesen sein. Immer wurden nationalistische Ideen von kleinen Eliten der Peripherien formuliert, und immer wendeten sie sich gleichzeitig gegen den Westen und gegen die Strukturen der Großreiche. Immer war auch ein Moment religiöser Abgrenzung dabei.

Religion, Klientelismus und Ethnizität

Religion, Ethnizität und Nationalismus waren auf auf diese Weise eng verbunden. Noch in den alten Staaten kam es jedoch zum Konflikt. Panislamismus, Pannationalismus und lokale Kulturen gerieten gegeneinander. Die neuen Staaten — bis auf Iran und Afghanistan — bekamen ihre Territorien von außen zugewiesen. Staatsbildung und Nationalismus konnten sich nicht ergänzen: Der osmanisch-jungtürkische Nationalismus radikalisierte sich zu einer pantürkischen Schimäre; der kurdische Nationalismus wurde in den betroffenen Staaten blutig unterdrückt, der arabische Nationalismus wandelte sich zu einem islamisch-antizionistischen Chauvinismus, der syrische Nationalismus behielt seine Hochburg in einer kleinen Partei des Libanon. In vielen Fällen blieb von den nationalistischen Gruppen des 19. Jahrhunderts und den ersten Dekaden unseres Jahrhunderts ein Konglomerat von Mythen übrig, die hier und da zur Staatsrhetorik beitragen konnten. Arabisch-nationalistische Parteien wie die Baath-Partei wurden zu Instrumenten neuer Staatseliten.

Die neuen Nationalstaaten mußten zur Integration ihrer Bevölkerungen notgedrungen nationalistisches Vokabular verwenden. Weitgehend gelungen ist dies in Pakistan aufgrund der deutlichen Abgrenzung gegen Indien und in Afghanistan, das als russisch-britischer Pufferstaat Loyalitäten segmentierte, aber nach außen zusammenhielt. In der Türkei gelang dies durch eine militante, nicht vor Gewalt zurückschreckende Imitation des italienischen Faschismus, in Saudi-Arabien durch die enge Verbindung von politischen Loyalitäten mit der Zugehörigkeit zu einer islamischen Sekte. Ägypten konnte sich auf seine Jahrtausende alte territoriale Kontinuität zurückziehen.

Trotzdem waren auch diese Staaten Opfer eines schwachen Nationalismus, der bei aller Schwäche einziges Instrument zur Herstellung einer Nation, einer kulturell homogenen Staatsbevölkerung war. Nationale Integration mußte darum durch personale Integration, nämlich Klientelismus, ergänzt werden. Regional und lokal mächtige Familien sollten die nationalstaatliche Herrschaft in der Bevölkerung absichern. Diese Herrschaftsform wiederum machte ethnische und religiöse Grenzziehungen zur täglichen politischen Aufgabe. Die Klientele orientierten sich traditionsgemäß an religiösen Heterodoxien oder lokalen kulturellen Traditionen; Pfründen in der Verwaltung, Armee und anderen Staatsorganen wurden nach klientelistischen Kriterien vergeben. Die neuen Staaten der Region wurden so zur Arena ethnischer und religiöser Kabalen, die in der Regel mit massiver Gewalt gelöst wurden. Einzelne Klientele — wie in Syrien oder im Irak — übernahmen mit Gewalt die Herrschaft oder verhinderten seit der Staatsgründung die Machtteilung durch diktatorische Regime — wie in Pakistan, Jordanien, Algerien oder Marokko. Ägypten und der Türkei gelang es, durch partielle Integration und massive Marginalisierung die Kopten, beziehungsweise die Kurden auszugrenzen.

Ethnische Minderheiten wurden zunehmend zu einer massiven Bedrohung staatlicher Eliten: Barbarische Unterdrückung und Genozid einerseits oder eine Reform der Herrschaftsformen andererseits sind die politischen Perspektiven dieser Länder. Im Irak ist dies schon Wirklichkeit.

Gibt es einen dritten Weg Wir wissen bislang nur wenig über politische Systeme, die unter postindustriellen Bedingungen das nationalstaatliche Paradigma ersetzen könnten. So müssen wir uns auf nationalstaatliche Modelle beziehen. Vier grundlegende Typen sind dabei zu unterscheiden.

1. Beim französischen Beispiel setzt der Nationalstaat ohne wenn und aber seinen Anspruch auf kulturelle Dominanz durch. Ein starkes Zentrum verhindert jeden peripheren Sonderweg. Ein zentralistisches Schulsystem und die Armee haben einen weitgehenden Einfluß auf die politische Sozialisation.

2. Beim Schweizer Modell entsteht der Nationalstaat als republikanische Föderation und reduziert so den Einfluß einer einzigen kulturellen Tradition. Nationale Symbole werden bloß in ihrem funktionalen Charakter als Integrationsinstrumente verstanden. Regionale kulturelle Traditionen und daraus entstehende Interessenartikulationen werden kantonisiert, indem sie in einzelnen Kantonen basisde-

mokratisch regionalisiert werden. Möglicherweise puffern konkordanzdemokratische Institutionen Interessengegensätze auf nationaler Ebene ab.

3. Beim deutschen Modell entsteht der Nationalstaat im Kampf gegen regionalistische Herrschaft und Tradition. Er agiert deutlich assimilierend und versucht eine „nationale Identität" zu propagieren, deren kulturelle Muster und nationale Symbole zentralistisch geprägt werden und auf eine spezifische, hochdeutsche Tradition zurückgehen. Historische und sprachliche Besonderheiten werden föderalisiert, Bundesstaaten bekommen Arenen symbolischer Politik. Ethnische Bewegungen orientieren sich so auf ihre Bundesstaaten — wie die der Friesen auf Schleswig-Holstein und Niedersachsen. Auch dieses Modell läßt sich mit konkordanzdemokratischen Elementen verbinden, wie sie im Ansatz zur Integration der dänischen Minderheit genutzt werden.

4. Das niederländische Modell war das Paradigma konkordanter Herrschaft. Die katholisch-protestantische Dualität wurde durch das Prinzip der Versäulung, einer besonderen Form des institutionalisierten Klientelismus überbrückt. Nationale Symbole werden funktionalisiert, außenpolitische Ängste verstärken die kleinstaatliche Integration. Andere Minderheiten werden in das Herrschaftssystem eingebunden.

Im Libanon wurde eine Variante des niederländischen Modells längere Zeit mit Erfolg praktiziert. Dieser Erfolg beruhte jedoch einerseits auf außenpolitischen Absicherungen und andererseits auf einer Kongruenz politischer und ökonomischer Herrschaft derjenigen ethnisch-religiösen Gruppierung, die laut Verfassungsvertrag Bevölkerungs- und Parlamentsmehrheit erhalten sollte. Der rasante politische und soziale Wandel zerstörte dieses Modell. Zur Zeit reden Optimisten von einer Erholung nach 16 Jahren innerer Unruhen.

Das deutsche Modell könnte im Irak oder in der Türkei Stabilität schaffen. Die politischen Eliten dieser Länder werden dies aber kaum akzeptieren. Das Schweizer Modell oder das deutsche werden aber sicherlich möglichen Föderalismen der Region zum Vorbild dienen.

Das französische Paradigma beherrschte bislang das politische Denken der Region. Der übertriebene Nationalismus dieser nationalstaatlichen Spielart wird sich im Mittleren und Vorderen Orient aber kaum behaupten können.

Hauptaltar mit Ikonenwand des syrisch-orthodoxen Sergius-Klosters in Maalula, Syrien

Helga Anschütz

Der Nahe Osten: Christliches Stammland

Die prekäre Lage des orientalischen Christentums

In der westlichen Welt verbindet man mit den Begriffen „Orient" und „Arabische Welt" zumeist die Zugehörigkeit zur Religion des Islam. Dabei ist der Orient die Heimat des Christentums, das von hier aus seinen Siegeszug durch die Welt antrat. Aber im Bewußtsein des Abendlands wird seit den Kreuzzügen verdrängt, daß Millionen von einheimischen Christen im Orient leben, heute etwa 14 Millionen. Sie sprechen zumeist Arabisch, lesen und lehren die Heiligen Schriften auf Arabisch und beten das Vaterunser oft noch in dieser Sprache, die auch die Sprache des Korans ist. „Allah" heißt „Gott" auch für die orientalischen Christen. — Ihre Geschichte begann mit den Aposteln und vielen Märtyrern.

Seit dem Siegeszug des Islam ab 622 lebten sie geduldet als „Gäste", mit denen Schutzverträge abgeschlossen wurden, unter islamischer Herrschaft. In der Frühzeit des Christentums gingen geistige Einflüsse von den Zentren Alexandria, Antiochia und Babylon aus bis nach Irland, Kleinasien, Turan, Persien, Indien, Tibet, China, Sudan und Äthiopien. Überall bildeten sich blühende christliche Gemeinden, die vielen Verfolgungen trotzen mußten. Kirchenstreit teilte die christliche Welt seit Nicäa (325) und die orientalische von der abendländischen seit den Dogmenstreitigkeiten in den Konzilien von Ephesus (431) und Chalcedon (451). In Wissenschaft, Kultur und Kunst übten orientalische Christen auch auf die Welt des Islam großen Einfluß aus; in der Wirtschaft waren sie unentbehrlich, sind es bis heute noch und hinterlassen nach ihrer Auswanderung kaum zu füllende Lücken. Sie teilten das Schicksal ihrer Nachbarn in Krieg und Frieden, litten besonders unter den Kriegen zwischen abend- und morgenländischen Mächten. Viele wurden Opfer von Verfolgungen. Doch hat das orientalische Christentum bis heute von Ägypten über Jordanien, Palästina/Israel, Syrien, Libanon, Irak, Iran, Kuwait und die Türkei alle Stürme der Zeiten überlebt.

Umwelt, Geschichte, Volkszugehörigkeit und dogmatische Auseinandersetzungen ließen verschiedenartige Kirchen entstehen und sich weiterentwickeln. Außer den Ursprungskirchen entstanden seit dem 18. Jahrhundert mit Rom unierte katholische und verschiedene evangelische Kirchen unter dem Einfluß abendländischer Missionen. So hat jede einheimische orthodoxe Kirche einen unierten und einen protestantischen Zweig, die katholischen Maroniten im Libanon und in Syrien ausgenommen. Die Vielfalt der orientalischen Kirchen führte zwar zu einem Reichtum an geistigen und kulturellen Äußerungen, schwächte sie aber gegenüber dem Abendland und dem Islam. Ihre Brückenfunktion zwischen Orient und Okzident hat sie niemals vergessen lassen, daß sie Orientalen sind und zum Orient gehören. Mit Ausnahme der Maroniten standen sie deshalb auch in der Zeit der Kreuzzüge auf der Seite der islamischen Staatsmacht.

Erst seit dem 19. Jahrhundert hat sich diese Haltung grundlegend verändert und dadurch ein Zeitalter von Verfolgung und Auswanderung eingeleitet. Diese Entwicklung kam durch die europäische Großmachtpolitik im Orient in Bewegung. Jeder auch im Orient ausgetragene Konflikt führte seitdem zu einer Schwächung des einheimischen Christentums; so die beiden Weltkriege, der Ost-West-Gegensatz, der Israel-Araber-Konflikt, der 2. Golfkrieg. Deshalb schreckte der mit den sozialen und politischen Spannungen erstarkende radikale Islam, der die einheimischen Christen wegen ihrer Verbindungen gern in die Nähe des westlichen Kolonialismus und der Ausbeutung rückt, vor Verfolgungen auch nicht zurück.

Seit dem 19. Jahrhundert und besonders nach dem 1. Weltkrieg haben sich durch Auswanderung und Flucht nach Übersee enge familiäre, kirchliche und geschäftliche Beziehungen zwischen den Angehörigen der orientalischen Christen diesseits und jenseits des Atlantik und bis nach Australien hin herausgebildet, wodurch gleichzeitig die tausendjährigen gemeinsamen Lebensformen von Christen und Muslimen verändert und die Nachbarn einander entfremdet werden. Viele Christen halten es in ihrer spannungsgeladenen und von wirtschaftlichen Krisen bedrohten Heimat nicht mehr aus und nutzen ihre verwandtschaftlichen Beziehungen für die Auswanderung. Die einheimischen Kirchen versuchen vergeblich, diesen Trend aufzuhalten, um die letztlich doch voranschreitende Auflösung ihrer ehrwürdigen Kirchen in der neuen Welt zu verhindern.

Jedoch verläuft die Entwicklung der Kirchen im Orient unterschiedlich: während die etwa 7 Millionen Kopten in Ägypten noch größtenteils entschlossen sind, im Land ihrer Urväter zu verharren — sie halten sich selbst für die Nachfahren der alten Ägypter —, stehen die syrischen Kirchen in der Türkei und in Iran vor ihrer Auflösung; starke Auswanderung auch aus Syrien und beginnende aus dem Irak. Pressionen durch die Nahostkonflikte und schwindende Hoffnungen auf eine gesicherte Zukunft in den Ländern des Nahen und Mittleren Ostens bewegen immer mehr Christen, ihre Chancen im westlichen Ausland zu suchen, wo sie rasch oder langsamer ihre alte Kultur aufgeben.

Die Kopten stellen die größte Gruppe der Christen im Orient. Ihre Heimat ist Ägypten. Vom Patriarchat von Alexandria aus verbreiteten sie ihr Christentum vor allem nach Äthiopien, Schwarzafrika und in den Sudan. Ihre Kirchenväter übten einen großen geistigen Einfluß auf die gesamte Christenheit aus. Vor allem bildete das Mönch- und Asketentum in Ägypten eine große Anziehungskraft für fromme Christen, die von hier aus auch das irische Mönchtum begründeten. Die Bibliothek von Alexandria war Jahrhunderte lang eine der bedeutendsten der bekannten Welt. Dem Siegeszug des Islam widersetzten sich viele Kopten, übernahmen aber Arabisch unter Beibehaltung von Koptisch als Liturgiesprache und integrierten sich so in die arabische Welt.

Die Kopten

Ihre Lage verschlechterte sich jüngst nicht nur durch die Erstarkung radikaler islamischer Kräfte, welche die Christen in Ägypten massiv verfolgten, sondern auch infolge des allgemeinen wirtschaftlichen Niedergangs, der den Mittelstand und damit viele Kopten besonders trifft. Der Golfkrieg verschärfte die kritische Lage der Kopten: viele mußten aus dem Irak und Kuwait flüchten, wo sie gutbezahlte Stellungen hatten. Obwohl die immer noch starke koptische Kirche ihre Gläubigen immer wieder aufruft, im Land der Väter auszuhalten, resignieren viele und wandern nach Übersee aus. Dadurch und wegen der niedrigeren Geburtenquote droht der Anteil der Kopten und damit auch der eines unternehmerischen Bevölkerungselements in Ägypten zurückzugehen.

Sie gehören verschiedenen Kirchen an, die sich alle auf das Patriarchat von Antiochia zurückführen und deren Liturgiesprache bis heute Syrisch-Aramäisch in Abwandlungen ist. Zu ihnen gehören die 5 Millionen Maroniten in aller Welt, davon etwa eine Million im Nahen Osten, vor allem im Libanon.

Als der Libanon im 19. Jahrhundert in das Spannungsfeld europäischer Großmachtinteressen geriet, lehnten sich die Maroniten an Frankreich an, ebenso nach dem 1. Weltkrieg und nach der Unabhängigkeit von 1943, als sie im Nationalpakt das Recht erhielten, den Präsidenten des Libanon nach dem Proporzsystem der Religionsgruppen zu stellen. Durch die Vertreibung der Palästinenser und die Aufnahme von etwa 300000 Flüchtlingen im Libanon, wurde das Gleichgewicht zwischen Christen und Muslimen gestört und dadurch der Bürgerkrieg von 1975-1990 mit ausgelöst. Die Maroniten haben diesen Krieg auch durch Rivalitäten im eigenen Lager verloren und müssen sich jetzt auf weniger Macht und Gebiete beschränken. Mehrere Hunderttausend sind nach Übersee ausgewandert. Doch wollen viele Maroniten in ihrer angestammten Heimat bleiben und versuchen, sich mit der Situation zu arrangieren.

Hauptsächlich auf den Irak beschränken sich die etwa eine Million Chaldäer, die sich im 19. Jahrhundert endgültig von ihrer Ursprungskirche, der „Apostolischen Kirche des Ostens" (Nestorianer), lösten und das Patriarchat von Babylon in einer Union mit Rom gründeten. Ursprünglich in Kurdistan beheimatet, zogen viele Chaldäer nach Bagdad und in die Ölindustriestädte, wo sie sich als Fachleute unentbehrlich machten. Nur ein kleiner Teil von ihnen schloß sich schon in den 50er Jahren der kurdischen Widerstandsbewegung an; in der laizistischen Baath-Partei fanden viele eine politische Heimat, da sie sich erstmals in einem islamischen Land gleichberechtigt fühlten. Allerdings droht jetzt im Irak, wo das alte Christentum seit apostolischen Zeiten noch intakt war, der endgültige Exodus, wenn sich nicht bald die Lage im Land wieder stabilisiert.

Ungefähr 350000 Syrisch-Orthodoxe Christen in aller Welt, davon etwa 200000 in Syrien, 40000 im Irak, ca. 50000 in Europa — u. a. 25000 in Deutschland —, überlebten eine fast 2000jährige Geschichte voller Verfolgungen, aber auch bedeutender geistiger und kultureller Leistungen. In ihrer Heimat im kurdischen Bergland halten nur noch wenige Syrisch-Orthodoxe mit ihren Mönchen aus, während ein großer Teil nach Europa, Amerika und Australien ausgewandert ist. Auch aus ihrem Kernland Syrien hat die Auswanderung eingesetzt. Von der großen Geschichte dieser einst bedeutenden Kirche ist nur noch ein Abglanz übriggeblieben. Nur in Syrien, wo ihr Patriarch von Damaskus aus den Exodus noch zu verhindern sucht, gibt es Chancen, solange Alawiten und Baath-Partei, die sich hier wesentlich auf die Minderheiten stützen, noch die Regierung stellen. Die syrischen Katholiken, weniger als 100 000, teilen das Schicksal der syrisch-orthodoxen Christen.

Das traurigste Schicksal von allen erlebten die Anhänger der „Heiligen Apostolischen Katholischen, Assyrischen Kirche des Ostens", als „Nestorianer" aus der Geschichte bekannt. Der Ursprung liegt im Patriarchat von Babylon begründet, von dem aus das Christentum über Mesopotamien, Teile der Arabischen Halbinsel und Iran bis nach Indien und China hin verbreitet wurde. Der Tatarensturm um 1400 bereitete ihren Untergang vor; Verfolgungen durch kurdische Stämme und Parteinahme für die Alliierten im 1. Weltkrieg vernichteten die Nestorianer, die sich seit dem 1. Weltkrieg selbst „Assyrer" nennen, bis auf einen Rest von etwa 150000 in aller Welt verstreuten und ihrer Kirche weitgehend entfremdeten Volksangehörigen.

Orthodoxe und Katholiken

Am ehesten von allen integrierten sich die Griechisch-Orthodoxen vom Patriarchat von Antiochia in die arabische Welt. Der Schwerpunkt dieser etwa anderthalb Millionen Anhänger umfassenden Kirche liegt in Syrien; Damaskus ist Patriarchatssitz. Eine größere Zahl dieser Nachfahren der alten byzantinischen Kirche lebt im Libanon, in Israel, in den besetzten Gebieten und in Übersee. Wie ihre nestorianischen Nachbarn schlossen sie sich rückhaltlos der islamischen Staatsmacht an, übernahmen schon ab 700 die arabische Sprache und integrierten sich in die arabische Welt. In Wirtschaft, Wissenschaft und Kultur leisteten sie wichtige Beiträge, von Johannes Damascenus (um 700) bis zu Michel Aflaq (Mitbegründer der Baath-Partei). Allerdings leiden auch diese beiden Kirchen heute unter der Auswanderung ihrer Anhänger aus wirtschaftlichen Gründen nach Übersee. Doch im interreligiösen Dialog zwischen Christentum und Islam haben sich Griechisch-Orthodoxe und Melkiten als Sachkenner des Islam und Herausgeber von Koraninterpretationen unentbehrlich gemacht.

Armenier

Etwa 300 000 Armenier leben als Flüchtlinge in den arabischen Ländern, hauptsächlich im Libanon, wo der Sitz des Katholikats von Kilikien ist, außerdem in Syrien und im Irak. In der Welt gibt es ungefähr 6 Millionen, Zweieinhalb Millionen leben in der ehemaligen Sowjet-Republik Armenien, größere Gruppen in Iran, in der Türkei, in Frankreich und in Nord-Amerika. Das Schicksal dieses alten Kulturvolks wurde und wird bis heute von Verfolgungen in ihren Stammgebieten im Kaukasus und Osttaurus bestimmt.

Überlebenschancen

Niemals war die Lage der Christen im Orient so gefährdet wie heute. Über 1 000 Jahre konnten sie in der islamischen Welt überleben, in der sie wichtige soziale Aufgaben übernommen hatten. Als Kenner des Orients konnten sie zwischen Morgen- und Abendland vermitteln, blieben dabei fast immer ihrer Staatsmacht gegenüber loyal. Sie lebten wie ihre islamische Umgebung und überstanden so auch Zeiten der Verfolgungen. Seit dem 19. Jahrhundert hat sich das geändert. Orientalische Christen wurden Klientel europäischer Mächte, durch die Auswanderung nach Übersee mehr mit dem Abendland verbunden und so ihrer Umwelt entfremdet. Ihre Brückenfunktion ist nicht mehr gefragt; sie wollen auch der Wirtschaftsmisere ihrer Länder entrinnen. Zwischen den gegensätzlichen Welten und Fronten stehend, wählen deshalb viele den Auszug — ein Verlust für die islamische ebenso wie für die westliche Welt, denen dann wichtige Partner fehlen werden. Aber es bleibt die Hoffnung, daß ein neues Selbstbewußtsein, wie es bei Kopten, Maroniten und Griechisch-Orthodoxen erwacht ist, einen Teil der Christen im Orient in ihrer alten Heimat verharren läßt. Dazu gehört denn auch zumindest menschliche, aber auch materielle Unterstützung durch das Abendland und mehr Verständnis für die Welt des Orients und des Islam.

2. Kapitel
Palästina, Schauplatz eines Dauerkonfliktes

Helga Baumgarten

Die Opfer — Spielball der Mächte

Palästina: Für die palästinensischen Araber ist es ihr Heimatland, das Land ihrer Väter, in dem sie seit Jahrzehnten nach Unabhängigkeit streben und wo sie ihren eigenen Staat aufbauen wollen. Für die Juden in aller Welt war dieses Land, mit Jerusalem im Zentrum, immer Objekt ihrer religiösen, eschatologischen Hoffnung, am komprimiertesten ausgedrückt in dem Grußwunsch: „Nächstes Jahr in Jerusalem!" Am Ende des letzten Jahrhunderts entstand unter den Juden Europas, in direkter Reaktion auf den europäischen Antisemitismus, der Zionismus. Diese neue politische Bewegung wollte nicht mehr auf eine transzendentale Erlösung von der Judenverfolgung warten. Vielmehr richtete sie alle ihre Energien darauf, in Palästina einen jüdischen Staat, Eretz Israel, zu errichten, in dem sich Juden von einer überall in Europa unterdrückten Minderheit zu einem Staatsvolk, einer modernen Nation, transformieren sollten.

Palästina also für die einen, Eretz Israel für die anderen. Die Hauptelemente des Konfliktes sind damit benannt. Zu seinen wesentlichen Charakteristika gehört, daß er nie auf den Zusammenstoß sich gegenseitig ausschließender Ansprüche von zwei nationalen bzw. ethnischen Kollektiven, von zwei sich kompromißlos bekämpfenden politischen Bewegungen, beschränkt blieb. Die zionistische Bewegung konnte in Palästina nur mit Hilfe der damals die Region beherrschenden Weltmacht England Fuß fassen. Die Gründung eines sich als jüdisch definierenden Staates wiederum, das Ziel all ihrer Bestrebungen, war nur mit Hilfe der neuen Großmacht USA durchzusetzen. Während die zionistische Bewegung und später der Staat Israel immer auf die Unterstützung internationaler Mächte angewiesen blieb und diese meist erfolgreich für die eigenen Ziele instrumentalisieren konnte, erhielten die Palästinenser, die indogene Bevölkerung des Landes, eine eher zweischneidige Hilfe von den benachbarten arabischen Staaten.

Konfliktfelder

Damit aber begannen mehrere Konflikte, sich in überaus komplexer Weise zu überlagern:

— Jüdische Einwanderer aus Europa gegen palästinensische „Eingeborene"
— Zionistische Bewegung bzw. der Staat Israel gegen die sich formierende palästinensische Nationalbewegung
— Europäischer Kolonialismus gegen die Unabhängigkeitsbestrebungen
— Der Nahostkonflikt
— Der Ost-West-Konflikt
— Schließlich der Nord-Süd-Konflikt, in dem Israel als moderne Industrienation arabischen Entwicklungsländern mit traditionell verfaßten Gesellschaften gegenübersteht.

Geschichte

1897, auf dem ersten zionistischen Kongreß in Basel, wurde die Zionistische Weltorganisation gegründet. Ihr raison d'etre war es, die v.a. in Osteuropa vom Antisemitismus bedrohten Juden nach Palästina auswandern zu lassen, um dort einen „Judenstaat" zu gründen. Schon einige Jahre zuvor, 1882, hatte die Einwanderung zionistisch motivierter Juden nach Palästina eingesetzt. Dieses war damals Teil des Osmanischen Reiches. Alle Bemühungen Theodor Herzls, des wichtigsten zionistischen Ideologen, die Unterstützung Konstantinopels für sein Projekt zu bekommen, scheiterten jedoch.

Der Erste Weltkrieg führte zu einer grundsätzlich neuen Machtkonstellation in der Region. Das Osmanische Reich brach zusammen, England und Frankreich etablierten, international sanktioniert vom neugeschaffenen Völkerbund, im Nahen Osten das System der Mandatsverwaltungen. Damit war Großbritannien frei, in seinem Mandatsgebiet Palästina die schon 1917 abgegebene und in den offiziellen Mandatstext aufgenommene Balfour-Erklärung, die „die Etablierung . . . einer nationalen Heimstätte für das jüdische Volk“ vorsah, praktisch durchzusetzen.

Schon die ersten Einwanderungswellen von Juden wurden von den arabischen Bewohnern Palästinas entschieden abgelehnt. Unter der britischen Mandatsherrschaft nahmen die Palästinenser den politischen Kampf gegen die Ziele der zionistischen Bewegung in ihrer Heimat auf. In diesem Kontext bildete sich eine palästinensische Nationalbewegung heraus, die unter der Führung des Jerusalemer Notabeln und Mufti Hadsch Amin al-Husseini stand. Ihre Geschichte sollte zur Geschichte des Scheiterns angesichts überlegener Gegner werden. Diese waren

— die zionistische Bewegung, die in der Mandatszeit die notwendige politische, ökonomische und militärische Infrastruktur zur Gründung eines jüdischen Staates aufbauen konnte;
— die britische Mandats- und Kolonialmacht, in deren strategischem Kalkül für die Region es keinen Platz für die Palästinenser gab;
— die von Großbritannien protegierten Haschemiten östlich des Jordan, die ihre eigenen Träume von einer regionalen Vormachtstellung wenigstens in einem Teil Palästinas, wenn auch auf dem Rücken und auf Kosten der Palästinenser, durchzusetzen versuchten.

Die USA treten auf den Plan

Schon Ende der dreißiger Jahre zeichnete sich die zukünftige Entwicklung ab, als der landesweite Aufstand der Palästinenser (1936-1939) gegen die britische Mandatsmacht und die zionistische Einwanderungs- und Implantationspolitik blutig niedergeschlagen, die Bevölkerung entwaffnet und ihre politische Führung ins Exil geschickt wurde. In den ersten Jahren des Zweiten Weltkrieges konkretisierte sie sich, als die zionistische Bewegung die neue Weltmacht USA für ihr Ziel der Staatsgründung in Palästina gewann. Damit hatte sich die Führung des Yishuv, der jüdischen Gemeinschaft in Palästina, rechtzeitig und erfolgreich von der britischen Kolonialmacht, deren Niedergang unmittelbar bevorstand, lösen können. Den Höhepunkt im Erfolgskurs des von David Ben Gurion angeführten Yishuv bildeten die Rückgabe des Mandates durch Großbritannien an die neugegründeten Vereinten Nationen, der UN-Teilungsbeschluß im November 1947 und die Proklamation des Staates Israel im Mai 1948.

Auf dem Hintergrund der erst in den Nachkriegsjahren in ihrem ganzen Ausmaß und Schrecken bekannt gewordenen nationalsozialistischen deutschen Judenvernichtung in Europa unterstützten die damals in der UN zusammengeschlossenen Staaten, angeführt von den USA und Europa, die Gründung eines jüdischen Staates in Palästina. Dort sollten die überlebenden Opfer des deutschen Nationalsozialismus Zuflucht finden.

Die politischen Interessen der arabischen Bevölkerung Palästinas, die auch nach Jahrzehnten jüdischer Einwanderung die große Mehrheit im Lande bildeten, blieben unberücksichtigt. Über ihr künftiges Schicksal entschieden andere, ohne die unmittelbar Betroffenen befragt zu haben.

UN-Teilungsbeschluß nie vollzogen

Damit war der Konflikt in Palästina, der bis heute andauert, festgeschrieben: Israel entstand als jüdischer Nationalstaat, während ein palästinensischer Staat, wie ihn der UN-Teilungsbeschluß vorsah, nie etabliert wurde. Statt dessen annektierte das haschemitische Jordanien, im Einvernehmen mit Großbritannien und Israel, die Teile Palästinas, die 1948 in den kriegerischen Auseinandersetzungen zwischen Israel und den arabischen Staaten nicht von Israel einverleibt werden konnten.

Der Gazastreifen schließlich wurde unter ägyptische Militärherrschaft gestellt. Bis zum zweiten israelisch-arabischen Krieg 1967 dominierte der Nahostkonflikt als interstaatlicher Konflikt zwischen Israel und den arabischen Staaten. Die Palästinenser konnten nicht mehr als eigenständiger politischer Akteur in Erscheinung treten. Ihre politische Führung aus der Mandatszeit war durch die Verbindung mit Hitler diskreditiert, die palästinensische Gesellschaft war fragmentiert, führungslos und entweder zu Flüchtlingen degradiert oder unterdrückt in Israel, Jordanien und im Gazastreifen.

Die arabischen Staaten wollten die Existenz Israels nicht akzeptieren und argumentierten mit arabisch-nationalistischen Forderungen nach Wiederherstellung von Palästina als dem Herzen der arabischen Nation. Israel schlug mit dem Mythos des kleinen, hilflosen David, in seiner Existenz vom arabischen Goliath bedroht, zurück; Jahr für Jahr entwickelte es größere militärische Schlagkraft. In Wirklichkeit hatten sich die arabischen Staaten, allen voran das Ägypten Nassers, längst mit der Präsenz Israels in der Region abgefunden. Nur rhetorisch schwelgten sie noch in arabisch-nationalistischen Träumen, mit denen sie sich gleichzeitig vor ihrer eigenen Bevölkerung legitimierten.

Der Junikrieg

Der Junikrieg 1967 schuf eine neue Ausgangssituation. Israel war es gelungen, in wenigen Tagen seine arabischen Gegner vernichtend zu schlagen sowie das gesamte historische Palästina bis zum Jordan unter seine Kontrolle zu bringen. Der ideologisch überdeterminierte israelisch-arabische Konflikt wurde damit weitgehend territorialisiert.

Den arabischen Staaten ging es in der Zukunft vor allem darum, ihr 1967 verlorenes Territorium (Golanhöhen, Halbinsel Sinai und Westbank mit Ost-Jerusalem) zurückzugewinnen. Als Folge des Krieges von 1967 trat jedoch eine neue palästinensische Nationalbewegung auf die politische Bühne, angeführt von palästinensischen Guerillaorganisationen, unter denen Fatah die zahlenmäßig größte und politisch bedeutendste war. 1968/69 konnte sie die PLO, die 1964 von Nasser ins Leben gerufen worden war, unter ihre Kontrolle nehmen und diese von einem Machtinstrument ägyptischer Hegemonialpolitik zur institutionellen Verkörperung des modernen palästinensischen Nationalismus transformieren. 1969 wurde Jassir Arafat, Gründer und Chef Fatahs, Präsident des Exekutivkomitees der PLO, und diesen Posten hält er bis heute inne. Die neue PLO artikulierte bald ihr politisches Ziel, nämlich die Gründung eines demokratischen Staates Palästina an der Stelle des zionistischen Israel. In diesem Staat, so die palästinensische Vorstellung, sollten Muslime, Christen und Juden gleichberechtigt und friedlich zusammenleben. Von dieser Utopie war jedoch die Realität weit entfernt.

Der Oktoberkrieg: Die palästinensische Führung denkt um

Machtpolitische Zwänge sowie wachsende politische Erfahrungen ließen die PLO-Führung innerhalb weniger Jahre sehr viel pragmatischer werden. Den Umschlag brachte der Oktoberkrieg 1973 zwischen Ägypten, Syrien und Israel. Nach harten internen Auseinandersetzungen konnte der Palästinensische Nationalrat, das palästinensische Parlament im Exil, 1974 die ersten Umrisse eines Zwei-Staaten-Programms verabschieden. Gleichzeitig wurde die PLO auf der arabischen Gipfelkonferenz von Rabat als der „einzig legitime Vertreter des palästinensischen Volkes" anerkannt. Damit hatte die PLO ihren Anspruch auf Souveränität über die von Israel 1967 besetzten palästinensischen Gebiete Westbank, Ost-Jerusalem und Gaza Streifen geltend gemacht und die jordanischen Ansprüche auf das Jordanwestufer zurückgedrängt.

Israel jedoch ließ sich weder den arabischen Staaten noch der PLO gegenüber auf Kompromisse ein. Vielmehr hielt es unbeirrt an der Herrschaft über die 1967 besetzten Gebiete fest. Erst der Oktoberkrieg führte zu einer Modifizierung seiner Politik. Um die geschlossene Front von arabischen Staaten und Palästinensern aufzubrechen, willigte Israel in eine Annäherung an Ägypten unter Präsident Anwar as-Sadat ein. 1978 kam dieser Prozeß in den Vereinbarungen von Camp David zum erfolgreichen Abschluß: Ägypten schloß Frieden mit Israel (1979) und erhielt die Sinai-Halbinsel zurück, um den Preis seiner Isolierung in der arabischen Welt. Israel hatte, massiv unterstützt von den USA, den ersten Durchbruch in der lange angestrebten Abtrennung der Palästina-Frage vom zwischenstaatlichen israelisch-arabischen Konflikt erzielt.

Intifada

Nach Camp David lagen die Schwerpunkte der Auseinandersetzung zwischen Israel und den Palästinensern bzw. den arabischen Staaten im Libanon und in den besetzten palästinensischen Gebieten. Um die PLO, die sich seit 1974 international erfolgreich als einziger Repräsentant palästinensischer nationaler Interessen durchsetzen konnte, von der politischen Bühne zu eliminieren, zog Israel 1982 in den Krieg gegen diese im Libanon. Dabei war das eigentliche Ziel die Ausschaltung der PLO als militärisch-politischem Akteur, um freie Hand in den besetzten Gebieten zu gewinnen. Dort sollte eine Autonomielösung nach israelischen Vorstellungen durchgesetzt werden, die bis dahin von der palästinensischen Bevölkerung entschieden zurückgewiesen worden war. Der Krieg endete mit einer militärischen Niederlage der PLO und ihrem demütigenden Abzug aus Beirut.

Politisch und moralisch trug die palästinensische Nationalbewegung jedoch einen Sieg über die nackte israelische Machtpolitik davon. Die Intifada, der Aufstand der Palästinenser gegen die israelische Besatzung, der im Dezember 1987 ausbrach, hat hier eine ihrer Wurzeln. Die andere, tiefergehende, ist die brutale Besatzungs- und Unterdrückungspolitik Israels in Westbank und Gaza Streifen. Angesichts von Landenteignungen, Bau von Siedlungen überall im Lande sowie ständig zunehmender Repression, in Verbindung mit ökonomischen Problemen sowohl in den arabischen Ländern als auch in Israel selbst, sahen die Palästinenser keinen anderen Ausweg mehr als den Massenaufstand.

Die PLO proklamiert einen palästinensischen Staat

Den Höhepunkt des ersten Intifada-Jahres bildete die Sitzung des palästinensischen Nationalrates in Algier im November 1988, auf dem die Palästinenser einen unabhängigen Staat proklamierten, in dem sie in friedlicher Koexistenz mit Israel leben wollten. Auf dieser Basis startete die PLO ihre von der Intifada zu unterstützende Friedensinitiative. Trotz anfänglicher palästinensischer Erfolge und eines enormen moralisch-politischen Prestigegewinns auf der internationalen Ebene konnte eine kompromißlos harte israelische Politik sich nach und nach wieder behaupten.

Die Wende: Krieg am Golf

Der Einmarsch Saddam Husseins in Kuwait und der von den USA angeführte Krieg gegen den Irak waren der Umschlag, auf den Israel gewartet hatte. Die Palästinenser und die PLO gingen moralisch schwer angeschlagen aus dem Krieg hervor, eine Folge ihrer mangelnden Distanzierung bzw. ihrer teils offenen Unterstützung für

Saddam. Damit konnte Israel den Konflikt mit den Palästinensern endgültig vom zwischenstaatlich israelisch-arabischen Konflikt trennen. Weder die USA oder die UdSSR noch irgendeiner der arabischen Staaten erhoben Einspruch.

Der amerikanische Friedensprozeß: Von Madrid bis Moskau

Vielmehr verfolgte US-Außenminister Baker seit dem Frühjahr 1991 eine zweigleisige Reisediplomatie, die die Aufnahme bilateraler Gespräche zwischen Israel und den arabischen Staaten einerseits, zwischen Israel und den Palästinensern andererseits zum Ziel hatte. Beide Verhandlungsstränge sollten ohne irgendeine Koppelung geführt werden. Israel ging es in dieser Phase der Diplomatie in erster Linie darum, eine Beteiligung der PLO an den anvisierten Friedensgesprächen zu verhindern und sie aufs politische Abstellgleis abzudrängen. Gemäß den Wünschen der amerikanischen Regierung wurde am 30. Oktober 1991 die Madrider Friedenskonferenz gemeinsam von den Regierungschefs der USA und der damals noch existierenden Sowjetunion, George Bush und Michail Gorbatschow, eröffnet. Zum erstenmal in der Geschichte des Nahostkonflikts saßen alle am Konflikt Beteiligten am selben Tisch: Israel, dessen Delegation nicht von Außenminister Levy, sondern von Ministerpräsident Yitzhak Shamir persönlich angeführt wurde, Ägypten, Libanon, Syrien, Jordanien und — in einer gemeinsamen Delegation mit den Jordaniern — die Palästinenser. Israel hatte es durchsetzen können, daß nur Palästinenser aus den besetzten Gebieten, nicht aber aus der Diaspora, ja nicht einmal aus dem besetzten Ost-Jerusalem, zum Verhandlungstisch zugelassen wurden. Im diplomatischen Spiel rund um die Friedenskonferenz hatten die Palästinenser allerdings so geschickt gepokert, daß die Vertreter aus Ost-Jerusalem, Faisal al-Husseini und Dr. Hanan Ashrawi, in Madrid anwesend sein und starkes Profil zeigen konnten. Und hinter den Kulissen lagen alle Entscheidungen über die palästinensische Verhandlungsführung in der Hand der PLO, die sich jedoch klug im Hintergrund hielt.

Offiziell war von seiten der palästinensischen Delegation, angeführt von Dr. Haidar Abd-al Shafi, immer von der legitimen palästinensischen politischen Führung die Rede, einem diplomatischen Euphemismus für die PLO und den palästinensischen Präsidenten Jassir Arafat. Die Madrider Konferenz konnte entgegen den Erwartungen vieler Nahostexperten stattfinden und sogar einigermaßen reibungslos zu Ende geführt werden. Im Anschluß daran wurden die beiden ersten bilateralen Verhandlungsrunden zwischen Israel, Syrien, Libanon, Jordanien und den Palästinensern im Dezember 1991 und Januar 1992 jeweils in Washington abgehalten, ohne jedoch irgendwelche substantiellen Fortschritte zu erzielen. Schließlich wurden Ende Januar in Moskau auch die multilateralen Gespräche zu Themen der Region Naher und Mittlerer Osten (Wasser, Umwelt, wirtschaftliche Entwicklung, Rüstungskontrolle, Flüchtlinge) aufgenommen mit einer breitgefächerten Teilnahme der Mehrzahl der arabischen Staaten, an hervorragender Stelle Saudi-Arabien und die Golf-Emirate. Lediglich Syrien und Libanon verweigerten ihre Teilnahme, während die Palästinenser zwar angereist waren, in Moskau jedoch vor geschlossenen Türen warten mußten. Ihre Forderung auf Zulassung einer Delegation mit palästinensischen Vertretern auch aus Ost-Jerusalem und der Diaspora, basierend — so die palästinensische Seite — auf mündlichen Zusagen seitens der Amerikaner, wurde von den Sponsoren der Konferenz, den USA und Rußland (als Nachfolger der aufgelösten Sowjetunion) abgelehnt. Lediglich in den Gesprächen zur Flüchtlingsfrage, geplant für Mai 1992 in Kanada, sollten alle Palästinenser, ob unter Besatzung oder in der Diaspora lebend, gehört werden.

Der Erfolg der Moskauer Konferenz bestand zum einen schlicht in der Tatsache, daß diese überhaupt hatte stattfinden können. Des weiteren konnten sich die Teilnehmer darauf einigen, im Frühjahr 1992 Verhandlungen in fünf Arbeitsgruppen zu den zur Diskussion stehenden Problembereichen aufzunehmen. Diese sollen neben Kanada in Japan (Umwelt), den USA (Rüstungskontrolle), Brüssel (wirtschaftliche Entwicklung) und in Österreich (Wasser) abgehalten werden.

Perspektiven: Die Palästinenser — wieder Opfer

Und wo steht der Nahe Osten heute, nach Madrid, zwei Runden Washington und Moskau? Um wieviel ist der Frieden näher gerückt für die Menschen in der Region?

In dem Stückchen Land, das seit 1967 den Kern des Nahostkonfliktes bildet, also der von Israel besetzten Westbank, in Ost-Jerusalem und im Gazastreifen, ist von Frieden nichts zu spüren. Die

Palästinenser sind den repressivsten Unterdrückungsmaßnahmen seit Beginn der Besatzung ausgesetzt: teils wochenlange Ausgangssperren, durch die die gesamte Bevölkerung unterschiedslos gleichsam in Haft gesetzt wird, Verhaftungswellen sowie die tagtägliche willkürliche und routinemäßig demütigende Behandlung durch den Armeeapparat. Gleichzeitig führte die israelische Regierung, darin angeführt von Wohnungsbauminister Ariel Sharon, einen „Krieg" (um eine Formulierung Meron Benvenistis zu übernehmen) des massivsten Siedlungsbaus in den besetzten Gebieten. 17000 Wohnungseinheiten waren Anfang 1992 in Bau, sowie weitere 10000 in Ost-Jerusalem, das von israelischer Seite nie in die Kalkulation aufgenommen wird, da es offiziell längst annektiert ist. Diese 17000 Wohnungseinheiten werden Wohnraum für weitere 50-100000 Siedler schaffen und damit, so die Absicht der israelischen Regierung, die jüdische Präsenz in den besetzten Gebieten mit über 200000 Siedlern irreversibel machen. Auch hat sich Isreal zu keinerlei vertrauensbildenden Maßnahmen bereitgefunden, wie sie die USA als ersten Schritt im Friedensprozeß vorgeschlagen hatten. Vor Ort — ebenso wie im Südlibanon — spielt es vielmehr rücksichtslos seine unangefochtene militärische Vormachtstellung in der Region aus.

Gleichzeitig ist der Eindruck nicht wegzuwischen, daß Israel sich in die günstigste Ausgangsposition für eine völlig neue machtstrategische Lage in Nah- und Mittelost einzugraben versucht. In der Periode nach Ende des Kalten Krieges könnte Israel nämlich seine herausragende Rolle als wichtigster Pfeiler amerikanischer Interessen in der Region langsam aber stetig an Saudi-Arabien verlieren und damit nur zu einem unter vielen Staaten der Region werden.

Aus dieser Perspektive nimmt die erfolgreiche Durchführung der Moskauer multilateralen Seite des Nahostfriedensprozesses zentrale Bedeutung gerade für Israel ein: die Möglichkeit gemeinsamer Verhandlungen mit den arabischen Staaten am Golf, und d.h. in erster Linie Saudi-Arabien, über das heikle Thema der Abrüstung neben existentiellen Fragen für die Zukunft der Region wie Wasser, Umwelt und wirtschaftliche Entwicklung. Daß dabei die Palästinenser außen vor blieben, wird auf diesem Hintergrund eher unwichtig.

Damit aber ist der Kern des Nahostkonfliktes wieder einmal in der Tendenz verdeckt und überlagert von ganz anderen strategisch-politischen Interessen. Ohne eine Lösung jedoch, die die berechtigten politisch-nationalen Interessen der Palästinenser berücksichtigt, scheint der Konflikt in Israel / Palästina zur Fortdauer prädestiniert, ungeachtet der militärischen Stärke Israels. Nur die PLO erscheint in der Lage, auf palästinensischer Seite einen für Israelis wie Palästinenser akzeptablen Kompromiß, angelehnt an die Teilungsresolution von 1947, durchzusetzen und zu garantieren.

Große Teile der israelischen Gesellschaft erscheinen ebenfalls bereit zu einem Kompromiß. Was sie brauchen, ist eine Regierung mit Mut zu einem Frieden des Kompromisses und des Ausgleichs. Ob die Wahlen im Juni 1992 in Israel dahin führen werden, erscheint heute eher fraglich. Auch sieht es nicht so aus, daß die USA ihren bis dato besten und verläßlichsten Verbündeten in der arabischen Region mit all ihren Ölreichtümern zum Einlenken drängen. Die Tatsache, daß im Herbst 1992 Präsidentschaftswahlen anstehen, sowie die prekäre Popularität von Präsident Bush machen dies noch unwahrscheinlicher.

Eher deutet alles darauf hin, daß wieder einmal, wie schon so oft in diesem Jahrhundert, die Palästinenser, die „Eingeborenen" des „Heiligen Landes", die Verlierer, um nicht zu sagen die Opfer, entscheidender und epochaler weltpolitischer Veränderungen sein werden.

Für die nähere Zukunft jedenfalls scheint es, daß der Friedensprozeß in Nahost nicht einmal mehr im Schneckentempo vorangehen, sondern vielmehr auf der Stelle treten wird. Im Vordergrund stehen im Frühsommer die Wahlen in Israel, im Herbst die Wahlen eines neuen Präsidenten in den USA. Keine ermutigenden Perspektiven für die Palästinenser, ob unter der Besatzung oder in der Diaspora; aber auch eine kaum zu bewältigende Last für ihre politische Führung, die voll auf den amerikanischen Friedensprozeß gesetzt hat, nur um immer wieder von neuem brüskiert zu werden. Damit aber wird ihre Politik in der palästinensischen Bevölkerung systematisch untergraben und einer radikal-irrationalen Option immer mehr Boden geschaffen.

Helena Cobban

Jassir Arafat
Ein Leben für Palästina

Arafat wurde im Dezember 1929 — wahrscheinlich in Kairo — geboren. Seinen familiären Hintergrund bildet ein Zweig der Husseinis, einer der führenden arabischen Familien von Jerusalem. Die Kindheit verbrachte er in Jerusalem und Gaza. Als Heranwachsender war er Zeuge des palästinensisch-arabischen Aufstandes von 1936 - 1939 und später der arabisch-jüdischen Kämpfe, die die Staatsgründung Israels im Jahr 1948 begleiteten. Eine Zeitlang soll er in die „Lehre" seines älteren Vetters Abd al-Qadir al-Husseini gegangen sein, der Mitte der vierziger Jahre der militärische Führer der zahlreichen unkoordinierten palästinensischen Kampfverbände war, bis er 1948 *in action* starb.

Nach der Niederlage der Palästinenser im Jahre 1948 ging Arafat zum Ingenieurstudium an die Universität Kairo. Er stand unter dem starken Eindruck seiner Erfahrungen während des und nach dem Krieg von 1948, bei dem er Flucht und Vertreibung von über einer Million seiner Landsleute aus ihrer Heimat in den nun von Israel gehaltenen Gebieten und die Zerstörung der nationalen palästinensischen Führung durch Israel und seine arabischen Nachbarn erleben mußte. 1952 war er unter den Organisatoren einer neuen, hochgradig politischen „Union palästinensischer Studenten" in Kairo. Die politische Programmatik, die die Arbeit in der Studentenunion — wie in den kommenden Jahrzehnten — bestimmte, war eine doppelte: Um ihre Rechte wiederzuerlangen, dürften die Palästinenser sich auf niemanden außer sich selbst stützen; und die nationale palästinensische Einheit würde wichtiger sein als die Ideologien, die damals durch die arabische Welt gingen.

Während des ägyptisch-israelischen Krieges von 1956 war Arafat als Angehöriger des Pioniercorps in Port Said Reserveoffizier in der ägyptischen Armee. Jahrs darauf ging er nach Kuwait, wo zahlreiche palästinensische Migranten ein gutes Auskommen finden konnten. Hier bereiteten er und andere palästinensische Nationalisten ihre „Rückkehr" in ihre Heimat vor; damals ein Traum aller palästinensischen Emigranten. Ende der fünfziger / Anfang der sechziger Jahre vereinigten sich eine Reihe entstehender palästinensischer nationaler Netzwerke zur „Fatah", einer Organisation, deren Name aus dem umgekehrten Akronym von „Harakat at-tahrir al-watani al-filastini" (Palästinensische Nationale Befreiungsbewegung) besteht. Am 1. Januar 1965 unternahm die Organisation ihre erste Sabotageoperation gegen Israel. Sie war zwar nicht erfolgreich; gleichwohl wird des Ereignisses noch immer als des Geburtsdatums des „bewaffneten Kampfes" der Fatah gegen Israel gedacht.

Die vernichtende Niederlage arabischer Armeen im Juni 1967 und die Schwächung der politischen Statur arabischer Führer gaben „Fatah" eine unerwartete neue Chance, in der palästinensischen Diaspora ihren Platz zu suchen. In der Atmosphäre allgemeiner öffentlicher Erniedrigung fand das Vermögen der Organisation, überhaupt Angriffe gegen Israel vorzutragen, wie wirksam immer diese gewesen sein mögen, weit gefächerte Unterstützung seitens der Palästinenser und nicht-palästinensischer Araber. Die Erfolge waren gering und Ende 1967 zog sich Arafat nach Jordanien zurück.

1968 gelang es, in Koordinierung mit anderen palästinensischen Guerillaorganisationen die „Palästinensische Befreiungsorganisation" (PLO), die im Mai 1964 von arabischen Staaten als eine Art Hülse einer palästinensischen Organisation gegründet worden war, zu übernehmen. Auf dem Treffen des obersten Führungsgremiums der PLO im Februar 1969, dem „Palästinensischen Nationalrat" (PNC), konnte „Fatah" seinen eigenen Kandidaten als Vorsitzenden der PLO durchbringen: Jassir Arafat, der in den Monaten zuvor zum *primus inter pares* unter den palästinensischen Führern aufgestiegen war.

Unter dem Dach der PLO war freilich die Selbständigkeit der Mitgliedsorganisationen erhalten geblieben. Dies sollte — bis spät in die achtziger Jahre — eine kontinuierliche Einmischung arabischer Regime in die Entscheidungen der PLO mit sich bringen. Im September 1970 konnte König Hussein von Jordanien in seinem eigenen Land die politische Initiative zurückgewinnen, die er ein paar Jahre zuvor verloren hatte. Arafat und diejenigen seiner Guerillas, die den „Schwarzen September" überlebten, machten sich daran, eine bewaffnete palästinensische Präsenz im Libanon aufzubauen.

1974 sah einen wichtigen Wandel in der Strategie der Organisation. Bis dahin war der bewaffnete Kampf die wichtigste Strategie der Palästinenser; die Rückkehr aller palästinensischen Flüchtlinge in ihre Heimat und ihre Besitztümer innerhalb des Staates Israel in den Grenzen von 1948 war ebenso ihr Hauptziel wie die Ersetzung des gesamten jüdischen Staates durch ein nur vage definiertes „säkulares demokratisches Staatswesen". Nunmehr sollten sich die Führer von „Fatah" (mit offizieller Unterstützung der PLO) am Ziel der Schaffung einer „palästinensischen nationalen Autorität" in allen Teilen Palästinas, von denen sich Israel zurückziehen würde, orientieren. Damit machte die PLO den Weg frei für allfällige Gespräche und Verhandlungen sowie für die Suche nach einem unabhängigen palästinensischen Staat an der Seite Israels, wo dieses sich zurückgezogen haben würde.

Trotz einigen anhaltenden internen Widerstandes gegen das neue Programm, versucht Arafat von jetzt an, die diplomatische Option zu fördern. Auf einem arabischen Gipfel in Rabat im Oktober 1974 gewinnt er die Unterstützung aller wichtigeren arabischen Staaten (mit der Ausnahme des Irak) für das gewandelte Programm. Im November trägt der PLO-Führer seine neue Kampagne in die Generalversammlung der Vereinten Nationen in New York, wo er unterstreicht, daß er von nun an beides mit sich tragen würde: „ein Gewehr und einen Olivenzweig".

Ausgeschlossen aus der Friedensiniative des ägyptischen Präsidenten Sadat nach 1977, schließt sich die PLO der militanten Anti-Sadat-Koalition, der sogenannten „Front der Standfestigkeit und Konfrontation", an. In der Zwischenzeit baut sie ihre militärischen Positionen im Süden des Libanon weiter aus. Als israelische Streitkräfte im Juni 1982 in den Libanon — und schließlich bis Beirut — vorrücken, ist es Arafat selbst, der die PLO-Kräfte während der Belagerung befehligt und ein Abkommen aushandelt, das es seinen Truppen schließlich ermöglicht, die Stadt erhobenen Hauptes und mit ihren Waffen zu verlassen. Die sich anschließenden diplomatischen Manöver, gemeinsam mit Jordanien in Gespräche mit Israel einzutreten, scheitern nicht zuletzt an der von dem syrischen Präsidenten Hafiz al-Asad seit 1983 betriebenen Spaltung der PLO.

Erst der palästinensische Aufstand, der im Dezember 1987 ausbricht (Intifada), hat die interne Legitimation und die internationale Statur von PLO-Chef Arafat erheblich gefestigt. Amerikanische diplomatische Initiativen und die Herausforderung durch nationalistische Aktivisten innerhalb der besetzten Gebiete — einschließlich des nunmehr prominenten Sohns von Abd al-Qadir al-Husseini, Faisal al-Husseini — bringen ihn dazu, im Dezember 1988 in unzweideutigen Erklärungen die UNO-Sicherheitsratsresolution 242 zu akzeptieren und dem Terrorismus eine Absage zu erteilen. Direkte Gesprächskontakte mit den USA, deren Bedingungen damit erfüllt sind, sind die Folge.

Arafats politische Karriere ist nahezu deckungsgleich mit der Existenz des Staates Israel. Unübersehbar ist er erheblich mehr als nur der Führer einer Terrororganisation, als der er in einigen westlichen Medien dargestellt wurde und wird. In den Jahrzehnten, die der Staatsgründung Israels 1948 folgten, gelang es ihm und seinen Kameraden, eine dauernde Form von palästinensischem Nationalismus zu definieren. Zugleich bauten sie ein Netzwerk von Organisationen auf, dieses Ideal zu verkörpern, und steuerten diese Organisationen durch die Minenfelder innerarabischer, arabisch-israelischer und internationaler Politik.

Arafat hat sich als ein Meister der politischen Taktik erwiesen, dem es gelang, die Balance zwischen den historischen Baronen der „Fatah"-Führungsmannschaft aufrechtzuerhalten, dies auch dann, wenn es zu erheblichen Differenzen zwischen ihnen kam. In den Sechzigern wurde Arafat, der untersetzte Mann mit dem charakteristisch gescheckten Kopftuch und dem Dreitagebart, als „Aktivist" von „Fatah" charakterisiert; doch war er in der Zeit zwischen 1968 und 1991 weitaus mehr als das. Namentlich seit der Vertreibung aus Beirut hat er mit immer neuen Varianten diplomatischer Initiativen experimentiert. Viele Male konnte er, politisch schon totgesagt, politisch wiederauferstehen.

Dies gilt auch für die Ära nach dem Ende des Konflikts um Kuwait (1990/1). Seine Nähe zu Saddam Hussein schien ihn selbst wie die PLO zunächst von den anstehenden arabisch-israelischen Verhandlungen zu disqualifizieren. Doch sollte sich bald erweisen, daß nach wie vor an der PLO kein Weg vorbeiführt. Auch wenn die Palästinenser innerhalb der von Israel besetzten Gebiete selbst nunmehr einen größeren Freiraum für Gespräche erhielten, war die PLO als Verkörperung palästinensischer Interessen und nationaler politischer Ziele, die letztlich auf die Gründung eines eigenen palästinensischen Staates gerichtet sind, direkt oder indirekt präsent. Auch in einer entscheidenden Phase des Kampfes des palästinensischen Volkes für seine Rechte erscheint Jassir Arafat noch immer als dessen personifizierter Ausdruck.

Quelle: B. Reich (ed.): Political Leaders of the Contemporary Middle East and North Africa. A Political Dictionary

Alexander Flores

Die Westbank und Gaza: nicht nur ein politischer Sprengsatz

Wirtschaftliche Abhängigkeit

Eine der Besonderheiten der israelischen Besatzung von Westbank und Gazastreifen ist, daß sie nun schon beinahe 25 Jahre andauert, ohne daß ernsthafte Schritte zur auch nur teilweisen Rückgabe oder zur formellen Annexion dieser Gebiete unternommen worden wären. Die globale politische Forderung der arabischen Seite war seit 1967 stets die Beendigung der Besatzung; die Konkretisierung dieser Forderung und die Form, in der man für sie eintrat, änderten sich aufgrund der seitdem stattgefundenen Entwicklung.

In den frühen 70er Jahren wurde die PLO zur weithin akzeptierten Vertretung der Palästinenser. Seitdem wird unter der Rückgabe der besetzten Gebiete gemeinhin nicht ihre Rückkehr unter die Kontrolle der dort bis 1967 herrschenden arabischen Staaten verstanden, sondern die Errichtung eines eigenständigen palästinensischen Gemeinwesens unter Führung der PLO.

Die unter der israelischen Besatzung vollzogenen Entwicklungen in der Westbank und im Gazastreifen sind verschiedener Art. Da sind einmal die spontanen ökonomischen Folgen des Wegfalls der Grenze zwischen Gebieten mit sehr unterschiedlichem Entwicklungsstand. Da sind weiter die israelischen Maßnahmen zur Regulierung dieser Folgen und die Eingriffe der Besatzungsbehörden in Infrastruktur und Demographie der Gebiete. Und da sind schließlich die Wahrnehmung dieser Entwicklungen im Bewußtsein der Palästinenser und die Konsequenzen, die sie aus ihnen ziehen.

Die spontanen ökonomischen Auswirkungen der Besatzung betrafen vor allem den Waren- und Arbeitsmarkt. Westbank und Gazastreifen wurden mit israelischen Waren überschwemmt. 1987 kamen 92 % des Imports der Gebiete — ein Wert von mehr als einer Milliarde Dollar! — aus Israel; der Export der Gebiete, nur etwa ein Drittel des Imports, ging zu 82 % nach Israel. Bald nach der Besetzung begannen palästinensische Arbeiter aus den Gebieten Beschäftigung in Israel aufzunehmen; bis zum zweiten Golfkrieg lag die Zahl der Palästinenser, die in Israel arbeiteten, stets bei weit mehr als einhunderttausend. Das machte für die Westbank etwa ein Drittel der überhaupt Beschäftigten aus, für den Gazastreifen mehr als die Hälfte.

Aus der Arbeitsaufnahme in Israel und der gleichzeitigen Arbeitsmigration in die Golfstaaten ergab sich für die Bevölkerung der besetzten Gebiete eine deutlich erhöhte Kaufkraft. Die Wirtschaft in den Gebieten selbst konnte aber davon nicht profitieren, weil sie gegenüber der israelischen nicht konkurrenzfähig war. Landwirtschaft und gewerbliche Produktion stagnierten, weil unter den ungünstigen ökonomischen und unsicheren politischen Bedingungen kaum jemand produktiv investierte. Einzig Transport- und Baugewerbe sowie gewisse Dienstleistungssektoren profitierten von den neuen Verhältnissen. Insgesamt sind die besetzten Gebiete in eine enorme wirtschaftliche Abhängigkeit von Israel geraten. Mit den neuen Verdienstmöglichkeiten ging der Stellenwert der landwirtschaftlichen Arbeit und des Besitzes von Agrarland erheblich zurück. Das berührte die Autoritätsstrukturen auf dem Land, die auf Bodenbesitz beruht hatten, dies aber in der Westbank weit stärker als im Gazastreifen, dessen Bevölkerung überwiegend aus Flüchtlingen ohne jeden Landbesitz besteht. Auch die politische Erfolglosigkeit der traditionellen Führung, die enorme Ausweitung der Schul- und Hochschulbildung und die zahlenmäßige Stärke der jungen Generation, die nie etwas anderes kennengelernt hatte als die Besatzung und von dieser nicht ohne weiteres einzuschüchtern war, trug zur Erosion der alten Autoritäten bei.

Planmäßige Landnahme

Die planmäßigen israelischen Maßnahmen in den besetzten Gebieten verhinderten erstens administrativ und gesetzlich, daß die palästinensische Wirtschaft der israelischen in irgendeiner Weise Konkurrenz machte. Zweitens brachten sie mit verschiedenen Methoden und unter verschiedenen rechtlichen Vorwänden in der Westbank zwei Drittel, im Gazastreifen zwei Fünftel des Bodens unter direkte israelische Kontrolle. Drittens beschränkten sie den Palästinensern den Wasserverbrauch und ließen seine Erhöhung nur gemäß der demographischen Entwicklung für Haushaltszwecke zu, nicht aber für die Landwirtschaft. Viertens wurden als sichtbarstes Zeichen der israelischen Präsenz und Kontrolle in den Gebieten — in Verletzung der Genfer Konvention, die die Verbringung der eigenen Zivilbevölkerung in besetztes Gebiet verbietet — mehr als 150 jüdische Siedlungen mit inzwischen etwa einhunderttausend Bewohnern in den besetzten Gebieten errichtet. Die Siedler genießen gegenüber den Palästinensern enorme infrastrukturelle, materielle und rechtliche Privilegien; viele von ihnen zeichnen sich durch ein sehr aggressives Verhalten gegenüber der arabischen Bevölkerung aus. Insofern sind die Siedlungen ein besonders verhaßtes Symbol der Besatzung.

Die Bevölkerung der besetzten Gebiete hat die Besatzung von Anfang an abgelehnt. Die immer weitergehenden, auf ihre Einzwängung und Verdrängung hinauslaufenden israelischen Maßnahmen und die Erfahrungen, welche die Palästinenser im Kampf gegen die Besatzung sammeln konnten, haben dazu geführt, daß das diffuse Gefühl der Ablehnung einer fremden Besatzung zu einer klaren Orientierung mit wohldefinierten programmatischen Zielen wurde. Die Veränderungen in der politischen Programmatik der PLO trugen zu dieser Klärung bei. Die alten Forderungen nach der Wiederherstellung der arabischen Souveränität über Westbank und Gazastreifen oder sogar nach der Zerstörung Israels wichen dem Ziel der Errichtung eines unabhängigen palästinensischen Staats neben Israel. Die Führung der Nationalbewegung in den besetzten Gebieten verlagerte sich von den traditionellen grundbesitzenden Notabeln auf die städtischen Mittelschichten. Immer stärker nahmen auch jüngere Leute an der Bewegung teil, deren Erfahrungshorizont fast ausschließlich von der Besatzungssituation geprägt ist.

Wendepunkt Intifada

Die Ende 1987 ausgebrochene Intifada war ein Wendepunkt im palästinensischen Kampf gegen die Besatzung. Bis dahin hatten die Palästinenser diese zwar abgelehnt, sich aber nur bei bestimmten Gelegenheiten massiv und praktisch gegen sie gewandt. Kontinuierlicher Widerstand war auf politisch bewußte und organisierte Minderheiten beschränkt gewesen. Nun nimmt die große Mehrheit der Bevölkerung am Widerstand teil und ist auch bereit, Opfer dafür zu bringen. Die Intifada, oft irrtümlich totgesagt, dauert nun schon mehr als vier Jahre an. Sie hat in ihrer Öffentlichkeitswirkung und in ihrer Auswirkung auf die palästinensische Bevölkerung selbst Beträchtliches erreicht. Deren Abkopplung von Israel, d.h. der Boykott israelischer Waren und der Besatzungsbehörden, nimmt erstaunliche Ausmaße an. Allerdings ist das große Ziel, die Errichtung eines unabhängigen palästinensischen Staates, nicht sichtbar nähergerückt. Israel hält nach wie vor eisern an der Souveränität über alle besetzten Gebiete fest: die durchaus vernehmliche Kritik im Inneren Israels wie von außen hat an dieser Haltung nichts Wesentliches zu ändern vermocht.

Frage der Souveränität

In den 1967 von Israel besetzten palästinensischen Gebieten geht es heute um die Frage, wer hier auf Dauer Souveränität ausüben kann: Israel oder die Palästinenser. Ökonomisch, infrastrukturell und geographisch sind die israelische und die palästinensisch-arabische Gesellschaft vielfältig miteinander verschränkt. Das bringt aber keine positiven politisch-menschlichen Beziehungen der beiden Gesellschaften mit sich. Vielmehr ist das Verhältnis zwischen ihnen derart, daß bei seiner Fortdauer in der bisherigen Form mit einer ständigen Verschlechterung der Beziehungen zu rechnen ist. Die Palästinenser ziehen in ihrer Mehrheit daraus die Konsequenz, daß sie die staatliche Trennung der beiden Gesellschaften befürworten, nachdem sie früher einen säkularen, demokratischen Staat in ganz Palästina propagiert hatten. Eine bedeutende, konsequent friedensorientierte Minderheit in Israel will sich auf dieser Basis mit ihnen treffen. Die gegenwärtige israelische Regierung ist allerdings nicht bereit, sich einer solchen Position zu nähern, und die Mehrheit der Israelis folgt ihr in diesem Punkt — aus einer Fülle von Motiven, unter denen wohl das wirksamste die Macht der Gewohnheit ist: Die Israelis haben sich in den vergangenen 25 Jahren so sehr mit dem Gedanken vertraut gemacht, daß die besetzten Gebiete selbstverständlicher Bestandteil ihres Landes sind, und alle Regierungen seit 1967 haben sie darin so bestärkt, daß es äußerst schwer sein wird, eine Regelung durchzusetzen, die wenigstens einen Teil der seither stattgefundenen Prozesse rückgängig macht.

Im vergangenen Jahr häuften sich blutige Zwischenfälle zwischen Israelis und Palästinensern; der zweite Golfkrieg zeigte die tiefe politische Kluft zwischen den beiden Seiten; die ökonomischen Folgen der Ausgangssperre während des Krieges machten erneut die Abhängigkeit der palästinensischen Wirtschaft von Israel und ihre daraus resultierende Verwundbarkeit deutlich. Alles das unterstreicht sowohl die scharfen, schwer überbrückbaren Gegensätze zwischen Israel und den Palästinensern wie auch die Dringlichkeit einer Regelung oder wenigstens Entschärfung der damit verbundenen Probleme.

Vorsichtiger Optimismus

Wenn der zweite Golfkrieg für die Palästinenser eine Katastrophe zu sein schien, so hat er doch auch eine neue Konstellation gezeigt, die ihnen günstig sein könnte: Im Krieg selbst erwies sich Israel für die Koalition — in erster Linie also für die USA — als militärisch entbehrlich und politisch störend. Seine Bedeutung für die regionale Strategie der USA wurde relativiert. Den arabischen Koalitionspartnern gegenüber scheinen die USA nun verpflichtet, etwas zur Regelung des Palästinaproblems zu tun und dazu, wenn erforderlich, Druck auf Israel auszuüben. Die Ausschaltung der Sowjetunion als eines regional bedeutenden Faktors gibt den USA größeren Manövrierraum, tatsächlich im Sinn einer solchen Regelung aktiv zu werden. Und die hartnäckigen Bemühungen Bakers, eine Friedenskonferenz zustandezubringen, deuten darauf hin, daß die USA entschlossen sind, das zu tun und dabei auch Reibungen mit Israel in Kauf zu nehmen.

Die palästinensische Führung sowohl außerhalb wie innerhalb der besetzten Gebiete setzt eine gewisse Hoffnung in diese Konstellation und hat daher der Teilnahme einer palästinensischen Delegation an der Madrider Konferenz zugestimmt, obwohl dies unter einer Reihe von demütigenden israelischen Vorbedingungen geschah. Die eigentlich substantiellen Probleme einer Regelung für die 1967 besetzten palästinensischen Gebiete sind sehr bald in den bilateralen Verhandlungen aufgetaucht, die der Madrider Konferenz gefolgt sind. Diese Probleme und die durch sie geschaffene Kluft sind nach wie vor enorm. Aufgrund der beschriebenen Konstellation und der offensichtlichen amerikanischen Entschlossenheit, sie für eine Regelung des Konflikts auszunutzen, wird es aber allen an den Verhandlungen Beteiligten schwer gemacht, sie „platzen" zu lassen, d.h. den Vorwand für ihr Scheitern zu liefern. Das berechtigt zum ersten Mal seit langer Zeit, vielleicht zum ersten Mal überhaupt, zu — vorsichtigem — Optimismus im Hinblick auf einen Frieden im Nahen Osten.

Politik des Friedens darf sich nicht auf Mythologie gründen

Interview mit Prof. Yehoshavat Harkabi (Jerusalem)

Yehoshavat Harkabi ist seit 1968 Professor für Internationale Beziehungen und Mittelost-Studien an der Hebräischen Universität Jerusalem. Von 1950 bis 1959 war er erst Vize-Chef, dann Chef des Geheimdienstes der israelischen Armee. Von 1962 bis 1968 arbeitete er im Büro des Premierministers. Das Interview führten im April 1991 Elke und Wolfgang Schwanitz.

F.: Prof. Harkabi, Sie sagten, daß jeder, der in Nahost über Frieden spricht, dabei an etwas anderes denkt, woran?

A.: Es scheint, daß jeder in der Geschichte immer Frieden wollte. Alle Eroberer wollten Frieden — nachdem sie erobert hatten. Es gab Kriege, nur weil beide Seiten Frieden wollten. Aber sie hatten unterschiedliche Vorstellungen darüber, was Frieden ist. Deshalb gab es Kriege. Nicht, weil Menschen Krieg, sondern weil sie Frieden wollten. Im arabisch-israelischen Konflikt gibt es auch verschiedene Auffassungen darüber, was Frieden ist. Früher verstanden die Araber (im ehemaligen Mandatsgebiet Palästina) darunter, nur einen arabischen Staat zu haben. Israel sollte verschwinden. Zu jener Zeit waren die Zionisten für zwei Staaten. Heute sieht die Sache anders aus. Die PLO spricht sich offiziell für die Zwei-Staaten-Lösung aus, die auch von den arabischen Staaten unterstützt wird. Shamir dagegen definiert Frieden als eine Lage, in der die Araber Israels Herrschaft über das Westjordanland anerkennen. Die Frage, ob er Frieden will, würde er bejahen. Aber seine Auffassung vom Frieden ist eben, die Gebiete zu behalten.

F.: Können Sie sich vorstellen, daß das Palästina-Problem in einer Föderation zwischen Israel, Palästina und Jordanien auf der Grundlage einer „Pax Semitica" geregelt wird?

A.: Nicht jetzt gleich. Nationen können nicht plötzlich von Feindseligkeit zu einem gemeinsamen Unternehmen wechseln. Wenn es eines Tages den palästinensischen Staat gibt, glaube ich, daß das Wasserproblem und andere Erfordernisse größere ökonomische Einheiten entstehen lassen, daß kooperative Beziehungen in der Wirtschaft nötig werden. Aber das wird erst in der Zukunft aktuell. Zuerst muß man den Palästinensern ihren eigenen Staat zugestehen.

F.: Könnte der Staat Palästina im Westjordanland und Gaza-Streifen nicht für Israel die Brücke zur friedlichen Integration in die Region sein?

A.: Nein, ich glaube nicht, daß Palästinenser eine Brücke zur arabischen Welt bilden. Nötig sind politische Beziehungen. Zudem muß man definieren, ob man „arabische Welt" als kulturellen oder politischen Begriff gebraucht. Die Araber fanden ihren Nationalismus unter dem Einfluß des Deutschen Herder, wonach die Sprache die Völker forme. Andererseits sehen wir in Lateinamerika, daß Menschen dieselbe Sprache sprechen, eine ähnliche Kultur haben und trotzdem politisch getrennt sind. Ich denke, daß zwischen Israel und den arabischen Staaten kein Zwischenglied nötig sein wird. Es müssen nur einfach Beziehungen da sein.

F.: Hat der Golfkrieg neue Möglichkeiten zur Regelung der Konflikte im Nahen Osten eröffnet?

A.: Das ist im Moment noch nicht klar. Ich glaube nicht, daß die Araber und die Juden ihr Problem alleine lösen können. Sie brauchen internationale Hilfe. Den wichtigsten Faktor könnten die Amerikaner abgeben. Ich weiß aber nicht, ob sie das auch wollen. Denn der arabisch-israelische Konflikt ist für sie nicht nur ein außen-, sondern auch ein innenpolitisches Problem, dessen Dimension kann niemand verstehen, der nicht in den USA lebt. Bislang wurde noch nichts gegen den Willen der amerikanischen jüdischen Gemeinschaft durchgesetzt. Sie unterstützt die israelische Regierung, was immer sie auch tun mag. So ist die Lage. Ich habe Probleme mit den amerikanischen Juden. Wenn ich die israelische Regierung kritisiere, sehen sie das als Blasphemie an. Vielleicht üben die arabischen Staaten als Ergebnis des Golfkriegs einen stärkeren Druck auf die USA aus. Die Ägypter könnten etwa fragen: „Wie kann man gegen die irakische Eroberung Kuwaits sein und nicht gegen die israelische Eroberung der besetzten Gebiete"? So vergrößert sich möglicherweise der Druck zu einer Lösung.

F.: Wie steht Yitzhak Schamir zu einer Regelung?

A.: Er wird immer versuchen, über prozeduale Fragen aufzuschieben oder zu vertagen. Schamir begreift, daß wenn es vielleicht eine Lösung gibt, sie Israels Rückzug bedeuten würde. Das wäre ein Bankrott seiner politischen Position. Für ihn ist die Verkleinerung des Landes ein Zusammenbruch der Jabotinski-Schule von Anbeginn an. Er hat eine metaphysische Auffassung. Da ist vielleicht noch ein anderer Faktor. Wenn Israel sich zurückziehen müßte, hätte Schamir die Reaktionen der Siedler zu fürchten. Sie könnten ihm vorwerfen, daß sie im Namen der Führer gesiedelt und schwierige Lebensbedingungen in den Gebieten ertragen hätten. Nun würde man sie zurückrufen, obwohl man ihnen einst ein Versprechen gegeben hätte. Israel wird seine Idee von der Ein-Staat-Lösung erst aufgeben, wenn es eine schwere Kollision mit den USA gibt. Ich weiß nicht, ob die Amerikaner dazu bereit sind. Für die USA ist es auch keine sehr vitale Frage. Baker erklärte, man könne Frieden nicht aufzwingen und alles hänge von den Menschen in der Region ab, ob sie Frieden wollen. Jetzt kann er sagen, die Menschen wollen kein Frieden. Es gibt ein Buch von Richard Haas, dem Mittelost-Experten im Weißen Haus. Er meint, ein Konflikt könne nicht von außen gelöst werden, da er selbst reifen müsse. Wenn die Konfliktparteien leiden, würden sie verstehen, daß sie zu einer Lösung kommen müssen. Von dieser Warte aus kann jemand sagen, die Juden und auch die Araber hätten noch nicht genug gelitten, sollen sie doch weiter leiden.

F.: Welchen Wandel rief die Golfkrise in Nahost hervor, erwarten Sie eine neue Regionalordnung?

A.: Bis jetzt kann ich nicht erkennen, wer diese neue Ordnung schaffen soll. Die Saudis haben kein Interesse daran. Ich weiß nicht, ob es eine neue Ordnung in Kuwait gibt. Bis sich die Dinge wieder geregelt haben, wird es lange Jahre Probleme geben.

F.: Die UdSSR ist nicht mehr der Gegenspieler der USA in der Region. Wie wirkt sich das auf die regionale Politik aus?

A.: Die Position einiger radikaler Staaten, die von der Sowjetunion Hilfe erhielten wie Syrien, wird schwächer. Aber ich glaube, man muß die Sowjets einbeziehen.

F.: In einem Artikel für die Los Angeles Times im Februar diesen Jahres schrieben Sie, daß die PLO mit der Parteinahme für Saddam ihre Positionen untergraben und viele ihrer Errungenschaften negiert habe. Woran dachten Sie dabei?

A.: Die PLO hatte Kontakte mit den Amerikanern und Europäern. Dialog und die Anerkennung durch beide sind dahin. Dennoch glaube ich, die PLO wird ihre Position zurückerlangen. Einfach, weil es keine Alternative zu ihr gibt. Auch wenn es vielleicht einen personellen Wandel in ihr geben wird, sehe ich letztlich keinen Ersatz für sie. Die PLO symbolisiert: Die Palästinenser sind Menschen, die einen eigenen Staat verdient haben. Darin liegt ihre Stärke. Nicht ein einziger Palästinenser wird sich mit weniger zufrieden geben. Daher ist es für mich nicht die Frage, wer die PLO vertritt oder nicht. Ich glaube, wer sich an dieser Frage aufhält, will den Prozeß verzögern. Solche Leute glauben, daß es sich beim arabisch-israelischen Konflikt um einen Zermürbungskrieg handelt, daß die Araber das Feld räumen und daß Israel die besetzten Gebiete für sich behalten kann. Ich sehe keine Alternative zur PLO, was nicht heißt, daß ich sie besonders mag.

F.: Wie kann die PLO ihr Ansehen zurückerlangen?

A.: Zum Beispiel könnte die PLO noch einmal eindeutig unterstreichen, daß sie für die Zwei-Staaten-Lösung ist. Daneben glaube ich, wäre es sehr bedeutsam, wenn sie sich zu Kompromissen bereiterklärte, weil es einige Teile in den besetzten Gebieten gibt, wo es sehr kompliziert werden würde, zum Zustand von 1967 zurückzukehren. Ferner könnte sie Israels Sensibilität in Sicherheitsfragen akzeptieren und sich für Rüstungskontrolle und Entmilitarisierung aussprechen. Sie könnte erklären, daß sie im Falle einer Konföderation mit Jordanien keiner eigenen Armee bedarf. Sie müßte verdeutlichen, was sie will. Ich kenne keine moderaten Palästinenser außerhalb der PLO. Es ist einfach dumm, über PLO oder nicht PLO zu philosophieren.

F.: Welche drei Probleme sind heute am kritischsten für die israelische Regierung?

A.: Erstens das politische Problem, wie sie ein großes Israel behalten kann. Darum will sie alles verzögern. Gerade hatte sie wieder Erfolg dabei, indem sie zwar mit den arabischen Staaten, nicht aber mit der PLO verhandeln will. Das zweite große Problem ist die Aufnahme der russischen Immigranten. Und das dritte die wirtschaftliche Lage.

F.: Kürzlich sagte ein israelischer Professor: „Gerade weil ich ein Zionist bin, glaube ich, daß wir die Gebiete aufgeben müssen. Besser die volle Souveränität über ein kleines Israel als ein Groß-Israel halb“. Was meinen Sie dazu?

A.: Das ist banal. Sie könnten mich auch fragen, was ich über die Sonne denke. Warum? Für andere bedeutet Zionismus, die Westbank zu behalten. Shamir würde sagen, für mich ist es eine metaphysische Frage: Zionismus bedeutet, für die Juden ein großes Land zu haben; nicht ein verkleinertes Land, ein Haus, keine Hütte.

F.: Warum stößt die Formel „Land für Frieden" in Israel auf solchen Widerstand?

A.: Wegen Schamirs Haltung und der Schwäche der moderaten Kräfte. Ich bezweifle übrigens, daß der Professor, der das zu Ihnen gesagt hat, Friedensanhänger ist. Die meisten „Peaceniks" sind es nur aus sozialem Chic. Sie gehen nicht von der Analyse der arabischen Positionen aus, sondern vom Zionismus. Die Araber waren früher für die Ein-Staat-Lösung, die keine Siedlungen gestattete. Jetzt sprechen sich die Araber für die Zwei-Staaten-Lösung aus, zumindest in ihren Erklärungen. Doch weiß ich nicht, was sie denken. Aber das würde mir schon reichen, um mit Verhandlungen zu beginnen. Jedoch geschieht nichts. Daneben sind Israels Fehler nicht politische, sondern metapolitische. Die grundlegenden Denkmuster können eben nicht durch Politiker durchbrochen werden. Als Begin an die Macht kam, konnte die Arbeitspartei nicht gegen ihn kämpfen, weil er die politische Auseinandersetzung in Begriffen jenseits der Logik führte. Er meinte, wir müssen ein großes Land haben. Wie konnte da die Arbeitspartei sagen, wir müssen ein kleines Land haben wegen des Zionismus? Lachhaft! Das soll Zionismus sein? So wurde die Arbeitspartei geschlagen. Die einzigen Menschen, die gegen den Likud hätten kämpfen können, waren die Intellektuellen. Sie hätten gegen das Metaideologische, das Metamythologische auftreten und erklären können, warum man Politik nicht auf Mythologie begründen kann. Aber sie taten es nicht. Ich gab 1986 das Buch „Israel's Fateful Hour" heraus. Es beeinflußte die Araber, nicht die Israelis. Hani al-Hassan schrieb mir in einem Brief: „Wir haben es alle gelesen. Sie haben uns überzeugt, daß Frieden mit Israel möglich ist." Leider sind die Israelis bislang davon noch nicht überzeugt. Bis jetzt ist es das einzige Buch, das diese merkwürdige Position aufzeigt. Aber nicht als gesellschaftlicher Chic, sondern als Idee mit der realistisch einer Likudschen Metaphysik der Boden entzogen werden kann.

F.: Was meinen Sie zu einer UNO-Friedenskonferenz?

A.: Ich habe nichts gegen sie. Aber ich denke, man sollte besser mit den Amerikanern gehen. Es war gut, daß die USA beschlossen, diesen Krieg nicht von sich aus, sondern über die Vereinten Nationen zu führen. Ich hoffe, die UNO wird künftig eine größere Bedeutung haben. Das wird freilich erst sein, wenn die Weltorganisation für ihr Tun mehr verantwortlich ist.

F.: Erwarten Sie, daß die „Vereinigten Staaten von Europa" nach 1992 eine von den USA unabhängigere Rolle in Nahost spielen?

A.: Ich hoffe es. Für die USA und die Welt wäre es nicht gut, gäbe es nur eine Supermacht. Ich hätte gerne die Europäer als die zweite Weltmacht. Dafür müßten sie jedoch noch einiges tun.

F.: War der Golfkrieg denn wirklich unvermeidlich?

A.: Ja, es gab keine andere Möglichkeit. Der Golfkrieg wird einen Demonstrationseffekt für alle kleineren Aggressoren haben. Sie werden angesichts einer möglichen Strafe zweimal überlegen. Ich meine auch, daß er gut war, weil Irak sonst seine starke Armee behalten hätte.

F.: Gewalt kennt viele Formen, politische, ökonomische . . . was ist mit dem Boykott?

A.: Der ist nichts, es gibt ihn nicht. Man kann keinen Boykott machen. Wenn es dabei geblieben wäre, hätte die starke Armee fortexistiert. Ich glaube, daß heute das politische Prinzip, daß man die geographische Aufteilung nicht ändern kann, allgemein anerkannt ist, was früher nicht der Fall war. Es war doch so, daß sich ein Eroberer ein Land unterwarf, die Eroberung legitim war. In der Weltordnung von heute gibt es keine Legitimation für Eroberung mehr.

F.: Wie wird der Nahe Osten im Jahr 2000 aussehen?

A.: Ich hoffe, daß die Region friedlich sein und es Regelungen geben wird. Ich weiß nicht, ob es dazu kommt. Die Amerikaner zögern, eine Regelung anzubahnen. Sie sagen, wir wollen nichts aufzwingen. Wenn sie das aber nicht tun, glaube ich nicht, daß es überhaupt eine Lösung geben wird.

Frieden wird es nicht für Frieden — nur für Land geben

Interview mit Prof. Hisham Sharabi (Washington)

Hisham Sharabi ist Professor für europäische Geistesgeschichte und Omar al-Mukhtar Professor für arabische Kultur am interkulturellen Zentrum der Georgetown University Washington.

Das Interview führten im März 1991 Elke und Wolfgang Schwanitz.

F.: Prof. Sharabi, Sie sind Vorsitzender des Zentrums für Politische Analysen zu Palästina, das hier im September 1990 gebildet wurde. Worin bestehen denn die drei kritischsten Fragen für die Palästinenser heute?

A.: Die erste liegt in der Regierung Israels, die unnachgiebig und extrem rechts ist. Man könnte mit einer Regierung der Arbeitspartei besser zurechtkommen. Obwohl es auch mit ihr Probleme gegeben hätte, ist doch die Position der jetzigen Regierung ganz unnachgiebig. Die zweite Frage betrifft die USA. Meiner Meinung nach sind sie das Haupthindernis für den Frieden. In den letzten zwanzig Jahren, besonders seit Kissinger, halfen sie Israel uneingeschränkt. So haben die Israelis jede Bewegung, jeden Vorschlag der Araber und der Palästinenser zurückgewiesen. Das dritte Problem bilden die arabischen Staaten. Die Tatsache, daß sie gespalten sind und keine gemeinsame Position einnehmen, hat dem Kampf der Palästinenser mächtig geschadet und den Durchbruch für uns sehr kompliziert gemacht.

F.: Gibt es in Washington eine Lobby für die Palästinenser?

A.: Wir können keine Lobbyarbeit machen. Unser Zentrum ist als Bildungseinrichtung registriert. Das heißt, daß wir uns nicht direkt in politischer Lobbyarbeit oder bei der Beeinflussung von

Entscheidungen engagieren dürfen. Unsere Anwälte haben uns darauf hingewiesen, daß wir da sehr vorsichtig zu sein haben. Aber es gibt andere, die sich dahingehend betätigen und denen unsere Aktivitäten wie Symposien bei ihrer Lobbyarbeit helfen.

F.: Mehrfach war davon die Rede, daß an die Konflikte im Nahen Osten zweierlei Maß gelegt wird. Zum einen gab es die heftige Reaktion auf die Okkupation Kuwaits. Zum anderen wird die Okkupation Palästinas mit fehlender Konsequenz behandelt. Worin wurzelt das Doppelmaß historisch und aktuell?

A.: Zweifellos legen die USA zweierlei Maß an, wenn es um Israel und die arabischen Staaten geht. Es ist eine imperialistische Politik, auf deren Grundlage Regimes in der Dritten Welt ihrer politischen und ökonomischen Vormacht unterworfen werden. In dem Moment, wenn die etablierten Regimes in Zentralamerika durch eine Volksbewegung entscheiden, ihre politische Struktur oder ihr ökonomisches System zu verändern, sind die USA zur Stelle, dies zu verhindern. Deshalb helfen sie Regimes, die autoritär sind im Namen des Antikommunismus, der freien Wirtschaft und sogar der Demokratie. Wenn es um die arabischen Staaten geht, legen sie mehr oder weniger dieselben Maßstäbe an. Mit Blick auf Israel ist neben der imperialen Politik auch die Frage des jüdischen politischen Einflusses in den USA zu nennen, des proisraelischen Einflusses im Kongreß. Manche halten das für den Hauptfaktor, ich nicht. Ich denke, daß es sich grundsätzlich um amerikanische Politik handelt, die Staaten wie Israel für ihre eigenen Zwecke ausnutzt. Aber die gegenwärtig sehr starke politische Hilfe für Israel durch einige Kongreßabgeordnete, die von amerikanisch-jüdischen Komitees finanziert werden, macht die Sache schwerer.

F.: 1978 schloß Ägypten mit Israel Frieden und bekam 1982 Sinai zurück. Syrien könnte mit Israel Frieden vereinbaren und eine Regelung zu den Golan-Höhen und zum Einfluß im Libanon erhalten. Sind die Palästinenser in beiden Fällen die Verlierer?

A.: Wenn es dazu kommt, gewiß. Aber ich glaube nicht, daß es so geschieht. Syrien hat immer eine prinzipielle Position zur Palästina-Frage und eine klare Politik verfolgt. Daher meine ich nicht, daß sich die syrische Regierung verkauft, auch wenn sie die Allianz mit den USA eingegangen ist. Ihre Stellung zur Palästina-Frage hat sich nicht verändert.

F.: Das Prinzip „Land für Frieden“ wurde von George Bush für eine Konfliktregulierung in Nahost genannt. Warum wird es in Israel so stark zurückgewiesen?

A.: Weil die gegenwärtige israelische Regierung keine Gebiete aufgeben will. Sie möchte Frieden, aber für Frieden, wie sie es sagt: Ihr gebt uns Frieden, wir geben Euch Frieden, aber keine Gebiete. Sie will das ganze Land behalten. Sie spricht offen über Vertreibung und Transfer. Man stelle sich vor, Tunesien würde über den Transfer seiner Juden reden.

F.: Kürzlich war in der „Washington Post" die Schlagzeile „Bye, bye P.L.O. under Arafat's Leadership". Was meinen Sie zum Versuch, die PLO aus der Konfliktregelung herauszukatapultieren?

A.: Das geht nicht. Die PLO ist nicht Jassir Arafat. Sie ist der Ausdruck der politischen nationalen Rechte des palästinensischen Volkes. Wir sprechen nicht über einen Mann oder eine Menschengruppe, sondern über eine Institution, ohne die das palästinensische Volk seine rechtliche nationale Vertretung verlieren würde und nur ein Volk von Flüchtlingen wäre. Die israelische Regierung besteht darauf, nicht mit der PLO zu reden, weil sie es nicht mit einem Volk mit nationalen Rechten zu tun haben will, sondern mit Flüchtlingen, ortsansässigen Einwohnern. Die einzigen Gesprächspartner, die sie akzeptieren würde, sind die arabischen Staaten. Mit ihnen würden sie übereinkommen, daß jene Flüchtlinge, jene Einwohner diese oder jene Lösung bekommen. Kurzum, die Palästinenser wären ohne die PLO von allem ausgeschlossen.

F.: Die Amerikaner reden kaum über Europa oder Deutschland im Nahost-Friedensprozeß, warum?

A.: Weil die USA nicht wünschen, daß beide irgendeine unabhängige Rolle im Nahen Osten spielen.

F.: Was sagen Sie zu den Differenzen zwischen Mitterrand und Bush über eine internationale UN-Friedenskonferenz?

A.: Immer wenn es bisher Meinungsverschiedenheiten gab, brachten die Franzosen oder Europäer in dieser Sache keine Resolution zustande, sondern unterwarfen sich den Amerikanern. Mitterrand relativierte seine Haltung selbst, indem er später sagte, man müsse jetzt nicht weitermachen und die Konferenz brauche nun nicht stattfinden.

F.: Erwarten Sie eine neue Regionalordnung, wie könnte sie aussehen?

A.: Wenn es eine Regionalordnung gibt, so wird es keine neue, sondern die Wiederauflage der alten, die die USA bestimmen. Das einzig Neue ist, daß die UdSSR nicht mehr die andere Supermacht ist, die ein Gegengewicht zur US-Präsenz bietet, leider.

F.: Wird in der sogenannten neuen Weltordnung ein neues amerikanisches Jahrhundert vorbereitet?

A.: Ich habe meine Zweifel, daß die so bezeichnete amerikanische Ordnung lange währt. Kommt es in der Region zum Ausgleich, zum Frieden, zu Regelungen, so reduziert sich die Rolle der USA auf einfache Dominanz und Ausbeutung des Öls, indem die USA von den eigenen Völkern nicht mehr gewollte feudale Regimes erhält. Doch überall, wo die USA so auftraten, sind sie gescheitert. Das wird auch in der arabischen Welt der Fall sein.

F.: Spielt die UdSSR in Nahost noch eine bedeutende Rolle?

A.: Sie muß einfach Gewicht haben, egal was in ihrem Innern geschieht, weil diese Region Ost- und Zentraleuropa am nächsten liegt und das strategisch wichtigste Gebiet für die nationale Sicherheit der Sowjetunion ist. Wenn sich eines Tages die innere Lage der UdSSR stabilisiert hat und eine starke Zentralregierung da ist wird sie wieder ihrer Rolle gerecht werden.

F.: Könnte die Lösung des Palästina-Problems in einer Föderation zwischen Israel, Palästina und Jordanien liegen, in einer „Pax Semitica", in einem Prozeß, der seinen Ursprung in der Region nimmt und keine „Pax Americana" wird?

A.: Man kann sich das vorstellen. Jedoch nicht unter den heutigen Bedingungen in Israel. Es ist fragmentiert und die Macht liegt in den Händen extremer Gruppen, die noch extremer werden. Ich glaube wirklich nicht, daß man mit ihnen zu einer Übereinkunft kommen kann. Dort muß sich etwas ändern. Und damit sich in Israel etwas ändert, muß sich amerikanische Politik radikal wandeln. Doch das sehe ich nicht kommen. Daher werden wir mehr Konflikte und Kriege haben. So bleibt eine Lösung, wie die von Ihnen erwähnte, utopisch.

F.: Könnte ein palästinensischer Staat nicht eine Brücke für Israel zur friedlichen Integration in die Region sein?

A.: Wenn die Israelis auch nur ein bißchen Gespür dafür hätten, würden sie die Sache genau so sehen. Aber das tun sie nicht. Indes glauben sie, mit einer starken Armee und Atomwaffen in der Allianz mit den USA eine Region beherrschen zu können, in der 200 Millionen Menschen leben. Sie denken, daß sie das für ewig dürfen, aber das geht nicht. Der einzige Weg, um zur guten Nachbarschaft und zum Zusammenleben zu kommen, ist die Integration in die Region. Bis jetzt hat sich Israel jedoch noch nicht entschieden. Der Weg der Gewalt und Abschreckung ließe sich vergleichen mit dem Fall, daß Hongkong versucht, China zu dominieren. Das läßt sich nicht machen.

F.: Wie veränderte der Golfkrieg die Lage der Palästinenser?

A.: Er brachte schwere ökonomische Folgen mit sich. Als sein direktes Ergebnis wurde die reichste palästinensische Gemeinschaft der Welt, die in Kuwait, zerstört. Das wird große wirtschaftliche Wirkungen auf die Palästinenser haben. Politisch drängte er sie in die Defensive. Andererseits veränderte der Krieg Positionen innerhalb des Nahen Ostens, so daß Initiativen wie jene, die wir jetzt in den USA sehen, möglich wurden. Ich persönlich habe wenig Hoffnung. Aber man sollte jeder neuen Situation eine Chance geben und abwarten, was sie bringt. Einiges könnte ja dabei doch herauskommen.

F.: War der Golfkrieg denn wirklich notwendig?

A.: Er war ein abgekartetes Spiel. Ich glaube, daß er von der US-Administration manipuliert war. Sie hätte Kuwait leicht auch ohne Krieg befreien können. Ihr Ziel war aber genau, was sie dann auch tat. Das kommt nun langsam raus. Sie haben die eine Regierung, das eine Land in der arabischen Welt zerstört, das die Machtbalance in der Region bedrohte, indem es Ziele hatte, die nicht die der USA waren, ihnen entgegengesetzt waren, sowohl in ökonomischen, politischen und strategischen Fragen. Deshalb haben die USA es zerstört. Genau wie sie es anderenorts gemacht haben, in Korea, Vietnam ...

F.: Wie sehen Sie persönlich Nahost im Jahr 2000?

A.: Ich versuche, hoffnungsvoll zu sein. Die Wolken am Horizont sind sehr dunkel. Aber in jedermanns Herz scheint die Sonne.

Harald List

Kronprinz Hassan von Jordanien
Staatsmann und Intellektueller

Der jordanische Kronprinz Hassan wurde am 20. März 1947 als dritter Sohn des Talal ibn Abdallah geboren. In der haschemitischen Genealogie steht er als Nachfahre des Propheten an 39. Stelle. Zunächst besuchte er eine jordanische Schule in Amman, dann die traditionsgebundene public school von Harrow, die er im Dezember 1964 abschloß. Der Tradition mag auch sein Besuch der Militärakademie von Sandhurst entsprungen sein. Beides, Harrow wie Sandhurst, hat er übrigens mit seinem Bruder, König Hussein, gemeinsam.

Hassan begann sehr früh, öffentliche Aufgaben zu übernehmen: So begleitete er etwa Hussein im Januar 1964 zum arabischen Gipfeltreffen nach Kairo oder bereitete seines Bruders Besuch in Paris später im selben Jahr vor — er wurde sozusagen für die künftige Aufgabe als Kronprinz „aufgebaut". Da die Verfassung ursprünglich dafür nur direkte Nachkommen des Königs vorsah und Seitenlinien ausschloß, wurde sie geändert. Am 1. April 1965, also wenige Tage nach Erreichen der Volljährigkeit, wurde Hassan zum Kronprinzen ernannt.

Nach Oxford zurückgekehrt, nahm Hassan das Studium der Politologie und der orientalischen Sprachen auf, das er während des Sechs-Tage-Krieges 1967 mit einem „third class degree in Arabic and Hebrew" abschloß — wieweit seine Hebräischkenntnisse sich auf Althebräisch beschränken oder auch Neuhebräisch, also die Sprache des Feindes umfassen, geht aus den Quellen nicht hervor; sie sind jedoch bereits als solche erstaunlich genug.

Mit dem Sechs-Tage-Krieg wurde Hassan insofern konfrontiert, als er, sofort nach Ablegung der Examina nach Amman zurückgekehrt, mit dem Empfang und der Betreuung der Flüchtlinge am Ostufer des Jordan betraut wurde. Bei der „Schlacht von Karama“ am 21. März 1968, einem längeren israelischen Vergeltungsschlag gegen eine PLO-Stellung, die in der gleichnamigen Flüchtlingssiedlung im Jordantal lag, wurde er dem wenige Tage später gebildeten Nationalen Rat hinzugezogen. In Oxford hatte er auch seine künftige Frau kennengelernt, Tharwat Khujista Akhta Banu, Tochter des ersten pakistanischen Außenministers Mohammed Ikramullah. Hassan und die ein Jahr ältere Tharwat vollzogen im August 1968 in Karachi eine traditionelle muslimische Hochzeit.

Während sich der König selbst um Innenpolitik und Armee kümmert, wirkt Hassan im außenpolitischen Bereich unterstützend mit. Sein eigentlicher Tätigkeitsbereich umfaßt jedoch die Entwicklungs- und Bildungspolitik des Staates sowie die globalen politischen Beziehungen (während Hussein sich den bilateralen Beziehungen widmet). In diesem Rahmen gründete Hassan 1970 die „Königliche Wissenschaftliche Gesellschaft“, die seither eine wichtige Rolle im Wissenschaftsbereich wie im Kulturleben des Landes gewonnen hat. 1981 rief er das „Arab Thought Forum“ als „think tank“ zur Erarbeitung neuer politischer, wirtschaftlicher und kultureller Ansätze ins Leben, das er als Präsident leitet. Das ATF lädt zu diesem Zwecke jedes Jahr Wissenschaftler sowie Personen des öffentlichen Lebens aus den arabischen Ländern sowie — als counter-parts — aus anderen Regionen der Welt zu Konferenzen ein.

Einer der Kernsätze der von Hassan getroffenen Aussagen betrifft seine Identität als Araber und Muslim, wobei an und für sich zwischen den islamischen und den national-arabischen Konzepten kein Widerspruch besteht. Trotz eines offensichtlichen Interesses am Dialog zwischen Islam und Christentum ist für Hassan der Islam das „Siegel“ der drei klassischen monotheistischen Religionen und göttlichen Ursprungs. Folgerichtig wurde in Amman eine „Königliche Akademie für Forschungen zur islamischen Kultur“ (Al al-bait Stiftung) gegründet; auch in finanztheoretischen Fragen werden Rückzüge zur frühislamischen Zeit vorgenommen. Doch bedeutet „Islam“ keineswegs engstirnige oder verknöcherte Ansichten, sondern Evolution unter Einbezug der urislamischen Werte. Hassan bedauert den Ausdruck, den die innerislamische Spaltung in Sunna und Schia gegenwärtig annimmt, doch war dem Versuch zum Dialog mit der Schia nach der iranischen Revolution kein Erfolg beschieden.

Doch nicht nur islamische Angelegenheiten sollten koordiniert, sondern auch auf arabischer Ebene ein Konsens gefunden und Res-

sourcen vereinigt werden. Hassan spricht von einem panarabischen Willen, der geeint werden muß, von einer nationalen arabischen Identität und Integration der arabischen Welt. Das Konzept der „Nation“ bezieht sich also nicht auf ein einzelnes Land, sondern auf die Gesamtheit der Araber, deren nationale Unabhängigkeit es zu wahren gilt. Dies erfordert die Erfüllung bereits existierender interarabischer Verträge und Abkommen, konzertierte Aktionen, enge Zusammenarbeit auf den verschiedensten Gebieten wie Wissenschaft, Wirtschaft und Finanzwirtschaft sowie Datenbanken und Sicherheit: Die panarabische Sicherheit ist international, regional wie vom Inneren her bedroht und auf ihrem niedrigsten Stand seit 1973 , wobei die erste Bedrohung auf die Supermächte zurückgeht, die letztere jedoch mit dem Ansteigen des bei der Jugend erheblichen Anklang findenden Fundamentalismus in Verbindung zu bringen ist.
Wenn es „dem gemeinsamen Feind die Stirn zu bieten und arabisches Land, arabische Identität und Religion“ zu verteidigen gilt, so ist dies sowohl allgemein gesagt als auch konkret ein Ausdruck der Befürchtung, die israelische Besetzung Ostjerusalems, der Westbank und des Gazastreifens bedrohe deren Bewohner mit „einer Einverleibung in die israelische Gesellschaft“, wobei dies sich katastrophal und als Gefahr für alle Araber und die arabische Identität auswirken wird. Da die Israelis die Umwandlung der cisjordanischen Araber in eine Minderheit im eigenen Land anstreben, muß deren arabische Identität revitalisiert, stabilisiert und erhalten werden. Das bezieht sich natürlich auch auf die Heilige Stadt. Hassan ist dabei der Meinung, daß sich der Zeitfaktor bisher zugunsten Israels ausgewirkt hat.

Die Interessengemeinschaft zweier nichtarabischer Mächte — Israel und Iran — kommt bei Hassan häufig zur Sprache. Jordanien als Mit-Kernland der arabischen Welt bzw. Nation fühlt sich in die Zange genommen und fremdem Hegemonialstreben ausgesetzt. Nicht weniger bedrohlich stellt sich jedoch der Extremismus der Fundamentalisten dar, für den um soziale Harmonie und Stabilität bemühten gemäßigten Haschemiten offensichtlich ein rotes Tuch. Es ist dabei interessant festzustellen, daß Hassan von einem circulus vitiosus spricht, in den die Extremisten beider Seiten verwickelt sind: sowohl der Israelis wie der Araber. Er spricht geradezu von einer Symbiose der israelischen Territorialansprüche und der Verweigerung der Araber.

Auf arabischer Seite ist die Jugend besonders ansprechbar für den Fundamentalismus: Gerade sie ist anfällig für so hochemotional

Vorgetragenes wie die „Befreiungstheologie". Mit der Übernahme eines vor allem aus Lateinamerika stammenden sehr christlichen Begriffs weist Hassan zugleich auf die nationalreligiöse Komponente des Extremismus/Fundamentalismus in der islamischen Welt hin, der die in der Region herrschende Ordnung zu stürzen auf seine Fahnen geschrieben hat. Gefährlichen Fundamentalismus sieht Hassan bei den Anhängern aller drei klassischen monotheistischen Religionen: Muslimen wie Christen und Juden. Für Hassan ist die fundamentalistische Gefahr so lange akut, als der Nahostkonflikt (i.e. zwischen Israel und den Palästinensern) nicht beseitigt ist.

So steht denn für den jordanischen Kronprinzen das palästinensische Problem als crux und Essenz an oberster Stelle, Kernpunkt des arabisch-israelischen Konflikts, der die politische und wirtschaftliche Entwicklung der Länder des Nahen Ostens seit Jahrzehnten behindert. An der Beseitigung des „Palästina-Syndroms" wird nicht nur die innerarabische Politik genesen; auch die Beziehungen zwischen Abendland und Morgenland werden entgiftet.

Die jordanisch-palästinensischen Beziehungen stellen naturgemäß ein besonders interessantes Kapitel dar, ist doch das Emirat Transjordanien von den Briten durch die erste Teilung des Völkerbundmandatsgebietes Palästina geschaffen worden: Den „Anschluß" der Westbank an das Königreich sieht Hassan 1950 erfolgt als in Ausübung der Selbstbestimmung und des freien Willens. In der jordanischen Haltung treten hier Widersprüche und Unstimmigkeiten auf, die sich mit gegenläufigen Interessenlagen erklären lassen nach dem Motto: Einerseits möchte man sie haben, andererseits ist die Kartoffel zu heiß. Zwar erkennt Jordanien mehr als alle anderen Staaten der Region den palästinensischen Nationalismus an, das volle Recht auf Selbstbestimmung der Palästinenser sowie auf Ausübung der politischen Souveränität im Heim ihrer Ahnen und den Umstand, daß es keinen legalen Anspruch auf cisjordanisches Gebiet hat. Doch kann die PLO vom Königreich nicht verlangen, die Frage eines unabhängigen Staates Palästina zuoberst auf die Tagesordnung zu setzen, zu eng sind die historischen, kulturellen, wirtschaftlichen und politischen Bindungen beider Ufer des Jordans. Auch wenn eine Heimat für vier Millionen wurzelloser, unterdrückter Palästinenser dringend gefunden werden muß, so „erkennt die Mehrheit der Palästinenser und der anderen Araber ..., daß das Recht auf nationale Selbstbestimmung nicht notwendigerweise eine souveräne Existenz im arabischen Palästina meint. In den Besetzten Gebieten und ebenso in Jordanien sind sich die Menschen der lebenswichtigen Bande zwischen beiden Ufern des Jordan nur zu bewußt", schrieb der Kronprinz und Regent.

Bei der Analyse der Aussagen des Kronprinzen fallen zuweilen Bemerkungen auf, in denen von neuen Konzepten die Rede ist, die gefunden werden müssen. Dazu gehört nicht nur Theoretisch-Politologisches, sondern auch der Ruf nach gesunder, realistischer Ausübung der Politik. Stereotypen müssen abgelegt werden, zumal man sich von der Information (für die Hassan eine neue Ordnung anregt) zur Informatik bewegt. Gekoppelt mit dem Schlagwort des Süd-Süd-Dialogs tritt auch der Wunsch nach einer Neuen Internationalen Wirtschaftsordnung auf. Diese neue Ordnung soll den Ländern der Dritten Welt neues Wachstum ermöglichen. Kernpunkt dieses programmatischen Wunsches ist der Technologietransfer, der im Interesse aller Beteiligten liegt, da Wissenschaft, Technologie und die Entwicklung eines Landes eng miteinander verknüpft sind.

Besonderes Gewicht legt Hassan auf Erziehung und Ausbildung sowohl im grundlegenden Bereich als auch bei den höheren Studien, die sich ebenso auf Raumforschung wie andere wissenschaftliche Studien beziehen (Hassan gründete 1970, es wurde eingangs erwähnt, die „Königliche Wissenschaftliche Gesellschaft") als auch auf politologische, soziologische und militärische Untersuchungen, die im Prozeß der Entscheidungsfindung relevant sind. Spezielles Training soll auch der Verwaltung und dem Management zukommen. Verbesserte Managementmethoden sollen es erlauben, Jordanien in ein Singapur des Nahen Ostens zu verwandeln.

1983 gründete Hassan die „Unabhängige Kommission für internationale humanitäre Angelegenheiten", deren Vorsitz er mit Agha Khan teilt. Anregungen dazu hatte er auf einer Sitzung des Roten Kreuzes 1981 gewonnen. Die Kommission bezweckt die Einführung eines internationalen humanitären Systems, wobei die menschliche Dimension in den politischen Entscheidungsprozessen stärker berücksichtigt werden soll.

Hassan stellt sich somit als moderater Politiker dar, der die Akzente auf panarabische Integration und islamische Identität legt, allerdings ohne daß dies in hektische Staatenzusammenschlüsse im Stile nordafrikanischer Revolutionsführer ausartet, der sich des Wertes von Ausbildung und Erziehung bewußt ist, der an sozialer Harmonie, Stabilität, Wachstum sowie einem Ausgleich der ungleichen Beziehungen zwischen dem Okzident und der arabischen Welt interessiert ist, der unter der Voraussetzung eines israelischen Abzuges aus den Besetzten Gebieten zur friedlichen Koexistenz mit Israel bereit zu sein scheint und in seinen Reden hin und wieder einmal sogar einen israelischen Politiker zitiert.

3. Kapitel
Eine Chance für die Marktwirtschaft

Harald Mehner

Wasser: Objekt von Konfrontation und Kooperation

Knappe natürliche Ressourcen

„Wer Allah und seinem Gesandten gehorcht, den führt er ein in Gärten, durcheilt von Bächen, ewig darin zu verweilen; dies ist die große Glückseligkeit". Dieser 17. Vers aus der 4. Sure des Koran zeigt die hohe Wertschätzung, die bereits die ersten Anhänger des Islam vor mehr als 1 300 Jahren dem lebenspendenden Wasser entgegengebracht haben. Angesichts der Tatsache, daß der Gründungsort dieser Religion in einer der regenärmsten Zonen der Erde mit weniger als 100 mm jährlichen Niederschlägen liegt und daß ihr späteres Verbreitungsgebiet weitgehend vom vorderasiatisch-nordafrikanischen Trockengürtel bestimmt wird, hat dieser Vers bis zur Gegenwart seine Bedeutung für die Bevölkerung dieses Raumes behalten.

Wasservorkommen als eine der wichtigsten Grundlagen für menschliches Leben und als einer der wichtigsten Faktoren zur Ernährung der Menschen sind gerade in Trockengebieten immer hart umkämpfte Standorte menschlicher Ansiedlungen gewesen. Waren es zunächst aus Quellen gespeiste Oasen, um die sich nomadische Familienverbände und Stämme bekriegten, so sind später die von Flüssen durchzogenen fruchtbaren Ebenen wie das Zweistromland und das Niltal Ziele arabischer Eroberungsfeldzüge gewesen.

Aufkommen und Verbrauch

Wasser gehört zwar zu den erneuerbaren Rohstoffen, es ist jedoch nicht unbegrenzt verfügbar. Mit wachsender Bevölkerung und steigendem Lebensstandard ist sein Verbrauch in den letzten Jahrzehnten, gerade auch in den vorderasiatischen Ländern, sprunghaft angestiegen. In welchem Umfang diese Steigerung erfolgt ist, zeigen die folgenden Beispiele. In Syrien ist die bewässerte landwirtschaftliche Fläche von 451 000 ha auf 654 000 ha und damit auf anteilige 15 % des gesamten Ackerlandes erweitert worden. Die restlichen 85 % sind Regenfeldbaugebiete oder Dauerkulturen. Der Wasserverbrauch für die bewässerten Kulturen mußte von 5,637 Mrd. m^3 auf 8,175 Mrd. m^3, also um 47 % erhöht werden. In Jordanien stieg das bewässerte Areal von 34 000 ha auf 45 000 ha und damit auf anteilige 11,3 % an der landwirtschaftlichen Nutzfläche. Der Wasserbedarf dafür stieg von 425 Mio. m^3 auf 612,5 Mio. m^3 und damit um 31 %. Der Irak hat seine Nutzfläche von 1,48 Mio. ha auf 1,75 Mio. ha und damit anteilige 33 % gesteigert, während sich der Wasserbedarf von 18,5 Mrd. m^3 auf 21,87 Mrd. m^3, also um 18,2 % erhöht hat. Nach der Entdeckung umfangreicher unterirdischer fossiler Wasservorkommen konnte Saudi-Arabien seine Bewässerungsfläche in den vergangenen Jahren ganz wesentlich um 63 %, von 365 000 ha auf 595 000 ha, erweitern, während die dafür notwendige Wasserzufuhr von 4,56 Mrd. m^3 auf 7,43 Mrd. m^3, also um 90 %, gesteigert werden mußte.

Über den gesamten Wasserhaushalt eines Landes in dieser Region liegen ägyptische Daten, über seine Verteilung saudi-arabische und israelische Zahlen vor. Im Durchschnitt der vergangenen Jahre standen in Ägypten jährlich 68,2 Mrd. m^3 Wasser zur Verfügung, von denen der Nil 55,5 Mrd. m^3, sonstiges Oberflächenwasser, einschließlich des Wassers aus den offenen Drainagesystemen und der Niederschläge bis zů jährlich 180 mm in den Küstenregionen am Mittelmeer 12,2 Mrd. m^3 und schließlich Quellen und Pumpen aus dem Grundwasser 500 Mio. m^3 lieferten. In Israel sind ebenfalls im Durchschnitt der vergangenen Jahre jährlich 6 Mrd. m^3 Niederschläge gefallen, zu denen noch 4 Mrd. m^3 ober- und unterirdische Zuflüsse aus den Nachbarländern gekommen sind. Durch direkte Evaporation oder indirekte über die Pflanzen sind 60-70 % des gesamten Wasseranfalls und weitere 5 % durch Abfluß in das Mittelmeer, das Rote Meer und das Tote Meer verlorengegangen. Auch von dem restlichen Wasser ist ein erheblicher Teil durch unterirdische Drains in die Salzmeere gelangt.

Von den ca. 2 Mrd. m^3 verbliebener Wasservorräte werden 1 100 Mio. m^3 durch Quellen und Brunnen aus dem Grundwasserhorizont, mehr als 400 Mio. m^3 aus dem Jordan, 215 Mio. m^3 aus dem Yarmuk und mehr als 200 Mio. m^3 durch kleinere Staudämme in den Wadis (in die Landschaft eingeschnittenes trockenes Fluß- oder Bachbett, das nur kurzfristig bei heftigen Niederschlägen Wasser führt) sowie durch die Aufbereitung von Brauchwasser gewonnen. Verbraucher dieser Wasser waren zu 75 % die Landwirtschaft, zu 23 % kommunale und hauswirtschaftliche Verbraucher sowie zu den restlichen 7 % Gewerbe und Industrie. Für Saudi-Arabien wurde der jährliche Wasserverbrauch 1990 auf 11 Mrd. m^3 geschätzt, von denen die Landwirtschaft 80 % in Anspruch genommen haben dürfte. Abhängig vom Grad der Industrialisierung und der Höhe des Lebensstandards dürfte jedoch die Verteilung des Wasserverbrauchs auf die einzelnen Wirtschaftssektoren in den übrigen Ländern der Region dem obigen Schlüssel in etwa entsprechen.

Energiegewinnung

Das Wasser ist in der vorderasiatischen-nordafrikanischen Trockenzone der wichtigste Faktor für die landwirtschaftliche Produktion, gleichzeitig ist es als Erzeuger elektrischer Energie in vier Ländern der Region von erheblicher wirtschaftlicher Bedeutung. Von insgesamt ca. 40 Mrd. kWh lieferten die Turbinen des Hochdammes von Assuan 1990 ca. 30 %. Kurz nach der Eröffnung des Dammes 1972 war das Wasserkraftwerk Assuan noch mit 60 % am Gesamtenergieaufkommen Ägyptens beteiligt. Auch in Syrien erzeugten Wasserkraftwerke, insbesondere die Turbinen des Euphrat-Dammes, 1990 mit 2 045 Mio. kWh 20 % der Gesamtelektrizität. 1972 betrug dieser Anteil noch 77,5 %. Vor den kriegerischen Ereignissen im Irak betrug dort 1985, nach der letzten verfügbaren Jahresstatistik, die Jahreserzeugung 18,11 Mio. kWh, von denen 610 Mio. kWh aus Wasserkraftwerken kamen. Schließlich sei noch der Sudan erwähnt, wo — bei einer relativ niedrigen Elektrizitätsgewinnung — ca. 1 000 Mio. kWh je zur Hälfte aus Wärme und Wasserkraftwerken gewonnen werden.

Die Wasservorkommen der Region entstehen vorwiegend aus Niederschlägen, die besonders in den angrenzenden Küstengebieten und Gebirgen 1 000 mm und mehr erreichen können. Sie nehmen ihren Weg in die Ebenen fast ausschließlich oberirdisch und folgen dabei nicht nationalen Grenzen. Angesichts der steigenden Nachfrage nach diesem lebenswichtigen Produktionsfaktor für die Landwirtschaft und die Elektrizitätsgewinnung mußte es zwangsläufig zu

Konflikten und Streitigkeiten zwischen den Staaten kommen, durch deren Gebiet die oberirdischen Wasserläufe, gelegentlich aber auch unterirdische Aquafere fließen.

Bereits kurz nach der Gründung des Staates Israel gab es den ersten Konflikt um die Verteilung des Wassers zwischen Israel und Jordanien wegen der Nutzung des Wassers aus dem damaligen Grenzfluß Jordan und der Aufteilung des Yarmuk-Wassers. Dem Einsatz der USA war es zu verdanken, daß damals eine Eskalation ausblieb. Zunächst ermöglichten die USA Jordanien durch eine umfangreiche Finanzhilfe den Ausbau eines großen Bewässerungssystems, des East-Ghor-Kanals, um dann später bei der Verteilung des Yarmuk-Wassers die Rolle des Schiedsrichters zu übernehmen.

Zwischenstaatliche Konflikte

Nach den ergebnislosen Verhandlungen bei der „Internationalen Wasserkonferenz" von La Plata im Jahre 1977 erklärte Äthiopien, daß es das unveräußerliche Recht eines jeden Anliegerstaates an einem Flußlauf sei, einseitig die Entwicklung der Wasservorkommen innerhalb der nationalen Grenzen vorzunehmen, soweit es an einem entsprechenden internationalen Abkommen fehlt. Für Ägypten stellt sich damit die „Frage der nationalen Sicherheit". Man kann davon ausgehen, daß Ägypten bereits in naher Zukunft auf die Wasserreserven des Tana-Sees in Äthiopien sowie der Seen am Viktoria-Nil in Uganda angewiesen sein könnte, da die Vorräte im Nasser-See hinter dem Assuan-Hochdamm für den Bedarf Ägyptens nicht mehr ausreichen werden.

Konfliktstoff zwischen Syrien und dem Irak enthielt der Bau des Euphrat-Staudammes Anfang der siebziger Jahre. Der Anstau des Asad-Sees führte zu einem geringeren Wasserzufluß, insbesondere für die irakischen Reisbauern am Unterlauf des Euphrat und damit zu erheblichen Anbaubeschränkungen und Ernteeinbußen. Ähnliche Spannungen zwischen Syrien und der Türkei brachte der Bau des Atatürk-Staudammes am Oberlauf des Euphrat, mit dessen Stauwasser 730 000 ha bewässert und 8,1 Mrd. kWh erzeugt werden sollen.

Wenn dieser Streit über eine Wassernutzung und -verteilung bisher zu größeren Konflikten noch gar zu kriegerischen Auseinandersetzungen geführt hat, so sind zwei Ursachen dafür verantwortlich. Zum einen ist die Überstaubewässerung, wie sie in den Bewässerungssystemen der großen Flüsse der Region angewandt wurde und weitgehend auch noch wird, von hoher Wasserverschwendung gekennzeichnet. Einer Verringerung der Wassermenge konnte man durch Sparmaßnahmen bei der Wasserzuteilung und durch die Anwendung wassersparender moderner Technologien begegnen. Zum anderen überlagerten die politischen Querelen zwischen den beteiligten Staaten die „Wasserkonflikte". Darüber hinaus haben die Verhandlungspartner bei diesen Konflikten mehr Realitätssinn und Sachverstand gezeigt als ihre Kollegen bei der Behandlung politischer Spannungen.

Auch in Zukunft dürfte es für alle Konflikte um die Wasserzufuhr und -verteilung in der Region, sofern daran mehrere Staaten beteiligt sind, zufriedenstellende Lösungen geben. Derartige Vereinbarungen könnten auch Anlaß sein, nach friedlichen Lösungen politischer Konflikte zu suchen, da die gemeinsame Nutzung der regionalen Wasservorkommen zur Steigerung der landwirtschaftlichen Produktion und zur Energiegewinnung eine entscheidende Voraussetzung für die wirtschaftliche Entwicklung der beteiligten Staaten ist. Außerdem sind für eine erfolgreiche Anwendung moderner Technologien zur Wassergewinnung und -nutzung, wie z. B. die Entsalzung des Meerwassers, die Beregnung oder Tröpfchenbewässerung von landwirtschaftlichen Kulturen oder die Nutzbarmachung von Brauchwasser, internationale Zusammenarbeit und Erfahrungsaustausch wichtige Voraussetzungen. Dies wiederum kann auch die Bereitschaft zur politischen Kooperation fördern.

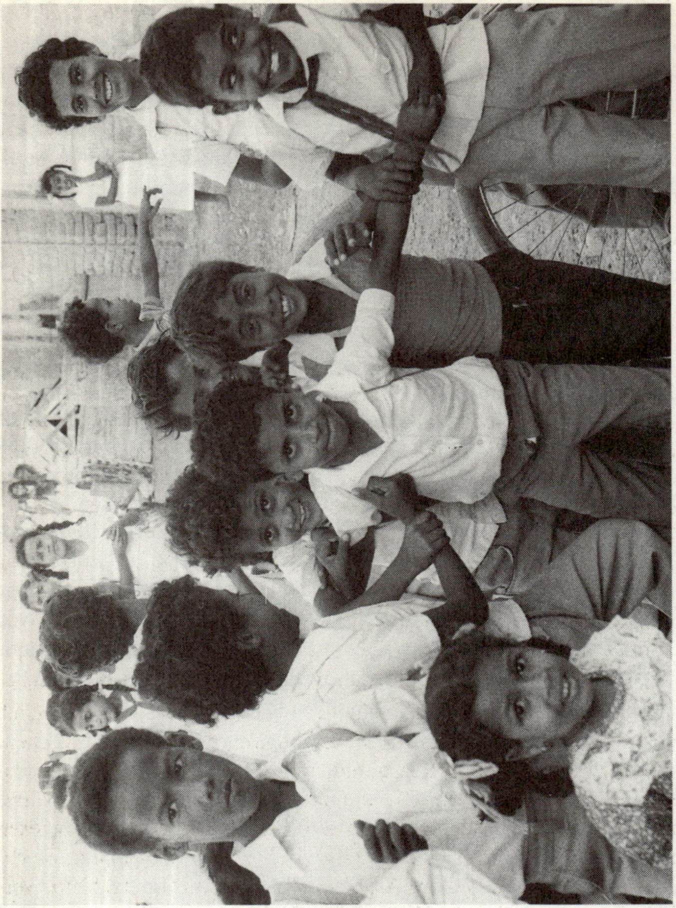

Solange Kinderreichtum nicht nur Faktor privatwirtschaftlicher, sondern nationaler Stärke ist, wird sich das Bevölkerungswachstum im Nahen Osten nicht bremsen lassen.

Dieter Müller-Wodarg

Ohne Frieden keine Selbstversorgung

Kann sich der Nahe Osten selbst ernähren?

Diese Frage ist nicht mit einem Satz zu beantworten — umfassen doch die Länder des Nahen Ostens Wüsten und fruchtbare Täler, ärmste Landstriche und reiche Ölprovinzen; gemeinsam ist ihnen der Klimagürtel, zumindest in der Ost-Westrichtung und vor allem die Religion und Sprache, von Israel abgesehen. Das religiöse Band hat jedoch kriegerische Auseinandersetzungen bis in die jüngste Zeit, die neben Dürreperioden die Hauptursache von Hungersnöten sind, nicht verhindern können, wie die Beispiele des Irak, Sudans und Somalias (und Äthiopiens) zeigen.

Auch wenn hier nicht auf jedes Land der Region eingegangen werden kann, müssen wir die Ernährungsfrage differenzierter betrachten. Generell mag man unterscheiden zwischen a) Ländern, die sich aus eigener landwirtschaftlicher Erzeugung ernähren, b) solchen, die es mit Hilfe anderer Ressourcen wie den Erlösen von Exportprodukten (Industriegütern, Öl) können und c) denen, die über beides nicht hinreichend verfügen und auf Hilfe von außen angewiesen sind. Natürlich gibt es Übergänge zwischen diesen Gruppen. Zu berücksichtigen sind weitere Aspekte wie die Einwohnerzahl im Verhältnis zur landwirtschaftlichen Nutzfläche, das jährliche Wachstum der Bevölkerung sowie die Ausweitung der landwirtschaftlichen Erzeugung, horizontal (durch Ausdehnung der Ackerfläche) und vertikal (durch verbessertes Saatgut, optimale Düngung, Schädlingsbekämpfung, verlustloseres Ernten, Lagern und Verteilen).

Von Interesse ist auch, was das einzelne Land mit Erfindergeist, Technik und Geld zur Sicherung seiner Ernährung getan hat und tun kann. Die Leistungen, die auf diesem Gebiet etwa Israel und Saudi-Arabien auf verschiedene Weise erzielt haben, sind erstaunlich. Ferner gilt es, die Grenzen zu erkennen, deren Überschreitung das ökologische Gleichgewicht stören könnte, wie bei der Entnahme von Grundwasser, zunehmender Versalzung des Bodens, der Abgrasung der Savannen sowie der Abholzung von Wäldern. Schließlich spielt die Entwicklungshilfe auf dem Gebiet der Landwirtschaft eine wichtige Rolle und kann wesentlich zur Steigerung der Agrarproduktion beitragen.

Große regionale Unterschiede

Die Frage nach der Selbsternährung stellt sich am deutlichsten beim bevölkerungsreichsten Land des Nahen Ostens, Ägypten, mit 56 Mio. Einwohnern und einer jährlichen Bevölkerungszunahme von über 1 Mio. Menschen. Sein kulturfähiger Boden auf beiden Seiten des Nils umfaßt nur 5 % der Landesfläche. Die Landwirtschaft ist in Ägypten seit pharaonischer Zeit hoch entwickelt und langfristig erfolgreich gewesen. In den letzten 13 Jahrhunderten ist sie schon häufig vernachlässigt worden. Die seit dem 19. Jahrhundert gebauten Staudämme ermöglichen eine längere und gleichmäßigere Wasserzufuhr und führten zu einer Erweiterung der Anbaufläche mit 2 bis 3 Ernten pro Jahr. Der 1960-1971 gebaute Hochdamm von Assuan vergrößerte noch diese Vorteile. Er lagert jedoch einen großen Teil der für die Düngung wertvollen Schlammsedimente oberhalb des Staudammes ab, so daß er dem Ackerland verlorengeht. Immer noch fließen jährlich 6 Mrd. m^3 Süßwasser ungenutzt ins Mittelmeer.

Ägypten, einst ein Weizen-Exportland, deckt heute seinen Getreidebedarf nur noch zu 25 % aus dem Lande — ein erschreckend geringer Anteil der Selbstversorgung. Welche Einnahmen hat nun das Land, um außer durch Exporte (u.a. von Baumwolle) die Getreideeinfuhren finanzieren zu können. Dies sind a) eine eigene Ölförderung (die zumindest den Eigenbedarf deckt), b) die Suez-Kanalgebühren, c) die Transferzahlungen der ägyptischen Gastarbeiter in den arabischen Ölländern und d) die Einnahmen aus dem Fremdenverkehr. Diese Sondereinnahmen sind infolge des letzten Golfkrieges stark zurückgegangen, dürften aber wieder zunehmen. Die ägyptische Außenbilanz wird jedoch von Jahr zu Jahr mehr durch den Schuldendienst belastet. Für dieses Land kann daher nur gesagt werden, daß es heute seine stark wachsende Bevölkerung nur mittels erheblicher Getreideeinfuhren ernähren kann. Dabei ist zu hoffen, daß zu deren Finanzierung die fortschreitende Industrialisierung (mit zunehmenden Exporterlösen) sowie die genannten Sondereinnahmen, ferner Schuldenerlasse, Umschuldungen und eine mäßige Neuverschuldung beitragen. Die vertikalen Verbesserungsmöglichkeiten im Agrarbereich sollten vor allem der Veredlung, dem Anbau von Obst und Gemüse zugute kommen. Wünschenswert wären auch Erfolge in der Familienplanung.

Einige weitere Nahostländer seien kurz betrachtet: Im Sudan behindert der seit 1983 andauernde Bürgerkrieg zwischen dem islamischen Norden und dem heidnischen Süden jede wirtschaftliche Entwicklung des stark verschuldeten Landes. In weiten Teilen werden Ackerbau und Viehzucht betrieben. Die Industrie ist noch wenig entwickelt. Gelingt es, den Frieden wieder herzustellen, müßte der weitere Ausbau der Landwirtschaft (und die forstliche Nutzung des Südens) die Basis dafür schaffen, daß sich der Sudan (mit derzeit 26 Mio. Einwohnern) längerfristig selbst ernähren kann. Eine erfolgreiche Ölförderung im Südwesten wäre eine wünschenswerte Starthilfe.

Einer gänzlich anderen Ausgangslage begegnen wir in Israel (4,7 Mio. Einwohner), dessen Bodenfläche nur zu 20 % landwirtschaftlich genutzt wird. In nördlichen Teilen wachsen Weizen und Baumwolle. Wasserleitungen führen vom See Genezareth in die Negev-Wüste und tragen dort, im Gebiet der Wüstenfarmen (Kibbuzim und Moshavim), zur Versorgung mit Wasser bei, das auch aus Brunnen gepumpt wird. Sowohl die Bewässerung als auch der Anbau von Obst, Gemüse und Blumen geschehen nach modernsten technischen Verfahren. Gleiches gilt für Ernte, Lagerung und Versand mit hohem Exportanteil nach Europa. Obwohl die teure Meerwasserentsalzung schon angewendet wird, bleibt die langfristige Erhaltung der Wasserzufuhr eines der Hauptprobleme.

Die Entwicklung landwirtschaftlicher Produktion aus dem Wüstenboden geschieht in Saudi-Arabien noch ausschließlicher als in Israel, und zwar mittels der Einkünfte aus dem Öl-Export, mit ausländischen Beratern und ausländischen Arbeitskräften. Der größte Teil des Wassers stammt aus Meerwasser-Entsalzungsanlagen, die nicht nur die Bewässerung von Gartenkulturen nach modernen Methoden, sondern auch eine extensiv betriebene Landwirtschaft, v.a. den Weizenanbau, ermöglichen.

Der Irak besteht größtenteils aus Wüste und Steppe sowie zu 25 % aus fruchtbaren Ländereien mit einem weitverzweigten Bewässerungssystem, wo Weizen und Gerste die Hauptkulturen bilden. Während ein Teil mit Obst und Gemüse intensiv genutzt wird, gibt es im

Getreideanbau noch Möglichkeiten der Produktionssteigerung. Von herausragender wirtschaftlicher Bedeutung wurde das seit 1927 geförderte Öl. Die trotz hoher Devisenerlöse bestehende starke Verschuldung ist die Folge jahrelanger Kriege und der Unterhaltung einer starken Armee.

Syrien, obwohl auch Wüstengebiete umfassend, wird durch Winterregen (v.a. in der westlichen Mittelmeer-Region) und fruchtbare Flußtäler mit Bewässerungsfeldbau begünstigt. Die Kultivierung von Ödland und Steppen führte zur Ausdehnung der Ackerfläche, wo u.a. Weizen, Gerste, Baumwolle und Melonen gedeihen. Im Nordosten des Landes wird Öl gefördert, von wo eine Pipeline zum Mittelmeer führt. Mit seiner gut entwickelten Landwirtschaft, zusätzlichen Öl-Einnahmen und Gastarbeiter-Überweisungen müßte Syrien auch in Zukunft seine über 13 Mio. Einwohner ernähren können.

Voraussetzung: Frieden

So läßt sich der Schluß ziehen, daß die meisten Länder dieser Region in der Lage sind, sich selbst zu ernähren — sei es aus eigener Scholle oder im Güteraustausch. Am schwierigsten ist dies wohl in Ägypten mit seinem hohen Bevölkerungswachstum. Wichtigste Voraussetzung, daß sich der Nahe Osten selbst ernähren kann, bleibt allerdings ein Verzicht auf kriegerische Auseinandersetzungen.

Gad Gilbar

Bevölkerungswachstum und Bevölkerungspolitik

Als Napoleons Truppen im Jahre 1798 in Ägypten landeten, hatte Frankreich ungefähr 29 Mio. Einwohner. Die Einwohnerzahl Ägyptens im gleichen Jahr lag bei etwa 4 Mio., diejenige Syriens (einschließlich des Libanon) bei etwa einer Mio., und die des Irak bei etwa 1,3 Mio. Im Jahre 1988 belief sich die Einwohnerzahl Frankreichs auf etwa 56 Mio., diejenige Ägyptens auf etwa 53 Mio., diejenige Syriens auf 11 und die des Irak auf 16 Mio. Allein diese Zahlen veranschaulichen die bemerkenswerte demographische Entwicklung im Nahen Osten. In weniger als zwei Jahrhunderten hat sich die Bevölkerung in Ländern wie Ägypten und dem Irak um das zwölf- oder dreizehnfache vermehrt. Die Vermehrung in den anderen Ländern des Nahen Ostens war nicht ganz so groß, aber noch immer beträchtlich. Die gesamte Bevölkerung der Länder des Nahen Ostens wurde Mitte des Jahres 1991 auf 277 Mio. geschätzt.

In den meisten Ländern des Nahen Ostens wächst die Bevölkerung in schnellem Tempo weiter, zeitweilig in einem Tempo, wie es in der Neuzeit noch niemals beobachtet werden konnte. Nach Berechnungen der Demographen wird der Nahe Osten im Jahre 2000 eines der am dichtesten besiedelten Gebiete der Erde sein, mit 99 Mio. Einwohnern in Ägypten und im Sudan (insgesamt), 71 Mio. in Iran, 68 Mio. in der Türkei und zusammen 44 Mio. im Irak und in Syrien. Das Phänomen der rapiden Bevölkerungsvermehrung ist auch an den Bewohnern Palästinas nicht spurlos vorübergegangen. Die Gesamtzahl der Palästinenser, d.h. derjenigen, die 1947 innerhalb der Grenzen Palästinas lebten und deren Nachkommen, wird für das Jahr 1990 auf 5 Mio. geschätzt.

Hohe Zuwachsraten

Eine Bevölkerungsvermehrung diesen Ausmaßes ist nicht ein Phänomen, das nur auf den Nahen Osten beschränkt ist. Es hat es auch im 19. und 20. Jahrhundert in anderen Ländern Asiens und Afrikas gegeben. Mitte des 19. Jahrhunderts betrug die durchschnittliche jährliche Zuwachsrate in den meisten Ländern des Nahen Ostens 0,5 Prozent und zur Zeit der Jahrhundertwende etwa 1,0 Prozent.

Im 20. Jahrhundert stieg die Zuwachsrate dann stetig, bis sie in den letzten Jahrzehnten in den meisten Ländern der Region die Größenordnung von 2,5-3 Prozent jährlich erreichte. Die natürliche Bevölkerungszuwachsrate, die in den 60er Jahren bei den israelischen Arabern registriert wurde, war mit 4 Prozent jährlich die höchste im Nahen Osten und eine der höchsten der Welt.

Fallende Sterbeziffern

Es liegt nahe, die Bevölkerungsvermehrung einem Anstieg der Geburtenziffern zuzuschreiben. Das ist jedoch ein Trugschluß. Die „Demographische Revolution" ist vor allen Dingen das Resultat der revolutionären Entwicklung der Sterbeziffern. Sie glichen sich im Verlauf von zwei Jahrhunderten ungefähr den entsprechenden Zahlen der meisten hochentwickelten Länder Westeuropas und der USA an (7-8 pro Tsd. Einwohner).

Die Hauptursache für den Rückgang der Sterbeziffern liegt in der Beherrschung der Seuchenzüge begründet, die diesen Himmelsstrich regelmäßig heimgesucht hatten. Seit Beginn des 19. Jahrhunderts gab es in Anatolien, in den Ländern des Fruchtbaren Halbmondes und in Ägypten die schweren Seuchen (Pest, Cholera, usw.) nicht mehr. Ebenso traten Hungersnöte nicht mehr auf. Nicht so in Iran. Dort litt die Bevölkerung besonders in den südlichen und östlichen Provinzen in den Jahren 1869-71 unter schweren Hungersnöten, die von Seuchen begleitet waren. Die Zahl der Todesopfer der Epidemien sowie der Hungersnöte wird auf eine halbe bis eineinhalb Millionen geschätzt.

Der Rückgang der Mortalität seit Ende des 19. Jahrhunderts ist auch ein Erfolg der erheblichen qualitativen und quantitativen Verbesserung der medizinischen Versorgung: Eröffnung von Hospitälern und Kliniken, Ausbildung lokaler Ärzte in moderner Medizin, Niederlassung von Ärzten und medizinischen Hilfskräften aus dem Westen sowie Verwendung von Medikamenten und Apparaten aus Europa. Die Verbesserung der hygienischen Verhältnisse und die Einführung von Präventivmaßnahmen (wie Quarantäne) haben die Mortalitätsrate ebenso heruntergedrückt wie eine ausgeglichene Ernährung, die ein höherer Lebensstandard ermöglichte.

Unverändert hohe Geburtenziffern

Während die Sterbeziffern kontinuierlich fielen, blieb die Geburtenziffer nahezu unverändert. Der Wunsch nach einer maximalen Kinderschar hielt die Geburtenziffern im 19. und 20. Jahrhundert konstant hoch, nämlich um 45 pro Tsd. Einwohner. Die steigende natürliche Bevölkerungszunahme ist demnach ein Ausdruck der sich ständig erweiternden Differenz zwischen der Geburten- und der Sterbeziffer. Die Differenz zwischen den beiden Ziffern erreichte nach dem Zweiten Weltkrieg 25-30 per tausend und nicht selten sogar mehr.

Das „Verhalten" der Geburtenzahl — ihr Verharren auf hohem Niveau über lange Perioden hinweg — mag überraschen, wenn man davon ausgeht, daß sich die Entwicklung im Nahen Osten in ähnlichen Bahnen vollziehen würde wie in den Ländern Zentral- und Westeuropas. Als dort die Sterbeziffern sanken, kam es wenige Generationen danach auch zum Absinken der Geburtenziffern.

Verwestlichungsprozesse

Wesentlichen Einfluß auf die Geburtenfreudigkeit haben das Heiratsalter sowie Einkommen und Ausbildung der Gatten. Mit dem Bildungsgrad der Frauen selbst scheint sich ein neuer überraschender Faktor abzuzeichnen. Studien haben ergeben, daß die Fruchtbarkeitsrate in hohem Maße vom Bildungsgrad der Frau abhängig ist. Frauen mit Mittel- oder Hochschulbildung haben weniger Kinder als Frauen mit niedriger Schulbildung.

Es ist daher davon auszugehen, daß das Bevölkerungswachstum weitgehend das Resultat eines Verwestlichungsprozesses ist. Die Bewohner der Region haben westliche Fortschritte in der Medizin relativ reibungslos und offenkundig erfolgreich aufgegriffen. Diese Fortschritte verlangten kein normatives Umdenken. Die Einstellung diesen Neuerungen gegenüber war die gleiche wie die zu anderen „technischen" Neuerungen, die aus dem Westen kamen und gerne akzeptiert wurden.

Die Revolution des Gesundheitswesens, ausgedrückt im rapiden Fall der Mortalität, beweist die problemlose Adaptionsfähigkeit der östlichen Gesellschaft für westliche Zivilisationsnormen.

Alte Denkweisen und nationales Prestige

Im Gegensatz dazu steht die Entwicklung der Geburtenrate. Hier änderte sich so gut wie nichts. Hier waren westlichen Einflüssen Grenzen gesetzt. Um diesen zum Erfolg zu verhelfen, wären Änderungen der Denkungsweise, normative Veränderungen, nötig gewesen. Voraussetzung dafür wäre die Aufgabe traditioneller Vorstellungen und Werte, welche die soziale Stellung der Frau oder die Rolle des Kindes in der wirtschaftlichen und sozialen Struktur der Gesellschaft bestimmen. Bereitwilligkeit, die volle ökonomische und soziale Gleichberechtigung der Frau anzuerkennen, erfordert in der muslimischen Gesellschaft eine weit größere liberale Aufgeschlossenheit als die bloße Annahme medizinischer oder hygienischer Neuerungen wie Pockenschutzimpfung oder die Ausrottung von seuchenverbreitendem Ungeziefer.

Ein Zuwachs von 1-1,5 Mio. Seelen jährlich seit 1980 in Ägypten, in der Türkei und in Iran und von hunderttausenden in anderen Ländern muß dort unzählige wirtschaftliche und soziale Probleme aufwerfen. Trotzdem ist bekannt, daß in den letzten Dekaden des 20. Jahrhunderts die herrschenden Eliten mancher Länder im Nahen Osten einem hohen Bevölkerungszuwachs sehr positiv gegenüberstehen. Das ist in Saudi-Arabien, in Kuwait, Libyen, Iran, dem Irak, Syrien und in Jordanien der Fall. Die Politik in einigen von diesen Staaten — vor allem Iran (bis zum Ende des Krieges mit dem Irak 1988) und dem Irak — zielt ausdrücklich auf Ermutigung der Zeugungsfreudigkeit hin.

Diese Einstellung geht davon aus, daß eine zahlreiche Bevölkerung ein wichtiger Faktor nationaler Stärke ist. Bis fast zur Mitte dieses Jahrhunderts hatte diese Auffassung auch im Westen weitgehend Gültigkeit. Bisweilen plädieren auch rein praktische Gründe für größeren Kindersegen. Die Herrscher Arabiens ringen mit dem Problem der geringen Zahl der eigenen Stammesbevölkerung in ihren Wüstenländern, ein Problem, das besonders seit der Ölpreisexplosion 1973/74 akut geworden ist. Sie beobachten mit Sorge die große Zahl von Fremdarbeitern in ihren Ländern. In Iran und im Irak war die Ermutigung des Kindersegens vor dem Hintergrund des achtjährigen blutigen Krieges zwischen beiden Ländern zu verstehen. Die Führer der PLO messen der raschen Vermehrung der palästinensischen Bevölkerung im Hinblick auf ihren Konflikt mit Israel besondere Bedeutung bei.

Ansätze von Bevölkerungspolitik

In den volkreichen Ländern Ägypten, Türkei und Sudan, die keine Ölexporteure sind, betrachten dagegen die Regierungen, vor allem der beiden erstgenannten, eine starke natürliche Bevölkerungsvermehrung als eine unerwünschte Entwicklung, die Wachstum und Modernisierung durch den rapiden Zuwachs an Menschen hemmt und blockiert.

Ein erheblicher Anteil der zur Verfügung stehenden Ressourcen muß für Nahrungsmittel, Bekleidung, Wohnraum, Schulen usw. abgezweigt werden, um für die dringendsten Bedürfnisse der in jedem Jahr neu hinzukommenden Millionen zu sorgen.

Die Wirtschaft eines Landes wie die Ägyptens oder des Sudan mit einer realen Zuwachsrate von ca. 3 % jährlich zeigt kein wirkliches Wachstum, wenn das Bruttosozialprodukt pro Einwohner zu Grunde gelegt wird, denn die zusätzliche Erzeugung wird von der Bevölkerungsvermehrung „absorbiert“. Besonders negativ wirkten sich die hohen natürlichen Zuwachsraten der Bevölkerung in Ägypten während des Nasser-Regimes aus. Die durchschnittliche jährliche Wachstumsrate des Bruttoinlandproduktes in den Jahren 1960-65 (1. Fünfjahresplan) erreichte 6 %, aber nach Berücksichtigung der Bevölkerungszunahme stieg das Pro-Kopf-Einkommen nur um 3,5 %. Das reichte nicht aus, um eine grundlegende Verbesserung der Volkswohlfahrt herbeizuführen.

Seit den 50er Jahren begannen die Regierungen Ägyptens, der Türkei und Irans sich in steigendem Maße der Folgen der rapiden Bevölkerungszunahme bewußt zu werden. Als eine der ersten Maßnahmen zur Verlangsamung des Bevölkerungswachstums wurde eine

Politik der Geburtenkontrolle in die Wege geleitet. Man richtete Zentren für Familienplanung ein und verteilte Empfängnisverhütungsmittel und Aufklärungsmaterial. Sowohl in Iran (bis 1978) wie auch in Ägypten waren die Erfolge gering. In beiden Ländern gelang es der Regierung nicht, den Widerstand weiter Kreise der Bevölkerung gegen die Benutzung von Verhütungsmitteln zu überwinden und sich gegen die entschiedene Opposition der sunnitischen wie der schiitischen Geistlichen durchzusetzen. Es überrascht deshalb nicht, daß in den dicht besiedelten Ländern des Nahen Ostens die Bevölkerungsexplosion ihren Fortgang nimmt, im Gegensatz zu anderen Nationen in Asien und Südamerika, die ebenfalls unter starkem Bevölkerungsdruck stehen, wo aber die Behörden energischer gehandelt haben, um die Geburtenziffern zu senken.

Ehe Ägypten, der Sudan und noch viel mehr Iran sowie andere Länder des Nahen Ostens so niedrige Geburtenziffern wie z. B. China aufweisen können, wird wohl noch einige Zeit vergehen.

Volker Nienhaus

Entwicklung und religiöse Tradition

Ist eine Modernisierung der Wirtschaft möglich?

Für die meisten Entwicklungsländer ist eine Modernisierung der Wirtschaft, d. h. eine Effizienzsteigerung in traditionellen Wirtschaftszweigen und die Entwicklung nationaler Industrien, unverzichtbar, wenn sie aus eigener Kraft ihrer rasch wachsenden Bevölkerung ein menschenwürdiges Dasein ermöglichen wollen.

Modernisierung impliziert eine Neubewertung von Fähigkeiten und eine Neuverteilung von Einkommenschancen; Modernisierung bedeutet sozialen Wandel: sozialen Aufstieg, aber auch Abstieg. Sozialer Abstieg ist eine bittere persönliche Erfahrung. Je mehr Menschen die Gefahr eines Abstiegs sehen und je weniger sie die im Zuge der Modernisierung wirksam werdenden Auslesemechanismen verstehen oder billigen, um so stärker wird ihr Widerstand gegen die Wandlungsprozesse. In fast allen Ländern des Nahen Ostens ist heute zu beobachten, daß staatlich verordnete Modernisierungen und konstruktivistische (zumeist sozialistische) Umbauten der Gesellschaft auf eine immer breitere Ablehnung in der Bevölkerung stoßen. Fast immer wird der Widerstand vom Islam getragen. Ist der Islam also modernisierungsfeindlich?

Modernisierung bedingt eine fortschreitende Spezialisierung und eine zunehmend arbeitsteilige Produktion für anonyme Märkte. Die bestmögliche Nutzung der Produktivkräfte setzt Wettbewerb zwischen Anbietern voraus, was letztlich Privateigentum an Produktionsmitteln erfordert. Industrieproduktion verlangt den Einsatz von Kapital, das von den Sparern gebildet und über Banken und Börsen den Unternehmern für Investitionszwecke zugeleitet wird. Der Staat hat besonders für eine Basisinfrastruktur (Straßen, Bildungseinrichtungen), für innere und äußere Sicherheit sowie für stabiles Geld zu sorgen. Ein soziales Sicherungssystem, das den einzelnen beim Verlust der bisherigen Einkommensquelle auffängt, sollte den Modernisierungsprozeß flankieren und existenzielle Risiken ausschließen.

In der Konzeption eines islamischen Wirtschaftssystems finden sich zahlreiche Elemente, die einen Modernisierungsprozeß der skizzierten Art nicht nur zulassen, sondern sogar unterstützen: vom anerkannten Privateigentum an Produktionsmitteln und einer leistungsbejahenden Individualethik über Wettbewerbsmärkte und Rechtsstaatlichkeit bis hin zur Betonung von Geldwertstabilität und zur Sozialabgabe „Zakat", durch die der Anspruch der Bedürftigen auf Teilhabe am Reichtum der Gesellschaft verwirklicht werden soll.

Zinsverbot kein Hindernis

Einzig im Bereich der Kapitalbildung und Unternehmensfinanzierung könnte es Probleme mit dem Zinsverbot geben, das sich in strikter Interpretation nicht nur auf Wucher, sondern auch auf Zinsen bei Gelddarlehen für produktive Zwecke (Investitionen) bezieht. Diese Probleme lassen sich aber weitgehend lösen. Soweit es um die Überlassung von Liquidität geht, sind neue Finanztechniken auf der Basis der Gewinn- und Verlustbeteiligung des Geldgebers entwickelt worden: Unternehmen, denen die Bank ein Gelddarlehen gewährt hat, beteiligen die Bank am Gewinn oder Verlust des finanzierten Projekts; Sparer, die ihr Geld zur Bank bringen, erhalten statt der Guthabenzinsen eine Art „Einlegerdividende".

Da Unternehmen in den meisten Fällen kein Geld an sich brauchen, sondern damit Materialien oder Maschinen erwerben wollen, kann man für solche Fälle Finanzierungen auf der Basis von Kauf- oder Mietverträgen vornehmen: Die Bank verkauft oder vermietet dem Unternehmen die benötigten Sachgüter (gegen Bar- oder Ratenzahlung) zu einem Preis, der um einen im voraus vereinbarten Aufschlag über dem von der Bank an den ursprünglichen Lieferanten oder Hersteller gezahlten Preis liegt. Westliche Ökonomen würden diese Finanzierungskosten als Zinsen bezeichnen, aber nach islamischem Recht sind sie es nicht, da Zinsen nur Aufschläge bei reinen Gelddarlehen sind, während Aufschläge bei Gütertransaktionen in die Kategorie des zulässigen Handelsgewinns fallen.

Ein islamisches Wirtschaftssystem unterscheidet sich von säkularen Wirtschaftsordnungen weniger in den Steuerungsmechanismen als vielmehr in der Art der Legitimierung des Systems bzw. der Teilordnungen: Jede Teilordnung (z. B. die Eigentums-, Geld- oder Finanzordnung) muß mit den Grundlagen der islamischen Weltanschauung in Einklang stehen, d. h. vor allem mit den Prinzipien und Regeln, die in Koran und Sunna zu finden sind. Ein spezifisches Wirtschaftssystem ist darin jedoch nicht enthalten. Der Bezug auf Koran und Sunna dient einerseits der Inspiration hinsichtlich der Ziele und Orientierungen und andererseits als eine Art Filter zur Aussonderung unzulässiger Ordnungsentwürfe.

Eine so aus den religiös-ideologischen Wurzeln legitimierte islamische Wirtschaft kann nicht nur funktionieren, sondern durchaus Modernisierungsprozesse unterstützen. Der empirische Beweis dafür steht aber noch aus. Auf gesamtwirtschaftlicher Ebene gibt es bislang nur zwei nachhaltige reale Experimente mit einer islamischen Wirtschaft: Pakistan und Iran. In Pakistan wurde auf Anordnung der damaligen Militärregierung ab 1979 eine Islamisierung von Recht und Wirtschaft betrieben, die u. a. eine Eliminierung des Zinses bringen sollte. In einem legalistischen Sinne ist dies auch gelungen, faktisch hat sich aber nicht viel geändert: Die Banken finanzieren die gleichen Geschäfte wie früher, nur mit anderen Vertragskonstruktionen. Das Experiment in Pakistan zeigt, daß ein zinsloses Banksystem funktionsfähig sein kann, aber eine formalistische Islamisierung allein keine Modernisierung und Entwicklung induziert. Dazu bedarf es zusätzlichen Engagements der wirtschaftlichen und politischen Entscheidungsträger.

In Iran war ein solches Engagement zweifellos vorhanden, und der Wechsel zu einem islamischen System wurde von der Bevölkerung wesentlich stärker unterstützt. Jedoch hat der achtjährige Krieg mit dem Irak die Entwicklung einer funktionsfähigen islamischen Wirtschaft stark behindert. Erst seit etwa zwei Jahren normalisieren sich die Verhältnisse — ein viel zu kurzer Zeitraum für eine tragfähige Bewertung des Experiments.

Innovationen akzeptiert

Was bleibt, sind einige Erfahrungen auf einzelwirtschaftlicher Ebene mit islamischen Finanzinstitutionen (Banken, Investmentgesellschaften, Versicherungen) in ansonsten säkularen Wirtschaftssystemen (z. B. in Ägypten, Jordanien, der Türkei). Wenngleich nicht alle Banken bei ihren Finanzierungen immer eine glückliche Hand hatten, muß man ihnen durchweg bescheinigen, daß sie sehr erfolgreich bei der Akquisition von Einlagen waren. Bedenkt man, daß islamische Banken neue Unternehmen sind (zumeist ohne staatliche Unterstützung) und Spargelder dort zumindest im Prinzip mit einem Verlustrisiko behaftet sind, könnte diese Akzeptanz ein Indiz dafür sein, daß nennenswerte Teile der muslimischen Bevölkerung bereit sind, Innovationen zu akzeptieren und ihr Verhalten zu ändern, wenn der Wandel nicht gegen traditionelle Werte gerichtet ist, sondern mit diesen im Einklang steht. Die islamische Tradition ist dann kein Gegensatz zur, sondern ein Vehikel der Modernisierung. Ein islamisches Wirtschaftskonzept könnte in vielen Ländern des Nahen Ostens durchaus einen Fortschritt gegenüber dem status quo — gescheiterte sozialistische und kapitalistische Systeme — bringen.

Martin Raschen

Wirtschaftliche Entwicklung
Schwieriger Industrialisierungsprozeß

Der industrielle Sektor verzeichnete in den meisten Ländern des Nahen Ostens in den letzten Jahrzehnten überdurchschnittliche Wachstumsraten, d.h., der Anteil des Industriesektors am Bruttoinlandsprodukt ist gestiegen. Die aufgebauten Industrien dienen vor allem der Verarbeitung einheimischer Rohstoffe. Bereiche mit höheren technologischen Anforderungen sind nur vereinzelt vorhanden. Über die jüngste Entwicklung seit der irakischen Invasion in Kuwait sind noch keine umfassenden Statistiken verfügbar. Es liegt auf der Hand, daß dadurch sowie durch den nachfolgenden Krieg die Industrialisierung im Irak und in Kuwait stark zurückgeworfen worden ist. Dieser Konflikt hat aber auch für die Determinanten der Industrialisierung in anderen Ländern der Region weitreichende Auswirkungen.

Zu diesen Determinanten gehören sowohl die natürlichen Ressourcen und die ökonomischen, sozialen und politischen Gegebenheiten als auch die praktizierte Industrie- bzw. die allgemeine Wirtschaftspolitik. Hinsichtlich der natürlichen Ressourcen ist der Reichtum an Erdöl zu erwähnen, der allerdings in der Region ungleich verteilt ist. Andere Rohstoffe sind, von Ausnahmen abgesehen, kaum vorhanden. Die erdölreichen Länder haben sich auf erdölverarbeitende Industrien konzentriert. Durch Erdölexporte wird die Einfuhr sonstiger wichtiger Güter finanziert. Der Irak hat wegen des nach der Kuwait-Invasion verhängten Embargos hierbei auf absehbare Zeit massive Probleme.

Bei der Ausstattung mit Kapital und Arbeitskräften gibt es ausgeprägte Unterschiede in der Region. Arbeitskräftearmen, wegen der hohen Ölvorkommen aber kapitalstarken Ländern wie Saudi-Arabien und den Scheichtümern am Golf stehen andere Länder gegenüber, die überschüssige Arbeitskräfte bei gleichzeitig geringer Kapitalausstattung aufweisen. Diese Divergenzen wurden in den letzten Jahrzehnten durch die Migration von Millionen von Arbeitskräften aus den dicht besiedelten in die ölreichen Länder relativiert. Von dieser Arbeitskräftewanderung profitieren sowohl die Entsendeländer (Überweisungen der Gastarbeiter) als auch die Gastländer (Ausbau der Infrastruktur, Sicherung der Ölförderung, Aufbau der Industrie). Gemeinsam ist der gesamten Region der ausgeprägte Mangel an Fachkräften und qualifizierten Industriearbeitern. Die kapitalreichen Ölländer kompensieren dies zwar durch Einstellung von Fachkräften aus Industriestaaten, die damit verbundenen hohen Arbeitskosten beeinträchtigen allerdings die internationale Wettbewerbsfähigkeit. Bis jetzt haben es die reichen Ölländer versäumt, dem Facharbeitermangel durch systematische und breitangelegte Ausbildung der heimischen und längerbleibenden ausländischen Bevölkerung entgegenzuwirken.

Die Golfkrise von 1990/91 hat bezüglich der Ausstattung mit Arbeit und Kapital erhebliche Veränderungen in der gesamten Region bewirkt. Sehr viele Gastarbeiter mußten den Irak und Kuwait, aber auch Saudi-Arabien, kurzfristig verlassen, was ihre Heimatländer wegen der Belastung des Arbeitsmarktes und der ausbleibenden Überweisungen hart getroffen hat. Jordanien und Jemen mußten darüber hinaus wegen ihrer pro-irakischen Haltung eine drastische Kürzung von Militär- und Entwicklungshilfe hinnehmen. Der Tourismus, der als Devisenquelle für die Industrialisierung der kapitalarmen Länder bedeutsam ist, hat erhebliche Einbrüche zu verzeichnen.

Einigen Ländern hat der Konflikt allerdings partiell auch Vorteile gebracht. So wurden Ägypten für seine Unterstützung der Anti-Irak-Allianz Auslandsschulden in Höhe von ca. US-$ 25 Mrd. erlassen, und es erhielt darüber hinaus — wie auch die Türkei und Syrien — zusätzliche Entwicklungshilfe.

Daß der Konflikt die Faktorausstattung des Irak und Kuwaits durch die Abwanderung von Arbeitskräften und die hohen Kriegskosten wesentlich verschlechtert hat, bedarf keiner Erläuterung. Die Zukunftsperspektiven sind in beiden Ländern allerdings unterschiedlich. Im Irak ist mit einer nennenswerten Rückkehr der Gastarbeiter nicht zu rechnen, und der Erdölexport als Devisenquelle dürfte nur zögernd wieder zugelassen werden, wobei diese Einnahmen aufgrund der schlechten Versorgungslage kaum der Industrie zugute kommen, sondern zumindest anfangs für Konsumgüterimporte verwendet werden dürften. Kuweit hat in beiderlei Hinsicht bessere Chancen. Allerdings bringt die in Kuwait gegen Palästinenser gerichtete Kampagne für dieses Land Nachteile, da gerade die Palästinenser früher vielfach in Schlüsselpositionen der Wirtschaft und der staatlichen Administration tätig waren. Derartige Lücken sind nicht leicht zu schließen.

Binnenmarkt zu klein

In vielen bevölkerungsschwachen Ländern des Nahen Ostens beschränkt ferner die geringe Größe des Binnenmarktes, in anderen noch zusätzlich ein zu geringes Pro-Kopf-Einkommen die Industrialisierungschancen. Hierdurch wird oft die Rentabilitätsschwelle nicht erreicht, bzw. Kostenvorteile der Größendegression können nicht genutzt werden. Eine Relativierung dieses Problems durch Übergang zum Export ist nur begrenzt möglich. Die Importrestriktionen der Industriestaaten, aber vor allem die geringe Wettbewerbsfähigkeit aufgrund der erwähnten höheren Produktionskosten und der minderen Produktqualität wie auch eine Überbewertung der heimischen Währung sind die wesentlichen exportbeschränkenden Faktoren. Der jüngste Ausfall des Irak als Absatzmarkt für die Industrien der übrigen Länder der Region wirkt in dieselbe Richtung.

Die materielle Infrastuktur ist lediglich in Israel, Saudi-Arabien, Iran und der Türkei im wesentlichen soweit ausgebaut, daß sie die industrielle Entwicklung nicht hemmt. Kuwait und der Irak, die früher auch zu dieser Gruppe gehörten, sind durch die Zerstörungen des Golfkrieges weit zurückgeworfen worden. In Kuwait sind die Voraussetzungen für einen schnellen Wiederaufbau in finanzieller Hinsicht zwar gut (hohe Auslandsguthaben, Wiederbeginn der Ölexporte), aufgrund der genannten Abwanderung von Arbeitskräften sowie der erläuterten Qualifikationsdefizite sind übertriebene Erwartungen aber nicht angebracht. In Ägypten ist die materielle Infrastruktur zwar vorhanden, aber stark überlastet.

Die institutionelle Infrastruktur ist überall mehr oder weniger unzureichend. Die öffentliche Verwaltung ist vielfach schwerfällig, desorganisiert und nicht selten korrupt. Im Zuge der beginnenden wirtschaftspolitischen Umorientierung ist hier zukünftig immerhin mit Verbesserungen zu rechnen.

Die Industrialisierung beeinträchtigende soziale Faktoren sind die weit verbreitete Vernachlässigung von Disziplin und Pünktlichkeit. In den kapitalreichen Ölländern kommen eine niedrige Arbeitsmoral, die auf überzogene Sozialleistungen für Einheimische zurückzuführen ist, und die dortige Geringschätzung handwerklicher und technischer Tätigkeiten hinzu. Selbstverständlich haben auch die vielfältigen ethnischen Spannungen und die zahlreichen politischen Krisen im Nahen Osten negative Auswirkungen auf die Industrialisierung. Immerhin zeichnen sich hier aber mit dem Waffenstillstand zwischen dem Irak und Iran (1988) und dem schnellen Ende des zweiten Golfkrieges (1991), sowie den Entspannungstendenzen im Libanon und den Hoffnungen auf einen Verhandlungsfrieden im israelisch-arabischen Konflikt gewisse Verbesserungen ab. Daß vom Irak zukünftig keine erneute Destabilisierung erwartet wird, zeigen Umfragen, wonach in- und ausländische Investoren Industrieprojekte in den umliegenden Ländern, die durch den Golfkrieg zunächst gestoppt wurden, nunmehr uneingeschränkt wieder aufnehmen wollen.

Unrentabler Staatssektor

Fragt man nach der praktizierten Industriepolitik und den von den Regierungen zu schaffenden allgemeinen Rahmenbedingungen, ist zunächst auf das bisher starke Gewicht des Staates als Träger der Industrialisierung hinzuweisen. Vielfach ist der Staat Eigentümer der Betriebe. Bei der Auswahl der Projekte waren oft eher politische denn ökonomische Überlegungen maßgebend. Demzufolge sind viele Industriebetriebe im Nahen Osten heute international nicht wettbewerbsfähig, und auf dem Inlandsmarkt könnten sie ohne protektionistische Hilfestellung kaum bestehen.

Die Tatsache, daß trotzdem Industrieprodukte exportiert werden, steht hierzu nicht im Widerspruch. Denn die Exporterfolge basieren in starkem Maße auf staatlich gewährten Vergünstigungen bei Besteuerung, Kreditgewährung und Energieversorgung. Eine derartige Politik ist jedoch fragwürdig, da sie einem effizienten Einsatz der Produktionsfaktoren zuwiderläuft. Weiterhin unterliegt das Management der Staatsbetriebe vielfältiger Einflußnahme der Regierung, und die Besetzung der Führungspositionen erfolgt eher nach dem Kriterium der politischen Loyalität denn aufgrund von Sachkenntnis. Die Kapazitätsauslastung ist aufgrund verschiedener Unzulänglichkeiten häufig gering, so daß viele Betriebe bisher mit Verlusten gearbeitet haben.

Auch die allgemeinen wirtschaftspolitischen Rahmenbedingungen hemmen die industrielle Entwicklung. Auf die Defizite der materiellen und institutionellen Infrastruktur wurde bereits hingewiesen. Ebenso kann von der befriedigenden Gewährleistung einer Rechtsordnung, die Sicherheit für Person und Eigentum, Vertragsfreiheit, Durchsetzung des Haftungsprinzips, ungehinderten Marktzugang und Wettbewerbsschutz sichergestellt, kaum gesprochen werden.

Zu den Rahmenbedingungen gehört auch die monetäre Stabilität. In vielen Ländern der Region war bisher eine hohe Geldentwertung zu beobachten, die die wirtschaftliche Entwicklung allgemein, aber insbesondere den Industriesektor stark beeinträchtigt hat. So erhöht eine starke Inflation z.B. die Unsicherheit der Planung von Industrieinvestitionen, da diese langfristig angelegt sind. Da die Inflation in starkem Maße durch die Finanzierung von staatlichen Budgetdefiziten im Wege der Geldschöpfung verursacht ist, ergibt sich hier eine Verbindung zu der skizzierten verfehlten Industriepolitik. Denn die Verluste der staatlichen Industriebetriebe mußten durch teilweise erhebliche Budgetzuweisungen ausgeglichen werden, die zu den Defiziten beigetragen haben.

Privatisierungen

In letzter Zeit sind in einigen Ländern, (Ägypten, der Türkei, Jemen, Oman) Tendenzen zu beobachten, den Einfluß des Staates auf den Industriesektor einzuschränken und statt dessen die Rolle des privaten Sektors stärker zu betonen. In Ägypten bemüht sich die Regierung — finanziell unterstützt vom Internationalen Währungsfonds und der Weltbank — darüber hinaus, die wirtschaftspolitischen Rahmenbedingungen durch Reduzierung von Importzöllen, Einschränkung der Devisenbewirtschaftung, Deregulierung von Preisen und Zinsen, Vereinfachung des Genehmigungsverfahrens, Verbesserung des Marktzugangs und nicht zuletzt durch eine wirksame Inflationsbekämpfung zu verbessern. Staatseigene Betriebe sollen privatisiert werden.

Derartige Maßnahmen sind zwar zu begrüßen, schnelle Erfolge sind aber nicht zu erwarten. So ergeben sich bei einer Privatisierung Probleme wie Unterentwicklung des Kapitalmarktes, Versorgung von Arbeitskräften, die aufgrund bisheriger erheblicher Überbesetzung entlassen werden müssen, und auch die anfängliche Unsicherheit über die Dauerhaftigkeit der neuen Politik. Unbedingt zu beachten ist darüber hinaus, daß beim Abbau von Vergünstigungen und bei einer Öffnung zum Weltmarkt mit der Schließung vieler unrentabler Staatsbetriebe, die kaum privatisierungsfähig sind, zu rechnen ist.

Zusammenfassend hängen die Industrialisierungsperspektiven des Nahen Ostens demnach vor allem davon ab, ob und wie schnell es den einzelnen Ländern gelingt, die Erschütterungen des Golfkrieges von 1991 zu überwinden, ob eine nachhaltige Verbesserung der wirtschaftspolitischen Rahmenbedingungen erreicht werden kann, und ob die Region dauerhaft politisch zur Ruhe kommt. Bei positiver Entwicklung in diesen Bereichen bestehen — ungeachtet der im einzelnen sehr unterschiedlichen Ausgangsbedingungen — längerfristig insgesamt gute Chancen, die Industrialisierung weiter voranzutreiben.

Erhard Gabriel

Die Zukunft des Erdöls

Seit Jahrzehnten beschäftigen sich Berufene und Unberufene mit dieser Frage und verkünden das kurz bevorstehende Versiegen des Ölstroms. Spätestens seit den von niemandem vorhergesehenen Ereignissen in Osteuropa und Nahost sollte man jedoch gelernt haben, Prognosen mit Skepsis zu betrachten. Man kann aber, ja man muß sogar Überlegungen über die Zukunftsaussichten des Erdöls anstellen, denn die Welt, in der wir leben, ist ölabhängig, ist eine Welt des Öls und wird es noch eine geraume Zeit bleiben — bleiben müssen. Erdölprodukte schmieren und treiben unsere Autos, Schiffe, Eisenbahnen, Flugzeuge und Motoren, heizen unsere Wohnungen, Büros und Fabriken. Weniger bewußt ist man sich der Tatsache, daß petrochemische Grundstoffe in zahllosen verschiedenartigen Erzeugnissen (Kunststoffe, Farben, Waschmittel usw.) in steigendem Maße unseren Alltag beherrschen. Wenn man bei einem Auto alles wegläßt, was aus Erdöl gemacht ist, bleibt verblüffend wenig übrig. Jedenfalls nichts, womit man fahren könnte.

Die Stellung des Erdöls innerhalb unserer Weltwirtschaft wird von vielen Faktoren bestimmt. Die wichtigsten, die auch künftig beherrschend sein werden, sind Verfügbarkeit und Nachfrage. Mit anderen Worten: Die Zukunftsaussichten des Erdöls hängen in hohem Maße davon ab, wieviel Erdöl es eigentlich gibt, und wie lange man es überhaupt noch benötigt.

Zunächst zur Nachfrage. Die kann sich schnell ändern, wie das Erdöl im Laufe der Zeit bereits erfahren mußte.

Ursprünglich nutzte man das „Steinöl" in kleinsten Mengen als Heilmittel und als Wagenschmiere. Der Aufstieg begann mit dem Einsatz als Leuchtpetroleum für die Versorgung der 1855 in Amerika erfundenen und sich rasch verbreitenden Petroleumlampe. Den eigentlichen Aufschwung brachte die Erfindung der Otto- und Dieselmotoren, die das bei der Petroleumraffination damals als lästigen Abfall entstehende Benzin als Treibstoff nutzten. Der Siegeszug war nicht mehr aufzuhalten. Und das waren die wichtigsten Gründe:

— die ungewöhnliche Eigenschaft des Erdöls, fast jeden Energiebedarf preiswert befriedigen zu können,
— die völlige Nutzung aller bei der Raffination anfallenden Produkte (als Heizöl, als Rohstoff für die Petrochemie usw.)
— die zunehmende Technisierung und Industrialisierung und
— die steigenden Ansprüche einer sprungartig anwachsenden Weltbevölkerung.

Nach der Kohle wurde Erdöl der Treibstoff des Industriezeitalters, ohne den buchstäblich heute nichts mehr läuft. Daran wird und kann sich so schnell nichts wesentlich ändern. Zusammen mit dem dem Erdöl eng verbundenen Erdgas wird es bis weit ins kommende Jahrhundert führender Primär-Energieträger sein. Das gibt den großen Ölexportländern eine Sonderstellung. Die letzten kriegerischen Ereignisse in Nahost haben deutlich gezeigt, welchen Stellenwert Länder mit gewaltigen Erdölreserven besitzen. Den Industrienationen kann es nicht gleichgültig sein, wer am Ölhahn sitzt, solange die Weltwirtschaft vom Erdöl abhängig ist.

Daran kann sich schnell nichts ändern, da der Einsatz eines neuen Energieträgers oder Treibstoffes — auf den wir dringend warten — neue Fertigungsanlagen, neue Motoren erfordert; und dazu wird man viel Geld, vor allem aber auch viel Zeit benötigen. Man könnte eher andersherum sagen: Die üppigen Erdölvorräte schenken der Menschheit gerade noch die Zeit zur Entwicklung neuer Treib- und Heizstoffe, wofür Erdöl eigentlich viel zu schade ist; denn als Einsatzstoff für die Produkte der Organischen Chemie hat sich das Erdöl in wenigen Dekaden fast unentbehrlich gemacht. Kurz: Mit einem Nachlassen der Nachfrage ist beim Erdöl kurzfristig gar nicht, mittelfristig kaum zu rechnen.

Wie steht es nun mit der Verfügbarkeit, d. h. den Erdölvorräten. Den Voraussagen nach würde der Ölhahn nur noch tropfen. Glücklicherweise sieht die Wirklichkeit anders aus. Das Ende der Ölzeit wird laufend nach vorn versetzt — ähnlich wie bei einigen Sekten der Weltuntergang. Lassen wir uns nicht täuschen. Es geht uns wie im Märchen vom vorwitzigen Hütejungen, der die Dorfbewohner mit Hilferufen, der Wolf sei in die Herde eingebrochen, so oft narrte, bis keiner mehr kam; auch nicht als der Wolf tatsächlich auftauchte.

Über die Entstehung, die Lagerung und den Umfang der Ölvorräte besteht keinesfalls Einmütigkeit, wohl aber über die Endlichkeit, die Begrenztheit der Vorräte. Letzterer Punkt wird in der Öffentlichkeit gern verdrängt: Wir verheizen buchstäblich in wenigen Generationen das Erbe unserer Nachkommen. Wie groß die Reserven auch sein mögen, wir sind am Eingemachten.

Von den gewaltigen Mengen organischen Materials, die zusammen mit Gesteinsbrocken im Laufe von Jahrmillionen in den Sedimentbecken zur Ablagerung kamen, wurden 1 365 Mrd. t, so 1986 Roadifer, der Chefgeologe der Mobil Oil, als Erdöl in Lagerstätten gefangen. Drei Viertel der Vorkommen sind bereits entdeckt, dem vermuteten restlichen Viertel gilt die weltweite intensive Suche.

Von den bereits entdeckten 1 083 Mrd. t Erdöl befinden sich 37 % als sogenannte Schweröle, Ölsande und Ölschiefer in bisher fast ungenutzten Lagerstätten. Die Gewinnungsmethoden sind nicht ganz einfach, und die Förderkosten betragen ein Vielfaches von denen konventioneller Ölfelder. Hier haben wir einen noch ungehobenen Schatz, der mit steigenden Ölpreisen mehr als konkurrenzfähig wird. Von besonderem Interesse hierbei ist die Tatsache, daß sich die Schweröle vorwiegend in Südamerika, die Ölschiefer und Ölsande vorwiegend in Nordamerika befinden. Die verbleibenden 654 Mrd. t Rohöl ruhen in flüssigem Zustand in konventionellen Ölfeldern; durch eine Laune der Natur rund zwei Drittel im Nahen Osten, vorwiegend in der gewaltigen Ölprovinz des Persisch/Arabischen Golfes.

Bis heute sind wir nicht in der Lage, eine Lagerstätte völlig zu entleeren; die Haftfähigkeit des Rohöls ist zu groß. Bei der sogenannten Primärförderung nutzt man den natürlichen Wasser- oder Gasdruck in der Lagerstätte. Ist der Druck genügend groß, steigt das Öl eruptiv an die Oberfläche. Reicht er nicht oder nicht mehr aus, muß das Öl mit Pumpen gefördert werden. Bei dieser „natürlichen" Förderung, d.h. ohne Eingriff in die Lagerstätte, lassen sich maximal nur 25 % herausholen. Drei Viertel des Erdöls verbleibt im Boden.

Die Ausbeute ließe sich jedoch steigern. Sekundärverfahren ersetzen die durch Förderung entzogene Substanz durch Einpressen von Wasser oder Gas. Sie erhalten also den Druck, die Lagerstättenenergie. Mit dieser technisch und wirtschaftlich bewährten Methode, die neuerdings nach Möglichkeit bereits bei Förderbeginn eines Ölfeldes eingesetzt wird, läßt sich der Entölungsgrad bis auf 45 % steigern.

Ein weiterer Schritt sind die technisch und finanziell sehr aufwendigen Tertiärmaßnahmen. Hierbei handelt es sich um Eingriffe in die Lagerstätte. Man verwendet Hitze oder Chemikalien, um das Öl aus den feinen Poren und Rissen zu lösen. Mit dieser Methode lassen sich bis zu 75 % des in der Lagerstätte befindlichen Öls fördern. Tertiärförderung ist aber nicht nur sehr kostspielig, sondern läßt sich sowohl aus geologischen als auch wirtschaftlichen Gründen nicht in allen Feldern durchführen.

Lagerstättenöl

(Oil in place)	1 365 Mrd. t
noch nicht entdeckt	327 Mrd. t
bereits entdeckt	1 038 Mrd. t

davon:

Schweröle, Ölschiefer, Ölsande	384 Mrd. t

Erdöl (konventionell) 654 Mrd. t. Im Schnitt sind weltweit von den 654 Mrd. t konventionellen Erdöls rund 28 % wirtschaftlich gewinnbar, d.h. 180 Mrd. t. Davon wurden bis 1985 etwa 70 Mrd. bereits gefördert und verbraucht.

Erdölreserven (1985)

wirtschaftlich gewinnbar	(28 %)180 Mrd. t
bereits gefördert	70 Mrd. t
Reserven	110 Mrd. t

Wir haben also noch rund 110 Mrd. t Vorräte. Jede Steigerung des Entölungsgrades um 1 % erhöht die Reserven um 1,1 Mrd. t, eine bedeutende Zahl im Hinblick auf den jährlichen Weltverbrauch von rund 3 Mrd. t. Kurz: Die gesamten Erdölvorräte sind zwar beschränkt, aber weitaus größer als gemeinhin angenommen wird.

Ahmadi, der größte Ölhafen Kuwaits

Şefik Alp Bahadir

Rückkehr zum Basar
Arabische Staaten entdecken die Marktwirtschaft

In der „natürlichen Neigung des Menschen, zu handeln und Dinge gegeneinander auszutauschen“ erkannte Adam Smith den Ursprung der Arbeitsteilung und des Wohlstands der Völker. Mancher Leser des Klassikers der Nationalökonomie wird an einen orientalischen Basar denken, um der Behauptung folgen zu können, daß die Menschen eine „natürliche Neigung ..., zu handeln und Dinge gegeneinander auszutauschen“ besitzen. Doch bei dem Gedanken, daß hierin der Ursprung der Arbeitsteilung und damit des Wohlstands der Nationen liegen soll, wird dem Leser kaum ein arabisches Land einfallen. Der krasse Gegensatz zwischen der sagenhaften Handelstradition der Araber einerseits und der materiellen Armut in den meisten arabischen Ländern von heute andererseits hat zwar viele Gründe. Er ist aber kein Widerspruch zu den Gedanken von Adam Smith, denn für ihn gehörte noch die „Fähigkeit zum Tauschen“ dazu, damit diese „natürliche Neigung des Menschen“ zu mehr Arbeitsteilung und Wohlstand führen kann.

Staatsdirigismus systembedingt

Was in den meisten arabischen Ländern nach ihrer Unabhängigkeit „die Fähigkeit zum Tauschen“ systematisch einschränkte, waren die eigenen politischen Eliten. Seien es Diktatoren oder Einheitsparteien, Könige oder feudale Herrschaftsfamilien — parallel zu ihrer Furcht vor politischen Freiheiten und Menschenrechten waren sie von einem tiefen Mißtrauen gegenüber der wirtschaftlichen Freiheit ihrer Bevölkerung beseelt. Folglich hatten — und haben — alle eklektischen Mischmasch-Doktrinen dieser Eliten, die seit den 50er Jahren zu Staatsideologien erhoben wurden, stets einen gemeinsamen wirtschaftspolitischen Nenner: Die Dominanz des Staatssektors, die Einschränkung der wirtschaftlichen Betätigungsfelder der Individuen und die Marginalisierung der freien Märkte. Diese Programmatik verband den Baathismus in Syrien und im Irak mit dem Sozialismus in Algerien und Tunesien, den Dritten Weg in Libyen mit dem Arabischen Sozialismus in Ägypten. Immun gegenüber derlei Doktrinen blieben zwar bis heute die konservativen Ölscheichtümer der Arabischen Halbinsel. Sie bilden aber keine Ausnahmen von der Regel des alles dominierenden Staates, sondern eher Musterbeispiele dafür, wie Länder zu wirtschaftlichen Hinterhöfen ihrer Herrscher verkümmern können. Es gibt viele Details, die die saudischen Fünfjahres-Entwicklungspläne von den algerischen unterscheiden. In einem wesentlichen Punkt stimmen sie jedoch überein: die Wirtschaft ist eine viel zu wichtige Staatssache, um den Bürgern und Märkten anvertraut zu werden. In dieser Hinsicht besteht zwischen den algerischen Planern und ihren saudischen Kollegen kein Unterschied im Grundsatz, sondern im Detail.

Wenn ein Teil der volkswirtschaftlichen Produktion unter das Monopol des Staates geraten ist, so mag das — wie auch manchenorts in Westeuropa — getrost hingenommen werden, soweit noch genügender Freiraum für die Marktkräfte übrigbleibt, wo die Ineffizienz der Staatsbetriebe volkswirtschaftlich ausgeglichen werden kann. Wenn aber der Staat versucht, durch willkürliche Eingriffe und Reglementierungen auch die Privatwirtschaft unter seine Kontrolle und Lenkung zu bringen, dann wird die letztere dazu veranlaßt, Rente statt Gewinn zu erwirtschaften.

Diese Misere ist in den meisten arabischen Ländern — und nicht nur dort — schon lange zum Regelfall geworden. Daß sie aber erst in den 80er Jahren als eine allgemeine Wirtschaftskrise in Erscheinung trat, und nicht früher, ist hauptsächlich günstigen äußeren Umständen der Vergangenheit zu verdanken. In den 60er Jahren waren es vor allem die robuste Weltkonjunktur und die noch reichlich fließenden Entwicklungshilfe-Kredite aus West und Ost, die die latente Wirtschaftskrise überdeckten. In den 70er Jahren hat der Ölreichtum weitergeholfen, und zwar nicht nur den Förderländern, sondern auch allen anderen in irgendeiner Form — als Einkommenstransfers der Arbeitskräfte aus ölreichen „Bruderländern“, als die Entwicklungshilfe der letzteren, oder aber auch als zusätzliche Kredite internationaler Banken aus dem Petrodollar-Recycling.

Zu Beginn der 80er Jahre, als fallende Erdölpreise mit einem Tief der Weltkonjunktur und mit steigendem internationalen Zinsniveau zusammenfielen, kam schließlich die Stunde der Wahrheit: Von den 21 Mitgliedstaaten der Arabischen Liga hatten 1973 sich nur zwei mit einem Zahlungsbilanzdefizit zu plagen. 1983 waren es schon elf (über Djibouti, den Irak, Libanon, Katar und die V.A.E. liegen keine Zahlen vor). Bereits im Jahre 1975 hatten die meisten arabischen Staaten hohe langfristige Auslandsschulden, aber nur im Fall Ägypten betrugen diese fast die Hälfte des Bruttosozialprodukts (45,5 %). Im Jahre 1984 waren dagegen acht arabische Länder mit mehr als 50 Prozent ihres Bruttosozialprodukts verschuldet, in drei Fällen (Mauretanien, Somalia und Südjemen) betrug dieser Anteil sogar mehr als 100 Prozent.

Das ganze Ausmaß der panarabischen Wirtschaftskrise der 80er Jahre wird aber erst dann deutlich und hinsichtlich seiner Folgen für die Bevölkerung abschätzbar, wenn das reale Bruttoinlandsprodukt in Betracht gezogen wird. Dessen jährliche Wachstumsrate lag im Durchschnitt der Jahre 1980-1988 in fast allen 17 Ländern, über die UNO-Zahlen vorliegen, wesentlich niedriger als im Zeitraum 1970-1980 (Ausnahme: Mauretanien), wobei sie in fünf Ländern negativ gewesen ist. Pro Kopf der Bevölkerung war sie — im Durchschnitt der Jahre 1980 bis 1988 — sogar in 12 Ländern negativ.

Die seit Beginn der 80er Jahre anhaltenden arabischen Wirtschaftskrisen sind in den meisten Fällen die Folge von lange angestauten Strukturproblemen, die ohne einen radikalen wirtschaftspolitischen Kurswechsel nicht zu lösen sind. Ganz gewiß ist es dieser Tatsache auch zuzuschreiben, daß sich in einer Reihe dieser Länder ein immer deutlicher werdender Trend der marktwirtschaftlichen Neuorientierung abzeichnet. Es ist zwar noch nicht überall erkennbar, ob es sich hier um ein vorübergehendes politisches Entgegenkommen handelt, um die unzufriedene Privatwirtschaft im eigenen Land zu beruhigen, oder um einen opportunistischen Kompromiß mit dem Internationalen Währungsfonds, um in den Genuß von Umschuldungs- bzw. Zahlungsbilanz-Krediten zu gelangen, oder aber um einen allmählichen wirtschaftspolitischen Gesinnungswandel, wobei die Regierungen den Segen der Marktwirtschaft (wieder) entdecken. Unverkennbar ist jedenfalls eine wirtschaftspolitische Trendwende in Richtung mehr Marktwirtschaft.

Am deutlichsten ist diese Trendwende naturgemäß in den Ländern erkennbar, in denen die staatliche Kommandowirtschaft zuvor am weitesten ausgeprägt war, wie zum Beispiel in Algerien. Nach der

Unabhängigkeit im Jahre 1962 hatte sich Algerien sehr rasch zu einer zentralgeplanten Wirtschaft verwandelt, wobei der Erdölsektor und importsubstituierende Industrien die Hauptsäulen des Wirtschaftsaufbaus bildeten. Die angestauten Strukturprobleme dieser Periode wurden erst ab 1979, nach der Wahl des Präsidenten Chadli Benjeddid, zum Anlaß einer Revision der Wirtschaftsplanung genommen. Im Entwicklungsplan 1980-84 beschränkte sich die Revision noch auf die Verringerung der Größe der Staatsbetriebe im Agrarsektor und die Aufspaltung großer staatlicher Industriekonglomerate sowie die finanzielle Neustrukturierung der letzteren.

Der Reformprozeß erhielt jedoch erst 1988, nach einer Zuspitzung der ökonomischen Krise und sozialen Unruhen, neuen Auftrieb, als ein Volksentscheid große Unterstützung für die Dezentralisierung und Demokratisierung der algerischen Gesellschaft erbrachte. Seither sind die fast 3 400 Staatsfarmen privatisiert worden; öffentliche Unternehmen und Banken wurden mit weitgehender Autonomie ausgestattet; strikte Preiskontrollen und andere Instrumente des Staatsinterventionismus sind teils beseitigt, teils spürbar gelockert worden. Zusammen mit einer Reihe von weiteren institutionellen und finanziellen Reformen, wie sie im 1. Nationalen Kreditplan von 1989 und der Verstärkung der Autonomie der Zentralbank zum Ausdruck kommen, bilden diese Maßnahmen die unverkennbaren Anzeichen einer klaren Wende in der algerischen Wirtschaftspolitik — weg von der zentralen Planung hin zu einem macroeconomic management westlichen Typs.

Strukturreformen

In den früher sozialistisch orientierten Planwirtschaften Ägyptens und Tunesiens wurden zwar bereits zu Beginn der 70er Jahre Liberalisierungsmaßnahmen eingeleitet. Es handelte sich jedoch in beiden Fällen nur um begrenzte Zugeständnisse eines nach wie vor alles beherrschenden Staatsapparates gegenüber dem dringend benötigten ausländischen Kapital: Der „Neopharaonismus" des ägyptischen Staates stand dem Erfolg der 1974 inaugurierten „Politik der Offenen Tür" ebenso im Wege, wie die tunesische Bürokratie die Erlasse von 1972 und 1974 zur Förderung von ausländischen Direktinvestitionen konterkarierte. Erst in der Folge der Krise der 80er Jahre scheint sich in beiden Ländern ein Durchbruch zur Marktwirtschaft anzubahnen. Anzeichen dafür sind eine Reihe von Wirtschaftsreformen, die in beiden Ländern um das Jahr 1986 einsetzten.

Im Falle Ägyptens sind es vor allem die Dezentralisierung der Entscheidungsbefugnisse im öffentlichen Sektor, die sukzessive Lockerung von Preiskontrollen und Senkung von Subventionen, die Steuerreform sowie die Liberalisierung des Außenhandels und der Devisenbewirtschaftung. Ähnliche Strukturreformen, einschließlich eines Privatisierungsprogramms, wurden im Falle Tunesiens im Krisenjahr 1986 mit dem Internationalen Währungsfonds ausgehandelt und im Zuge des 7. Entwicklungsplans 1987-91 weitgehend vollzogen.

Schuldenkrise und Zahlungsunfähigkeit waren übrigens auch im Falle einer Reihe anderer arabischer Staaten in den 80er Jahren Anlaß zu Stabilisierungs- und Strukturanpassungsprogrammen, wobei nicht nur außenwirtschaftliche, sondern auch binnenwirtschaftliche Liberalisierungsmaßnahmen ein konstitutives Element solcher Programme bildeten. Dazu zählen die umfassenden Wirtschaftsreformen in Marokko (seit 1983), Mauretanien (seit 1985), Jordanien (seit 1986) und im Sudan (seit 1988). Die Wirtschaftsmisere der 80er Jahre hat sogar der zentralistischen Kommandowirtschaft im Irak (ab 1987) marktwirtschaftliche Zugeständnisse abverlangt: weitgehende Privatisierung der Landwirtschaft, der Leichtindustrie und des Transportwesens, die Beseitigung des Staatsmonopols beim Import von Konsumgütern, spürbare Entbürokratisierung im Staatssektor und eine Reihe von Anreizen für ausländische Direktinvestitionen.

Fortbestehende Unsicherheiten

Es ist heute nicht zu übersehen, daß die Marktkräfte in Arabien einen weit größeren Spielraum haben als noch vor einem Jahrzehnt. Es darf aber nicht verkannt werden, daß dieser Spielraum vielerorts noch zu hohe Risiken für die Privatwirtschaft in sich birgt: Wird die Regierung ihr Preissystem reformieren, bevor eine geplante Investition durchgeführt wird? Werden die Investitionsanreize im nächsten Jahr erhöht? Wird die diesjährige Devisenquote des in Frage stehenden Industriezweigs auch im nächsten Jahr zur Verfügung stehen? Wird man auch nach dem nächsten Regierungswechsel Freunde in Ministerium haben? Die arabischen Staaten werden noch einen weiten Reformweg zu gehen haben, bis Fragen dieser Art keine Investitionshemmnisse mehr im Privatsektor bilden und die Wiederentdeckung der Marktkräfte die erhofften Früchte trägt.

Aziz Alkazaz

Auf dem Weg zur Arabischen Wirtschaftsgemeinschaft?

Bis Ende der sechziger Jahre erlebte die arabische Region vielfältige Versuche umfassender Restrukturierung und Integration, wobei die Arabische Liga und ihre Suborganisationen eine wichtige Rolle spielten. Doch die in diesem Rahmen geschaffenen Institutionen, Vertragswerke und Projekte (wie z. B. der 1964 gegründete und zwölf Länder umfassende Gemeinsame Markt) wurden durch die politischen und wirtschaftspolitischen Entwicklungen weitgehend geschwächt und ausgehöhlt. Zu den Ursachen gehörten die arabische Niederlage im Junikrieg 1967, die Ölpreissteigerungen und der zunehmende Einfluß der konservativen Ölexportländer in den siebziger und achtziger Jahren sowie die damit verbundenen Machtverschiebungen. Nach dieser Phase dominierten zunehmend marktwirtschaftlich orientierte Ansätze und Tendenzen zur Bildung subregionaler Gruppierungen.

Marktwirtschaftliche Ansätze

Die neuen marktwirtschaftlich orientierten Ansätze bezogen sich hauptsächlich auf die Verbesserung der rechtlichen und ökonomischen Rahmenbedingungen für staatliche und private in- und ausländische Investoren und für den regionalen Kapitalverkehr. In fast allen arabischen Ländern wurden in den siebziger und achtziger Jahren Reformen in Richtung Privatisierung und Liberalisierung der Investitions- und Außenwirtschaftspolitik durchgeführt. Privatinitiative und der private Wirtschaftssektor wurden unterstützt. Arabische und ausländische Investitionen wurden durch verbesserten rechtlichen Schutz und Einführung breit gefächerter Anreizsysteme gefördert. In einigen Ländern wurden neue Exportbanken gegründet, und auf regionaler Ebene wurde die 1975 gegründete Arab Investment Guarantee Corporation (Kapital: 115 Mio. US-Dollar, Sitz in Kuwait, Mitglieder: alle arabischen Länder) zur Deckung kommerzieller und nichtkommerzieller Exportrisiken aufgebaut.

In den achtziger Jahren gab es eine Tendenz zur Gründung und Entwicklung von Freizonen, in denen arabische und ausländische Investoren einen größeren Spielraum haben und von manchen Auflagen und Abgaben sowie von bürokratischen Einflüssen der betreffenden Regierung befreit sind. Solche Freizonen entstanden in Ägypten, Jordanien, Syrien und den Vereinigten Arabischen Emiraten (VAE; Dubai). Ferner wurde eine Anzahl von Gemeinschaftsunternehmen gegründet. Die Arabische Liga plante den Aufbau einer panarabisch orientierten Freizone für die Gemeinschaftsunternehmen. Sie sollte ein Selbstverwaltungssystem haben und vom Einfluß eines einzelnen Staates unabhängig sein. Für Investitionsstreitigkeiten sollten nur regionale Schiedsgerichte zuständig sein. Man wollte in dieser Freizone in erster Linie gemeinschaftliche Agrarprojekte durchführen, die die Selbstversorgung der Region mit Nahrungsmitteln verbessern sollten.

Von den 170 geplanten Projekten wurden 18 tatsächlich in Angriff genommen. Zur bestehenden Arab Authority for Agricultural Investment and Development (Sitz in Khartoum / Sudan, Kapital: 250 Mio. Kuwaiti Dinar) kam die Gründung der Arab Agricultural Investment Corporation mit einem Anfangskapital von 1 Mrd. US-Dollar. Im Industriebereich wurden 153 Projekte identifiziert, von denen 21 Projekte in die konkrete Planungsphase eintraten. An der Konzipierung und Durchführung dieser Gemeinschaftsprojekte ist die Arab Industrial Development Organization (eine Suborganisation der Arabischen Liga mit Sitz in Bagdad) beteiligt.

All diese marktwirtschaftlich orientierten Ansätze für die regionale Integration bedeuteten sicherlich gewisse Fortschritte. Sie reichten jedoch für einen wirklichen Durchbruch nicht aus. Eine breite Grundlage für unumkehrbare Integrationstendenzen konnte noch nicht geschaffen werden. Es war bezeichnend, daß die von der Arabischen Liga geplante Freizone nicht zustande kam, weil sie Souveränitätsverzicht seitens der Mitgliedsstaaten erforderte. So beschränkten sich die Aktivitäten auf den Aufbau regionaler Gemeinschaftsunternehmen und andere Formen arabischer und ausländischer Direktinvestitionen sowie auf den Aufbau subregionaler Kapitalmärkte.

Immerhin wurden bis Ende 1985 391 arabische Joint-ventures (d.h. Unternehmen, deren Teilhaber aus zwei oder mehr arabischen Ländern kommen) mit Kapitalinvestitionen von insgesamt 21,4 Mrd. US-Dollar geschaffen. Sie verteilten sich auf die einzelnen Wirtschaftssektoren wie folgt (in Mio. US-Dollar): Banken, Versicherungen und Investmentgesellschaften 8 267, verarbeitende Industrie 4 758, Transport 3 420, Landwirtschaft 2 000, Bergbau 1 611, Bausektor 551, Tourismus 550 und sonstige Dienstleistungen 223. Sicherlich stellen diese Joint-ventures einen gewissen Fortschritt dar; sie verstärkten die Kapitalbasis bestehender Finanzinstitutionen und schufen neue Produktionskapazitäten.

Die Kritikpunkte lassen sich wie folgt zusammenfassen: (a) Der Umfang des hier investierten Kapitals, der nur 6 % der akkumulierten Kapitalüberschüsse ausmachte, war sehr gering. (b) Die Investitionen sind regional ungünstig verteilt, denn sie sind zu 65 % in den kapitalreichen Ländern Bahrain, Kuwait, Saudi-Arabien und VAE konzentriert, während die Defizitländer, die die Investitionen dringender benötigen, schwach vertreten waren. (c) Der Anteil des privaten Sektors war mit 30 % viel zu gering, zumal dieser Sektor über umfangreiche Finanzierungsmittel verfügte. Die regionale Mobilität des privaten Investitionskapitals wird nach wie vor durch politische Faktoren behindert. (d) Auf Industrie und Landwirtschaft, wo eigentlich das Schwergewicht liegen sollte, entfiel nur ein Drittel der Investitionen. (e) Wichtige Investitionsbereiche, in denen die komparativen Vorteile des betreffenden Landes liegen, blieben in vielen Fällen Domäne des Staates und der Inländer, auch wenn diese nicht genügend investierten.

Ähnliches kann über die ausländischen (nicht-arabischen) Direktinvestitionen gesagt werden, die hauptsächlich aus den USA, Japan, England, Bundesrepublik Deutschland, Frankreich und Italien kamen. Sie sind aufgrund verbesserter rechtlicher und ökonomischer Rahmenbedingungen bis Mitte der achtziger Jahre angestiegen, blieben jedoch weit hinter den Erwartungen zurück und zeigten in den letzten Jahren eine sinkende Tendenz. Ende 1985 gab es insgesamt 439 arabisch-westliche Joint-ventures mit einer Investitionssumme von 14,35 Mrd. US-Dollar. Ihre ländermäßige und sektorale Verteilung entsprach nicht den Prioritäten der Entwicklung und Integration der Region. Allein auf den Bankensektor entfiel mit 6,28 Mrd. US-Dollar fast die Hälfte der Investitionssumme. Die verarbeitende Industrie war mit 98 Projekten und 6,21 Mrd. US-Dollar relativ gut vertreten.

Demgegenüber wurde die Landwirtschaft vernachlässigt. Sie wurde nur mit 34 Projekten und 326 Mio. Dollar bedacht, eine im Vergleich zur großen Problematik der Nahrungsmittelversorgungslücke und zu den erforderlichen Investitionen verschwindend kleine Summe. Größere Beträge wurden in Bergbau/Ölförderung (523 Mio. Dollar) und Tourismus (495 Mio. Dollar) investiert. Was die ländermäßige Verteilung betrifft, ist festzustellen, daß der weitaus größte Teil dieser ausländischen Investitionen in den Ölexportländern konzentriert war. In zweiter Linie folgten Ägypten, Marokko und Tunesien. Alle anderen kapitalschwachen Länder der Region wurden kaum berücksichtigt.

Kooperationsrat der Arabischen Golfstaaten

Der Golfkooperationsrat (GKR), dem Saudi-Arabien, Kuwait, Bahrain, Qatar, VAE und Oman angehören, wurde am 25. Mai 1981 gegründet. Sein erklärtes Ziel ist die Verwirklichung der Integration der Mitgliedsstaaten in allen Bereichen. Seine Organe sind (a) der aus den Staatsoberhäupten zusammengesetzte Oberste Rat, der die Richtlinien der Politik bestimmt, (b) der aus den Außenministern bestehende Ministerrat, (c) das Generalsekretariat in Riad, das die Beschlüsse dieser beiden Gremien vorbereitet und ihre Durchführung verfolgt. Im „Einheitlichen Wirtschaftsabkommen" vom 11. November 1981 wurden für die Wirtschaftsintegration anspruchsvolle Ziele verankert. Was wurde bisher davon erreicht? Im Handelsbereich konnten seit März 1983 alle Zölle für die innerhalb der Mitgliedsländer erzeugten Waren beseitigt werden. Der Zollabbau war eine leichte Aufgabe, weil die Zölle ohnehin niedrig waren und die Zolleinnahmen für die Staatshaushalte keine große Bedeutung hatten. Schwieriger gestaltete sich die Einführung eines gemeinsamen Außenzolltarifs, der bisher nicht verwirklicht werden konnte. Die GKR-Bürger dürfen ohne Diskriminierung in allen Mitgliedsstaaten im Einzelhandel (seit 1. 3. 1987) und im Großhandel (seit 1. 3. 1990) tätig sein. Dagegen konnte das Handelsvertreterrecht noch nicht vereinheitlicht werden. Für die Harmonisierung der Industrie- und Agrarpolitik wurden nur allgemein unverbindliche Orientierungsgrundsätze formuliert.

Die angestrebte Vereinheitlichung der Gesetze über ausländische Investitionen konnte nicht erreicht werden. Als erster Schritt dienen seit März 1989 „Unified Foreign Capital Investment Regulations" als Orientierungsrahmen. Pläne und Projekte zur Verbindung der nationalen Stromleitungsnetze wurden seit 1983 diskutiert, aber noch nicht verwirklicht. Konkrete Fortschritte sind in den Bereichen Transport und Verbindungswesen zu verzeichnen, da die diesbezügliche Infrastruktur in der Golfregion modernisiert und gemeinschaftliche Unternehmen (Luftfahrt, Schiffahrt) aufgebaut wurden. Für die Koordinierung der Energiepolitiken sorgt seit 1982 eine ministerielle Kommission.

Von zentraler Bedeutung für die Beurteilung der Ergebnisse des Integrationsprozesses ist die Frage nach der rechtlichen Gleichstellung der Bürger (natürliche und juristische Personen), d.h. die Frage nach der Bewegungsfreiheit der Produktionsfaktoren Arbeit, Kapital und unternehmerische Tätigkeit. Die völlige Gleichstellung wurde nicht erreicht, wohl aber einige Fortschritte. GKR-Bürger dürfen sich seit 1. März 1983 als Arbeitnehmer und Unternehmer gleichberechtigt in den Bereichen Industrie, Landwirtschaft und Bauwirtschaft betätigen, wobei die steuerrechtliche Gleichstellung erst am 1. März 1989 in Kraft trat. All diese Freiheiten und Rechte betreffen hauptsächlich die berufliche Tätigkeit.

Weit schwieriger ist die Frage nach dem zulässigen Erwerb von Realvermögen (insbesondere Grund und Boden), der noch weitgehenden Beschränkungen unterliegt. Auch der Erwerb von Aktien und der Handel mit Wertpapieren unterliegen gesetzlichen Beschränkungen. Bisher durften die Aktien von nur 170 Gesellschaften regional gehandelt werden (Börsen existieren in Bahrain, Kuwait und Oman). Geschäftsbanken dürfen nicht in allen Mitgliedsstaaten Filialen eröffnen. Pläne zu einer engeren währungspolitischen Zusammenarbeit und zur Einführung einer einheitlichen Währung wurden hinausgeschoben, weil sie u.a. eine Souveränitätsübertragung bedingen, die die einzelnen Regierungen nicht akzeptieren. Auf der anderen Seite ist zu beachten, daß aufgrund der starken Devisenposition der Mitgliedsstaaten von Anbeginn keine Devisenbewirtschaftungssysteme und folglich keine Beschränkungen für den Kapitaltransfer bestanden. Die Gleichartigkeit der durch Überschüsse gekennzeichneten Zahlungsbilanzen erleichtert die Etablierung stabiler Relationen zwischen den Währungen.

Insgesamt ist festzustellen, daß die Integration der GKR-Staaten gute Fortschritte in den letzten sechs Jahren gemacht hat. In einigen Bereichen entstanden regionale Märkte. Die Bewegungsfreiheit von Arbeit und Kapital konnte in bestimmten Bereichen erweitert werden. Durch Zollabbau entstand eine Freihandelszone, und die Einführung eines gemeinsamen Außenzollsystems ist geplant. Das alles darf allerdings über das Fortbestehen wesentlicher Lücken nicht hinwegtäuschen. Zollabbau allein kann den intraregionalen Handel nicht wesentlich steigern, weil die Wirtschaftsstrukturen der Mitgliedsländer nicht komplementär sind und die Inlandsproduktion in vielen Bereichen nicht den eigenen Bedarf des betreffenden Landes decken kann. Der intraregionale Handel hatte im Zeitraum 1980-1987 ein Volumen von 6 bis 11 Mrd. US-Dollar und machte weniger als 10 % des gesamten GKR-Außenhandels aus.

Union des Arabischen Maghreb (UAM)

Die am 17. Februar 1989 gegründete UAM, die Algerien, Marokko, Mauretanien, Libyen und Tunesien umfaßt, hat verhältnismäßig gute Voraussetzungen für eine dynamische Entwicklung. Interne und externe politische und ökonomische Faktoren haben die Kooperationsbereitschaft erhöht. Dazu gehören der Machtwechsel in Tunesien vom November 1987, die politische Annäherung von Algerien und Marokko seit 1987, die Ausgleichspolitik Libyens, zunehmende Liberalisierungs-, Demokratisierungs- und Pragmatisierungstendenzen, Auswirkungen der Süderweiterung der EG und des EG-Binnenmarktes sowie der Subregionalisierung des Welthandels. Faktorausstattung und Wirtschaftsstrukturen der fünf Maghreb-Länder (mit 72 Mio. Einwohnern) haben größere Komplementarität als z.B. der GKR. Das im Gründungsvertrag verankerte Ziel der UAM ist die Harmonisierung der Politik der Mitgliedsstaaten auf verschiedenen Gebieten (Verteidigung, Sicherheit, Wirtschaft, Kultur usw.) und Herstellung der Freizügigkeit für Personen sowie bei Transfer von Gütern, Dienstleistungen und Kapital.

Die bisher realisierten Fortschritte auf dem Wege zu diesem Ziel lassen sich trotz der kurzen Zeitspanne sehen. Die rechtliche und institutionelle Basis der UAM konnte relativ schnell geschaffen werden. Dazu gehören Präsidentenrat, Außenministerrat, Durchführungskomitee, ministerielle Kommissionen (für menschliche Ressourcen, Nahrungsmittelsicherheit, Infrastruktur, Wirtschaft und Finanzen), permanentes Generalsekretariat, 100-köpfiger Konsultativrat (bestehend aus 20 Parlamentariern aus jedem Mitgliedsland), Gerichtshof zur Schlichtung von Streitfällen und andere Institutionen. Auf den häufigen Treffen der Fachminister wurden umfangreiche Kooperationspläne ausgearbeitet. Die Außenminister unterzeichneten Rahmenabkommen zur Schaffung eines gemeinsamen Agrarmarktes, Harmonisierung der Investitionsgesetze und der Finanzpolitiken, Erleichterung des Personen- und Warenverkehrs. Eine Zollunion soll bis 1995 erreicht werden.

Trotz des Fortbestehens bürokratischer Hindernisse und unterschiedlicher Standpunkte in den Fachdiskussionen scheint der politische Wille für die Fortsetzung des Integrationsprozesses stark genug zu sein.

Arabischer Kooperationsrat (AKR)

Der AKR wurde am 16. Februar 1989 in Bagdad gegründet. Ihm gehören der Irak, Ägypten, Jordanien und Jemen an. Die politischen Rahmenbedingungen für seine Gründung und Entwicklung sind weit komplizierter im Vergleich zu GKR und UAM. In den achtziger Jahren hatte sich eine enge Zusammenarbeit zwischen den genannten vier Ländern entwickelt. Ägypten, Jordanien und Jemen unterstützten den Irak im Krieg gegen Iran. Die ökonomische Kooperation wurde durch eine Vielzahl bilateraler Abkommen und Projekte intensiviert. Die Beendigung des irakisch-iranischen Krieges im August 1988, der angestrebte Wiederaufbau im Irak und der Wunsch Ägyptens nach Wiedereingliederung in das regionale System sowie die Notwendigkeit einer gemeinsamen Sicherheit angesichts der Herausforderungen im Palästinakonflikt (Einwanderung sowjetischer Juden nach Israel), der Wiederaufrüstung Irans und der Auswirkungen des Strukturwandels in der Sowjetunion ließen einen Zusammenschluß der vier Staaten sinnvoll und geboten erscheinen.

Erklärtes Ziel des AKR war eine umfassende Integration auf wirtschaftlichen und sozialen Bereichen. Er schuf relativ schnell die erforderliche rechtliche und institutionelle Basis: den aus den Staatschefs zusammengesetzten Obersten Rat, den aus den Premierministern bestehenden Ministerrat, ein permanentes Generalsekretariat in Amman, ein Parlamentskomitee, bestehend aus je 15 Mitgliedern aus jedem Land, geplante Zusammenlegung der Konsularvertretungen, ministerielle Ausschüsse usw. Zu den geschlossenen Verträgen gehört ein Kooperationsabkommen für den Energiebereich. Vereinbarungen über Vereinheitlichung der Paßabfertigung, Zollformalitäten und Regelung der zivilen Luftfahrt wurden unterzeichnet. Die Visaabschaffung wurde am 16. Juni 1989 beschlossen. Zur Vereinheitlichung des Arbeitsrechts und der Systeme der Berufsbildung und der sozialen Sicherung wurden Studien und Vertragsentwürfe sowie Pläne für eine Datenbank für Arbeitskräfte ausgearbeitet.

Auf ihrem Gipfeltreffen am 25. September 1989 ratifizierten die Staatschefs 16 Kooperationsabkommen für die Bereiche Landwirtschaft, Industrie, Wohnungsbau, Arbeit, Transport, Verbindungswesen, Information, Erziehung, Gesundheit, Rechtswesen, Finanzen. Am 24. Februar 1990 erfolgte die Ratifizierung weiterer Kooperationsabkommen für die Bereiche Technologie, Planung, Tourismus, örtliche Verwaltung, Meteorologie, Luftfahrt und Seetransport.

Golfkrise und Golfkrieg spalteten den AKR in zwei Lager: Während Jordanien und Jemen für die irakische Politik Verständnis zeigten, stand Ägypten auf der Seite der anti-irakischen Koalition. Die Voraussetzungen für die Fortsetzung der Zusammenarbeit mit Ägypten war nicht mehr gegeben. Aber weder trat Ägypten aus, noch wurde der AKR aufgelöst. Das UNO-Embargo gegen den Irak hat auch die Zusammenarbeit zwischen dem Irak einerseits und Jordanien und Jemen andererseits behindert.

Trotz aller politischen Hindernisse und Spaltungen werden die internen Sachzwänge und der Wandel der internationalen Politik den arabischen Staaten keine Alternative lassen als die Verstärkung des regionalen Integrationsprozesses voranzutreiben.

Reinhard Stewig

Hat der Tourismus im Orient eine Zukunft? Reiseziel Naher Osten

Wenn man — über den arabischen Nahen Osten hinaus die Türkei, Iran und Nordafrika einbeziehend — nach der Zukunft des Tourismus im Orient fragt, so erscheint diese Zukunft derzeit so dunkel wie die schwarzen Wolken der kürzlich noch brennenden Erdölfelder in Kuwait.

Erinnert werden soll zunächst an einige Attraktionen, die der Orient in der Vergangenheit den aus den entwickelten Industrieländern Europas, Nordamerikas und Ostasiens stammenden Touristen zu bieten hatte. Da gab es im Libanon die altberühmten phönizischen Städte Sidon und Tyrus und das antike Baalbek zu besichtigen; am selben Tage konnte man im Gebirge Skilaufen und im Mittelmeer baden; den Amüsierbetrieb bot das Casino du Liban. Da gab es in Syrien die Kreuzritterburgen, die Ruinen der ausgedehnten antiken Oasenstadt Palmyra, die Altstadt von Damaskus aus der Zeit der Omayyaden und den historischen Basar zu bewundern. Da gab es in Jordanien die rosarote Felsenstadt Petra zu sehen, die Wüstenschlösser der Omayyaden östlich von Amman, die Kriegsschauplätze des Lawrence of Arabia und Badestrände am Golf von Aqaba. Da gab es im Heiligen Land die Möglichkeit, die Wirkungsstätten Jesu in Augenschein zu nehmen und seinen Heils- und Leidensweg nachzuerleben. Da gab es im Irak, im Zweistromland Mesopotanien, einer Wiege der Menschheit, die Reste der prähistorischen Siedlungen der Babyloner, Assyrer und Sumerer, Tempel und Mauern, in Ninive, Nimrud, Assur und Ur, aber auch die heiligen Stätten der Schiiten in Kerbela zu bestaunen.

Mekka und Medina, die heiligen Stätten des Islam in Saudi-Arabien, schieden als Fremdenverkehrsziele für nicht-muslimische Touristen aus; Saudi-Arabien stellte eine für den allgemeinen Tourismus geschlossene Gesellschaft dar, die sich allerdings dem internationalen Pilgerverkehr, der Wallfahrt (Hadsch) für muslimische Fremde, weit öffnete.

Da gab es in Ägypten, der anderen Flußoase des Orients und weiteren Wiege der Menschheit, die berühmten Kulturdenkmäler in Unter- und Oberägypten, Pyramiden und Tempel, deren Besichtigung sich durch eine Kreuzfahrt auf dem Nil angenehm verknüpfen ließ. Am Roten Meer konnte Tauchsport betrieben werden. Da gab es in Iran das antike Persepolis ebenso zu besuchen wie die mittelalterliche Safavidenstadt Isfahan mit ihren prächtigen Moschee- und Platzanlagen.

In der Türkei boten sich die antiken Stätten mit so berühmten Namen wie Troja, Pergamon, Ephesos, Milet, Priene in Westanatolien an, außerdem Istanbul als Stadt der Osmanen mit einem weithin bekannten Basar.

In Nordafrika gab es in Libyen, Tunesien und Algerien berühmte Ruinenstätten der römischen Antike zu sehen, in Marokko die malerischen Königsstädte Fès, Marrakesch, Tetuan, Meknes und die Möglichkeit zu Ausflügen in die Oasen der Sahara. Schließlich bot der Jemen mit seinen alten Städten und ihrer (Lehm-)Hochhausarchitektur zahlreiche Anreize für Touristen.

In jüngster Zeit kamen in den Arabischen Emiraten durch modernste Hotelbauten mit entsprechendem zivilisatorischen Standard neue, allerdings sehr teure, Attraktionen hinzu.

Alle alten Kulturstätten und modernen Tourismus-Anlagen gibt es natürlich noch immer. Doch wie sieht ihre touristische Zukunft nach den kriegerischen Ereignissen der letzten Jahre aus?

Die angeführten Touristenziele wurden zumeist von einer geringen Zahl von Individualreisenden oder kleinen Gruppen, mit Bildungsinteressen aufgesucht, vor allem in Jahreszeiten, in denen die hohen Sommertemperaturen des Orients nicht abschreckend wirkten.

In jüngster Zeit hat zuerst in Tunesien, in den letzten Jahren auch in der Türkei, vor allem an der Südküste um Antalya, der bisweilen so gefürchtete Massentourismus durch ausländische Urlauber eingesetzt, die primär den Badeurlaub suchten, ihn allenfalls mit Bildungsausflügen kombinierten. Als Deviseneinnahmequelle für so rohstoffarme Länder wie Tunesien ist dieser Tourismus, auch wegen der entstehenden Arbeitsplätze, nicht zu unterschätzen, selbst wenn ein Teil der Einnahmen wieder in die Industrie- und Herkunftsländer der Touristen zurückfließt.

Die mit dem (Ausländer-)Tourismus verbundene Nachfrage ist ein äußerst sensibles Wirtschaftsgut; dem potentiellen Touristen der Industrieländer steht heute weltweit ein außerordentlich vielfältiges Angebot offen. Kriege, selbst Unruhen, wirken sich auf diese Nachfrage häufig sehr kurzfristig und besonders nachteilig aus.

In Libanon ist durch die jahrzehntelangen internen Auseinandersetzungen zwischen Moslems und Christen und die gewaltsame Einflußnahme der Nachbarstaaten Israel und Syrien der Ausländer-Tourismus zum Erliegen gekommen und wird wegen der Kriegszerstörungen sobald nicht wieder aufleben.

Im Heiligen Land ist der religiös motivierte Ausländer-Tourismus durch die Auseinandersetzungen (Intifada) in und um Israel schwer beeinträchtigt.

In Syrien ist der Ausländer-Tourismus auf ein Minimum reduziert. Im Irak hat der Golfkrieg den zuvor ohnehin schwachen Ausländer-Tourismus beendet. Auf Jahre hinaus wird das Land mit dem Wiederaufbau seiner Infrastruktur und damit auch der Schaffung von Voraussetzungen für den Tourismus beschäftigt sein.

Die feindliche Haltung von Teilen der Bevölkerung Jordaniens, der Palästinenser, die sie infolge des Golfkrieges Ausländern, insbesondere Nordamerikanern, gegenüber einnahmen, stellt keinen Anreiz für fremde Besucher dar. Die im Zuge des Golfkrieges entstandenen ökologischen Beeinträchtigungen in der Region des Persisch-Arabischen Golfes, schrecken darüber hinaus ausländische Touristen ab.

Der von Khomeini in Iran herbeigeführte Umsturz, die Rückkehr zu einem Gottesstaat, verbunden mit feindlichen Haltungen, besonders gegenüber Ausländern aus dem Westen, lassen es Europäern, Nordamerikanern und Japanern auch in Zukunft nicht geraten erscheinen, ihren Urlaub dort zu verbringen. Allein die für Frauen gültige Kleiderordnung wirkt auf potentielle ausländische Touristen alles andere als einladend.

Der Golfkrieg hat in der Türkei, obwohl das Land nur mittelbar an seiner Südostgrenze betroffen war, vorübergehend einen umfangreichen Rückgang der Touristenbuchungen zur Folge gehabt, der den dort erst beginnenden Massentourismus stark bremste.

Auch der Ägypten-Tourismus war durch den Golfkrieg in Mitleidenschaft gezogen, dürfte sich aber noch am schnellsten auf das traditionelle Niveau wieder einpendeln. Libyen ist schon lange für den Ausländer-Tourismus geschlossen. Starke fundamentalistische Bewegungen in Tunesien, Algerien und Marokko sorgen immer wieder für Unruhen in allen drei Maghrebländern und schaffen ein ungünstiges Klima für den Auslands-Tourismus.

Insgesamt muß der Orient, müssen Südwestasien und Nordafrika, als Region häufiger Spannungen und Kriege, als Schauplatz politisch-religiös gefärbter und völkischer Auseinandersetzungen angesehen werden, für die friedliche und den Tourismus begünstigende Lösungen vielfach noch nicht einmal in Sicht sind.

Dennoch gibt es auch Anzeichen der Hoffnung, denn Tourismus meint nicht nur den Reisestrom aus den Industrieländern in die sich entwickelnden Länder. Tourismus, vor allem der Massentourismus, entsteht und entwickelt sich — gerade das lehren die Beispiele der Industrieländer — mit der Entstehung und Entwicklung der Industriegesellschaft. Auch im Orient hat inzwischen ansatzweise eine industriegesellschaftliche Entwicklung begonnen, wenn auch sehr unterschiedlich in den einzelnen Ländern. Weit in der Entwicklung zurückgebliebene Länder, wie der Jemen, zeigen noch ein der präindustriellen Gesellschaft verhaftetes Bild, ohne modernen Tourismus, weil es noch keine scharfe Trennung von Arbeit und Freizeit gibt, besonders bei der ländlichen Bevölkerung. Dagegen lassen andere Länder des Orients, wie z.B. die Türkei, ausgeprägte Fortschritte in Richtung auf industriegesellschaftliche Strukturen erkennen: es entsteht ein endogener Tourismus, der aber im Orient noch nicht alle sozialen Schichten erfaßt hat. So läßt sich in der Türkei und in einem seit Jahren vom Krieg verschonten Land wie Ägypten, ein zunehmender Tourismus der eigenen Bevölkerung beobachten: in Ägypten an den Stränden des Mittelmeeres im Raum Alexandria, in der Türkei an den Stränden des Marmara-Meeres und der Ägäisküste.

Bei diesem endogenen Tourismus kollidieren traditionelle und moderne Verhaltensweisen der Bevölkerung. Traditionell suchte man, insbesondere die ältere Generation, in der Türkei in den heißen Sommermonaten die kühlen Höhen der Gebirge auf oder begab sich ins Heilbad. Mit den aus dem Ausland, aus dem Westen, ins Land gekommenen Einflüssen und neuen Leitbildern orientiert man sich — vor allem die jüngere Generation — auf einen Küsten- und Badetourismus um, nicht selten mit einem Zweitwohnsitz in einem Apartmenthaus oder einem Strandbungalow. In den arabischen Ländern, die von der Erdölwirtschaft profitieren, entwickelt sich sogar schon ein grenzüberschreitender Auslandstourismus, der sich als Einkaufstourismus auf die Hauptstädte Westeuropas ausrichtet.

Langfristig, nämlich als Folge der Herausbildung ökonomischer und sozialer industriegesellschaftlicher Strukturen, hat daher auch der endogene Tourismus im Orient eine gute Chance.

4. Kapitel
Der Platz in der Welt

Jörg von Uthmann

Der gefesselte Riese
Amerika und der Nahe Osten

Mit der Vormacht Europas im Nahen Osten ist es spätestens seit 1956 vorbei. Seitdem hält Amerika den Schlüssel zur Lösung des Konflikts zwischen Israel und seinen arabischen Nachbarn in der Hand. 1956 machten die alten Kolonialmächte England und Frankreich noch einmal einen Versuch, die Reste ihrer traditionellen Stellung zu verteidigen. Als sie, von Präsident Eisenhower genötigt, ihren siegreichen Feldzug gegen Ägypten abbrachen, dämmerte auch dem letzten Zweifler, daß Europa im Nahen Osten bestenfalls als Washingtons Juniorpartner geduldet war. Auch die wortreichen Erklärungen des Europäischen Rates haben an dieser Realität nichts ändern können.

Als sich England und Frankreich nach dem Ende des Ersten Weltkriegs über die Aufteilung des Nahen Ostens stritten, war eine Zeitlang davon die Rede, das Mandat über Palästina den Vereinigten Staaten zu übertragen. Was damals ein weit hergeholter Plan war, kommt heute der Wirklichkeit ziemlich nahe. Wenn sich die Lage der Palästinenser je verbessern sollte, so werden sie es den Amerikanern zu danken haben. Umgekehrt wäre Israels überragende Stellung in der Region nicht denkbar ohne die massive Finanzhilfe und die politische Rückendeckung aus Washington.

Das war, als Israel gegründet wurde, keineswegs vorauszusehen. Zwar erfreute sich der Zionismus unter den amerikanischen Juden lebhafter Unterstützung, wobei das schlechte Gewissen wegen der halbherzigen Hilfe für die Opfer der nationalsozialistischen „Endlösung" eine nicht zu unterschätzende Rolle spielte. Selbst in ihre biblische Heimat auszuwandern, beabsichtigten die Sympathisanten freilich nicht. Die Zahl der olim, die sich seit 1948 in Israel niederließen, liegt bei 70000, also bei gut einem Prozent der amerikanischen Juden. Hingegen beträgt die offizielle Zahl der jordim, der Einwanderer aus Israel, 140000; die inoffizielle ist mindestens dreimal so hoch.

Auch bei den amerikanischen Protestanten schlug der Traum vom „Gelobten Land“ und vom „Neuen Jerusalem“ manch verwandte Saite an. Mit ähnlichen Idealen waren ihre Vorfahren einst in der Neuen Welt gelandet. Für Präsident Truman war die Anerkennung Israels dagegen eine Frage des Machtgleichgewichts im Nahen Osten. Schon 1947 hatte sich der spätere sowjetische Außenminister Gromyko in einer Rede vor den Vereinten Nationen für die Errichtung eines Judenstaates ausgesprochen. Die Sowjetunion, die mit Hilfe Israels die feudalen arabischen Regime zu stürzen hoffte, ließ es nicht bei bloßen Worten bewenden. Sie gestattete die massenhafte Auswanderung osteuropäischer Juden und den Export tschechischer Waffen, ohne die der neue Staat den koordinierten Angriff seiner Nachbarn schwerlich überstanden hätte. Truman war nicht gesonnen, das Feld den Sowjets zu überlassen. Die amerikanische Regierung sprach als erste die Anerkennung Israels aus.

Trumans Nachfolger Eisenhower und sein Außenminister Dulles waren um eine ausgewogene Nahost-Politik bemüht. Sie wünschten gute Beziehungen nicht nur zu Israel, sondern auch zu den arabischen Ländern. Daß Nasser die Strafaktion der Engländer, Franzosen und Israelis nach der Verstaatlichung des Suez-Kanals ohne größeren Schaden überstand, hatte er nur dem Eingreifen Washingtons zu danken. Die Worte even-handed und balanced haben seitdem in Israel einen schlechten Klang. Auch den Vereinigten Staaten brachte die Distanz zu Israel kein Glück: Ägypten und Syrien setzten weiter auf die Sowjetunion, die mit Kriegsgerät und anderer Hilfe nicht geizte.

Wendung durch Sechs-Tage-Krieg

Der nächste Waffengang im Nahen Osten, der Sechs-Tage-Krieg von 1967, änderte mit einem Schlag die Lage. Frankreich, Israels wichtigster Rüstungslieferant, verhängte ein Embargo und stoppte sogar die Auslieferung von 50 bereits bezahlten „Mirage"-Flugzeugen. Da die Sowjetunion die Materialverluste ihrer arabischen Klienten sofort ausglich, wandte sich Jerusalem hilfesuchend an die Amerikaner. Präsident Johnson stand vor dem Dilemma, ob er es endgültig mit den Arabern verderben oder ob er Israels militärische Überlegenheit gefährden sollte. Nach längerem Zögern entschloß sich die amerikanische Administration, die Nachfolge der Franzosen anzutreten, und lieferte 50 Flugzeuge vom Typ „Phantom". Damals begann die enge militärische und wirtschaftliche Kooperation, die Israel in immer größere Abhängigkeit von den Vereinigten Staaten brachte. Im Haushaltsjahr 1985/86 erreichten die — militärischen und zivilen — Zuwendungen aus Washington die Rekordhöhe von 4,5 Milliarden Dollar. Israel erhält etwa ein Drittel der gesamten amerikanischen Auslandshilfe. Rechnet man die privaten Überweisungen mit ein, so werden 15 bis 20 Prozent des israelischen Bruttosozialprodukts vom amerikanischen Steuerzahler aufgebracht.

Die Wende in Johnsons Außenpolitik hatte nicht zuletzt mit dem Umschlag der Stimmung zu tun, der die amerikanische Öffentlichkeit während des Sechs-Tage-Krieges erfaßte. Die greifbar nahe gerückte Gefahr, Israel werde wieder von der Landkarte verschwinden, führte nicht nur zu einer globalen Welle der Sympathie für den bedrängten Judenstaat. Sie machte auch aus Amerikanern, die ihr Judentum bis dahin als Nebensache angesehen hatten, glühende Zionisten. Die jüdische Lobby — an ihrer Spitze das American Israel Public Affairs Committee (AIPAC) in Washington — stieg zu einem Machtfaktor auf, mit dem jeder Politiker rechnen muß. Dies gilt besonders für Vertreter der Demokratischen Partei, der die Mehrheit der Juden traditionell ihre Stimme gibt. Die Schätzungen, welcher Anteil des Wahlfonds der Demokraten aus jüdischen Quellen stammt, schwanken zwischen 30 und 50 Prozent. Sich mit dem AIPAC anzulegen, kann einen Politiker teuer zu stehen kommen. Durch ihre Zustimmung zum Verkauf des AWACS-Frühwarnsystems an Saudi-Arabien verscherzten sich die Senatoren Charles Percy (Illinois) und Roger Jepsen (Iowa) 1981 die Gunst ihrer jüdischen Geldgeber. Die Folgen ließen nicht lange auf sich warten: 1984 verloren beide ihr Mandat.

An diesem Punkt kommt auch der Holocaust ins Spiel. Die planmäßige Erinnerung an die Konzentrationslager und Gaskammern verfolgt ein klares politisches Ziel: Falls Amerika seine schützende Hand von Israel abzieht — diese Botschaft soll den Amerikanern eingehämmert werden —, dann wäre ein zweiter Holocaust, der Untergang Israels, die sichere Folge. Daß im Herzen Washingtons, auf halbem Wege zwischen Kapitol und Weißem Haus, ein aufwendiges Holocaust-Museum entsteht, wird nicht zuletzt vor diesem Hintergrund verständlich.

„Land gegen Frieden"

Trotz der dezidiert pro-israelischen Stimmung auf dem Kapitol blieb das Weiße Haus weiterhin um eine ausgewogene Politik und die Verbesserung der Beziehungen zu den arabischen Staaten bemüht. Weder die Annexion Ost-Jerusalems noch die der Golan-Höhen wurden von Washington anerkannt. Bisher haben auch alle Administrationen dem Druck widerstanden, die amerikanische Botschaft von Tel Aviv nach Jerusalem zu verlegen: Jerusalem gilt — entsprechend dem Teilungsbeschluß der Vereinten Nationen von 1948 — bei den Juristen des State Department als corpus separatum mit internationalem Status.

Die Besiedlung der Westbank durch Israel ist von Washington wiederholt kritisiert worden. Praktische Folgerungen aus ihrer Kritik hat die Administration allerdings bisher nicht gezogen. Die immer wieder erörterte Möglichkeit, Israel durch Kürzung der Subventionen zu einer Änderung seiner Besatzungspolitik zu zwingen, scheint angesichts der Haltung des Kongresses, wo man weniger an einer Lösung des Nahost-Konflikts interessiert ist als an einer möglichst reibungslosen Wiederwahl, nicht sonderlich aussichtsreich. Im Juni 1991 stellte der texanische Abgeordnete John Bryant überraschend den Antrag, von den jährlichen Zuwendungen an Israel — derzeit etwa drei Milliarden Dollar — 62 Millionen einzubehalten. Der Antrag wurde mit 378 gegen 44 Stimmen abgelehnt.

Im September 1978 gelang es Präsident Carter, den ägyptischen Staatspräsidenten Sadat und den israelischen Ministerpräsidenten Begin zur Formel „Land gegen Frieden" zu überreden. Im Abkommen von Camp David erhielt Ägypten die während des Sechs-Tage-Krieges besetzte Sinai-Halbinsel zurück. Im Gegenzug erkannte es

Israel an und schloß mit ihm Frieden. Zur Belohnung kam Ägypten, das 1976 den Freundschaftsvertrag mit der Sowjetunion gekündigt und sich der sowjetischen Militärberater entledigt hatte, wieder in den Genuß amerikanischer Waffen- und Finanzhilfe. Heute steht es — wenn auch in gebührendem Abstand hinter Israel — unter den Empfängerländern an zweiter Stelle.

Der zweite Teil des Abkommens von Camp David sah eine — zunächst provisorische — Lösung auch des Palästinenser-Problems vor. Hierzu kam es jedoch nicht: Statt den Ball aufzunehmen, quittierten die übrigen Anrainer Israels das Abkommen mit dem Abbruch ihrer diplomatischen Beziehungen zu dem „Verräter" am Nil. Die Beantwortung der Gretchenfrage, ob es auch in der Westbank und in Gaza zum Tausch von „Land gegen Frieden" bereit sei, blieb Israel erspart. Genau an diesem Punkt knüpft die Initiative von Außenminister Baker an.

Für die amerikanische Friedensinitiative gibt es eine Reihe von Gründen. Der wichtigste ist die Einsicht, daß der Nahe Osten ohne eine Lösung des Palästinenser-Problems nicht zur Ruhe kommt. Auch wenn es der Intifada nicht gelang, das harte Besatzungsregiment zu lockern, so rief sie doch der Welt die Unhaltbarkeit des Status quo wieder ins Gedächtnis. Tag für Tag brachte das amerikanische Fernsehen Bilder, die an Südafrika erinnerten: Soldaten, die auf Zivilisten einprügeln; Jugendliche mit entsetzlich zugerichteten Gesichtern; Frauen, die um ihr Leben rennen. Die willkürlichen Verhaftungen, die Deportationen, die rechtswidrigen Enteignungen und die systematische Zerstörung von Häusern — all das wurde auch von Zeitungen und Zeitschriften angeprangert, die sonst für Israels Sicherheitsinteressen größtes Verständnis zeigen. Das State Department protestierte offiziell gegen die Verwendung der — häufig tödlichen — Plastikgeschosse der Besatzungsarmee. Im Mai 1989 hielt Außenminister Baker eine Rede vor dem AIPAC, in der er Jerusalem aufforderte, „die unrealistische Vision eines Greater Israel ein für allemal aufzugeben". Daß Ministerpräsident Schamir sogar unter den jüdischen Organisationen in Amerika wenig Freunde besitzt, ist ein offenes Geheimnis.

Allerdings besitzt Jassir Arafat in Amerika noch weniger Freunde. Die Terrorakte der PLO gegen amerikanische Staatsbürger haben dem Ruf der Palästinenser schwer geschadet. Der Widerwille ist so groß, daß Außenminister Shultz im November 1988 nicht einmal vor dem Bruch völkerrechtlicher Verträge — dem Headquarter's Agreement mit den Vereinten Nationen — zurückschreckte, um Arafat am

Auftreten in New York zu hindern. Die Vollversammlung verlegte daraufhin die Palästina-Debatte nach Genf. Den psychologischen Gewinn, den Arafat 1989 durch seine Anerkennung Israels verbuchen konnte, verspielte er wieder durch seine unüberlegte Parteinahme für Bagdad im Golfkrieg. Heute weigert sich nicht nur Israel, mit Arafat zu verhandeln; auch für die Vereinigten Staaten kommt er als Gesprächspartner nicht mehr in Frage.

Außenminister Baker spricht gern vom window of opportunity, der historischen Chance, das Palästinenser-Problem diesmal mit größerem Erfolg anzugehen als 1978. Das Ende des Kalten Krieges und die Rettung Kuweits durch amerikanische Truppen haben den Nahen Osten in der Tat gründlich verändert. Dies gilt vor allem für Syrien, das unter den Nachbarn Israels die unversöhnlichste Linie vertrat. Präsident Assad hat begriffen, daß sein sowjetischer Gönner in der Region nicht mehr viel zu melden hat, und er verliert keine Zeit, sich mit der übriggebliebenen Weltmacht gutzustellen. Die Frage ist, ob Israel bereit ist, die ihm verbliebene Beute des Sechs-Tage-Krieges wieder herauszugeben und auf seine Siedlungspolitik zu verzichten. Bisher deutet wenig darauf hin.

Wird Washington die Regierung Schamir zu Konzessionen zwingen? An Druckmitteln fehlt es nicht: Abgesehen von der laufenden militärischen und zivilen Hilfe, steht ein israelischer Bürgschaftsantrag über 10 Milliarden Dollar zur Debatte. Die Bürgschaft soll die Aufnahme von Krediten für die Ansiedlung sowjetischer Einwanderer erleichtern. Die Administration ist fest entschlossen, diesen Hebel nicht vorzeitig aus der Hand zu geben. Das AIPAC ist ebenso fest entschlossen, jedes Junktim zwischen der Bürgschaft und politischen Zugeständnissen Israels zu verhindern.

Die erste Runde in diesem Tauziehen ging an Präsident Bush. Im September 1991 attackierte er — ein bis dahin unerhörter Vorgang — öffentlich die jüdische Lobby und setzte die Vertagung der Debatte über die Bürgschaft durch. Seine harte Reaktion fand in der Presse und der Öffentlichkeit so breite Unterstützung, daß der Kongreß darauf verzichtete, es auf eine Machtprobe mit dem Präsidenten ankommen zu lassen.

Werner Adam

Die Sowjetunion und der Nahe Osten

Neue Zusammenarbeit Moskau-Washington

Der Zufall wollte es, daß die Außenminister der einstigen Sowjetunion und der USA im sibirischen Irkutsk gerade über die Lösung regionaler Konflikte nachdachten, als die Streitkräfte des irakischen Diktators Saddam Hussein in Kuwait einfielen. An jenem 2. August des Jahres 1990, gestand der damalige sowjetische Außenminister Eduard Schewardnadse später, habe ihm sein amerikanischer Amtskollege James Baker mit dem Vorschlag einer gemeinsamen Verurteilung des Aggressors in Bagdad eine der schwierigsten Entscheidungen seiner Amtszeit abverlangt. „Warum das so war, möchte ich hier für mich behalten", gab Schewardnadse sechs Monate nach seinem spektakulären Rücktritt als Außenminister den Lesern seines Buches „Die Zukunft gehört der Freiheit" geheimnisvoll zu verstehen. Es läßt sich allerdings leicht ausmalen, wie empört die Betonköpfe in Armee und Partei der Sowjetunion auf die Verdammung eines arabischen Alliierten reagiert haben dürften, der für den Kreml jahrzehntelang so etwas wie ein Waffenbruder zur Abwehr westlicher Einflüsse im Nahen und Mittleren Osten gewesen war. Schewardnadse ging das Risiko seinerzeit ein und rechtfertigte seine Zustimmung zu Bakers Vorschlag nachträglich mit den Worten, die von Moskau und Washington vielbeschworene Beendigung des Kalten Krieges wäre wertlos gewesen, hätte die „Weltgemeinschaft" der Aggression gegen Kuwait nicht einen Riegel vorzuschieben vermocht.

Wie der amerikanische Präsident George Bush nach dem Golfkrieg wiederholt bestätigte, war für ihn die Haltung des Kremls während der Krisenmonate der Beweis dafür, daß sich in der sowjetischen Außenpolitik das „Neue Denken" überzeugend durchgesetzt hat. Das damit verbundene Bemühen des sowjetischen Präsidenten Gorbatschow, sein wirtschaftlich an ein Armenhaus gemahnendes und zudem von Zerfallserscheinungen heimgesuchtes Land der Welt als eine Macht in Erinnerung zu rufen, die international nach wie vor über beträchtliches Gewicht verfügt, wurde von der Moskauer Generalität und den orthodoxen Kräften in der Kommunistischen Partei zweifellos mitgetragen. Was den letzteren weitaus weniger behagte, war die politische Unterstützung der von den Vereinigten Staaten angeführten militärischen Koalition gegen den Irak. Mit diesem Land sah sich die Sowjetunion schließlich nach wie vor durch einen 1972 geschlossenen Freundschaftsvertrag verbunden, der nach Darstellung des ehemaligen sowjetischen Generalstabschefs Michail Moissejew keineswegs zu einem wertlosen Stück Papier geworden war. Er diente den Militärs in Moskau vielmehr als Begründung ihrer Weigerung, die Amerikaner mit Informationen über Struktur und Ausrüstung der Streitkräfte Saddam Husseins zu versorgen.

Zur Rechtfertigung ihres Strebens, ungeachtet der Intransigenz des irakischen Präsidenten, eine „diplomatische Lösung" des Konflikts zu suchen und sich dabei besonders eng mit Iran abzustimmen, verwies die Sowjetunion unter anderem auf ihre eigene muslimische Bevölkerung. Diese zählt etwa sechzig Millionen und siedelt vornehmlich in den zentralasiatischen Republiken sowie im transkaukasischen Aserbaidschan. Hier gelte es, Rücksicht auf religiöse Emotionen zu nehmen, die, so die Argumentation der Moskauer Generalität, durch das Aufwallen arabischer Gefühle zugunsten des Herrschers in Bagdad auch im Süden der Sowjetunion zusätzlich genährt und in nationales Aufbegehren umschlagen könnten, wenn der Kreml zu sehr Front gegen Saddam Hussein mache. Bedenken religiöser Art hatten die sowjetische Militärführung 1979 allerdings nicht davon abgehalten, mit ihren Truppen in das muslimische Afghanistan einzufallen und dort nahezu zehn Jahre lang Krieg zu führen.

Neue diplomatische Betriebsamkeit

Nach dem von Gorbatschow angeordneten und von seinem Außenminister Schewardnadse mit den Amerikanern und Pakistanern ausgehandelten militärischen Rückzug aus Afghanistan nutzte Moskau seine neue internationale Bewegungsfreiheit und einen gewissen Zuwachs seines politischen Kredits im Frühjahr 1989 freilich umgehend zu frischer diplomatischer Betriebsamkeit in der arabischen Welt von der Levante bis zum Persischen Golf. Das von dem sowjetischen Präsidenten propagierte Neue Denken schlug sich in einer Neugewichtung der Mittel nieder, mit denen der Kreml seine Interessen im Orient zu fördern suchte. Die militärische Zusammenarbeit, die von 1960 bis 1972 eine beherrschende Rolle in Ägypten gespielt hatte, wurde nun auch in Syrien und im Irak etwas gedrosselt. Statt dessen rückte Moskau die internationale Kooperation in den Vordergrund seiner Nahostpolitik und bemühte sich zugleich mit wachsendem Erfolg um engere Beziehungen zu den betont antikommunistischen kleinen Golfstaaten sowie zu Saudi-Arabien. Wirtschaftliche Erwägungen mit Blick auf die drückenden Rüstungslasten im eigenen Land trugen dazu ebenso bei wie die Erfahrungen während des Golfkriegs zwischen Iran und dem Irak, als die Sowjetunion massiv Bagdad unterstützt hatte und dadurch mit Teheran in Konflikt geraten war.

Ihren ersten Höhepunkt fand die Wiederbelebung der sowjetischen Diplomatie im Nahen und Mittleren Osten zu Beginn des Jahres 1989 in Kairo, wo sich Außenminister Schewardnadse bei einem Besuch den Israelis und der Palästinensischen Befreiungsorganisation (PLO) Jassir Arafats als Vermittler für eine beiderseitige Beteiligung an einer internationalen Nahost-Konferenz empfohlen hatte. Der Emissär Gorbatschows warb für einen „historischen Kompromiß“ und verstand es, sowohl in Israel als auch in den Vereinigten Staaten gewisse Hoffnungen auf ein Aufweichen der arabischen „Verweigerungsfront“ unter Führung der sowjetischen Freundschaftsvertragspartner Syrien und Irak zu wecken. Zwar hatte die Sowjetunion 1967 nach dem Sechstagekrieg ihre Beziehungen zu Israel abgebrochen und sich fortan die Sprache der Militanten unter den Arabern zu eigen gemacht, doch im Februar 1989, als sich Schewardnadse als Friedensstifter anbot, war zwischen Moskau und Tel Aviv längst einiges in Bewegung gekommen.

Annäherung an Israel

Bereits drei Jahre zuvor hatten die beiden Länder wieder Konsularbeamte ausgetauscht, die zunächst nur für einige Monate bleiben und während dieser Zeit unaufschiebbare Vermögensfragen regeln sollten. Ergebnis dieser Kontakte war jedoch dann 1990 die Eröffnung eines sowjetischen Generalkonsulats in Tel Aviv und eines israelischen in Moskau. Kurz darauf tauchten die ersten israelischen Minister in der sowjetischen Hauptstadt auf, um Möglichkeiten der wirtschaftlichen Zusammenarbeit zu sondieren. Zudem beharrte Moskau nicht länger so kompromißlos wie früher darauf, daß der Wiederanknüpfung voller diplomatischer Beziehungen die Räumung der von Israel besetzten arabischen Gebiete vorauszugehen habe. Zu dem politisch etwas unbeschwerteren Umgang trug wesentlich die Liberalisierung der sowjetischen Emigrationspolitik bei. Sowjetische Juden durften in ständig wachsender Zahl den sowjetischen Vielvölkerstaat verlassen, was dazu führte, daß allein 1990 nicht weniger als 200000 Menschen jüdischen Glaubens aus der Sowjetunion nach Israel einwandern konnten. Allerdings folgte Gorbatschow hier weniger israelischen als amerikanischen Wünschen, denn die Vereinigten Staaten hatten die Aufhebung der Restriktionen zur Vorbedingung des Gewährens der Meistbegünstigungsklausel im Handel mit der Sowjetunion gemacht.

Lob für Israel

Das von Moskau — nach einer Zwischenphase — politisch mitgetragene westliche militärische Vorgehen gegen den Irak brachte den Israelis dann zu Beginn des Jahres 1991 sogar ein sowjetisches Sonderlob ein. Mit seiner militärischen Zurückhaltung im Golfkrieg habe Israel einen wichtigen Beitrag zur Lösung seines Konflikts mit den arabischen Nachbarn nach dem Ende des Waffengangs gegen den Irak geleistet, ließ Gorbatschow öffentlich wissen. Daß er damit noch einmal den Anspruch auf sowjetisches Mitwirken am Zustandekommen einer internationalen Nahost-Konferenz verband, traf beim israelischen Ministerpräsidenten Yitzhak Schamir nicht länger auf Widerspruch. Er wiederholte bei einer Begegnung mit dem damaligen sowjetischen Regierungschef Valentin Pawlow in London lediglich, eine Direktbeteiligung Moskaus setze dessen Bereitschaft zur Wiederaufnahme voller diplomatischer Beziehungen voraus. Und das geschah dann auch kurz vor der nahöstlichen Friedenskonferenz in Madrid. Das wiederum entsprach zugleich den Vorstellungen der Vereinigten Staaten, die nicht ohne Grund, wie sich dann namentlich im Falle Syriens zeigen sollte, die Hoffnung hegten, die Sowjetunion könne mäßigenden Einfluß auf die arabische „Verweigerungsfront" ausüben.

Vor diesem Hintergrund konnte es kaum noch überraschen, daß der Wandel der sowjetischen Nahostpolitik schließlich in einer Erklärung kulminierte, auf die sich die obersten Repräsentanten der beiden Großmächte bei ihrem letzten, kurz vor dem Putsch gegen Gorbatschow zustande gekommenen Gipfeltreffen in Moskau verständigten und in der es hieß: „Präsident Bush und Präsident Gorbatschow haben ihre gemeinsame Verpflichtung bekräftigt, Frieden und wirkliche Aussöhnung zwischen den arabischen Staaten, Israel und den Palästinensern zu fördern. Sie glauben an die geschichtliche Möglichkeit, jetzt einen Prozeß zu beginnen, der zu einem gerechten und dauerhaften Frieden und einer umfassenden Nahost-Lösung führen kann. Beide Präsidenten stimmen mit Nachdruck darin überein, daß diese historische Gelegenheit nicht vertan werden darf."

Als die beiden Präsidenten dann als Kovorsitzende der Friedenskonferenz zu deren Auftakt in der spanischen Hauptstadt erschienen, war Gorbatschow freilich politisch nur noch ein Schatten seiner selbst. Es sollte sein letzter internationaler Auftritt sein, bevor er am 25. Dezember 1991 dem Zerfall der Sowjetunion Rechnung trug und als ihr Präsident seinen Abschied nahm. Der russische Präsident Boris Jelzin als neuer Machthaber in Moskau stellte aus diesem Anlaß klar, daß er Gorbatschows Außenpolitik gerade auch mit Blick auf den Nahen und Mittleren Osten fortzusetzen gedenke. In einer Bilanz des ereignisreichen Jahres 1991 zählte er zu den positiven Erscheinungen ausdrücklich „den siegreichen Krieg am Persischen Golf, einen gerechten Krieg, der die Befreiung eines unterworfenen Landes zum Ziel hatte". Zum ersten Mal in der Menschheitsgeschichte, so Jelzin wörtlich, habe sich die internationale Gemeinschaft in ihrer Mehrheit einmütig gezeigt und ihre Anstrengung zur Wiederherstellung der Freiheit und Unabhängigkeit Kuwaits gebündelt. „Zum ersten Mal fiel die Welt nicht in zwei Blöcke und Bündnisse auseinander."

Lothar Rühl

George Bush und seine Abrüstungspläne für den Nahen Osten

Der Golfkrieg bestätigte eine seit langer Zeit aus den Rüstungen der Staaten des Nahen Ostens gewonnene Erkenntnis: Die Politik der Region wird von Konfliktvorstellungen der Regierungen bestimmt, und ihre Instrumente sind die Streitkräfte. Nur in Südostasien dominiert Militärmacht die internationalen Beziehungen in etwa vergleichbarem Maße wie in der Region vom Golf bis zu Levante. Wiederum sind die Ursachen nicht militärischer, sondern politisch-ideologischer Natur. Doch es sind die Rüstungen, die der Politik die militärischen Mittel geben und die nationalen Strategien seit dem Ende des Zweiten Weltkrieges in Konfliktmustern und Verhaltensweisen der organisierten Gewalttätigkeit festgelegt haben. Einer der bestimmenden Faktoren war bisher die Übertragung des Ost-West-Konfliktes aus Europa auf den Mittelmeerraum und den Nahen Osten.

Eine Veränderung kündigte sich in dieser Beziehung seit 1989 in der sowjetischen Nahostpolitik mit der Reise Schewardnadses und der Neuorientierung gegenüber Israel an. Die sowjetische Unterstützung der amerikanischen Bemühungen um eine Nahostkonferenz noch unter der US-Administration Reagan 1988 war der erste, noch zögernde und vorsichtige Schritt der UdSSR in diese Richtung. Doch die Sowjets hielten die militärischen Beziehungen zu ihren arabischen Klienten durch fortgesetzte Rüstungsgüterzufuhr, militärtechnische und militärische Beratung und Ausbildungshilfe zunächst aufrecht. Dies gilt besonders für Syrien und bis 1991 auch für den Irak, der vor allem von der UdSSR auch im Krieg gegen Iran 1980-88 mit Ersatzteilen, Munition, neuen Waffen und Ausrüstungen beliefert wurde.

Die UdSSR war seit Mitte der 60er Jahre zum größten Waffenlieferanten der arabischen Staaten aufgestiegen. Frankreich, Großbritannien, Italien und die USA für Israel, später auch für Saudi-Arabien und für Ägypten traten als die Konkurrenten der UdSSR hervor. Dabei stehen die amerikanischen den sowjetischen Waffen in einer potentiellen Konfliktanlage gegenüber: US-Bewaffnung Israels und Saudi-Arabiens gegen sowjetische Bewaffnung des Irak, US-Bewaffnung Israels gegen sowjetische Bewaffnung Syriens, früher auch Ägyptens (die sowjetischen Waffen in Ägypten sind noch immer in größerer Zahl vorhanden, wenn auch die Umstellung auf westliche Ausrüstung begonnen hat). Jordanien hat überwiegend amerikanische und britische Bewaffnung, dazu aber auf Drängen Syriens und wegen der Blockierung von US-Ausrüstungsprogrammen durch den Kongreß der USA eine sowjetische Boden-Flugabwehr-Ausrüstung, die mit der Syriens verbunden und gemeinsam operativ geführt werden könnte.

Das politisch-strategische Grundmuster der Rüstungszufuhr in den Nahen Osten und der Bewaffnung der nahöstlichen Staaten ist ein west-östliches auf der historischen Doppelachse des Ost-West-Konflikts und des arabisch-israelischen Konflikts, an dem bis 1991 alle arabischen Staaten des Nahen Ostens als seit 1948 im Prinzip erklärte Kriegsparteien — außer Ägypten seit 1978 — teilhaben, wobei Ägypten ein potentieller Kriegsgegner Israels war, solange ein vierter Krieg einer arabischen Koalition noch eine Perspektive hatte.

Das Resultat der Rüstung im Nahen Osten ist eine Region, die nach Europa die zweite Hochrüstungszone der Welt geworden war. Da im Unterschied zu Europa aber im Nahen Osten kein konsolidierter Frieden besteht und die meisten arabischen Staaten mehr oder minder eindeutige Feinde Israels sind — bis vor kurzem sogar der staatlichen Existenz Israels —, kommt der Bewaffnung eine größere politische Risiko-Bedeutung zu als der in Europa mit seiner massiven, aber passiven und in einem gegenseitigen Abschreckungsverhältnis kontrollierten Ost-West-Konfrontation bis zum Jahre 1990. Rüstungskontrolle war zwischen den arabischen Staaten und Israel, aber auch zwischen dem Irak und Iran, dem Irak und Syrien, dem Irak und den arabischen Golfstaaten politisch nicht möglich.

Vertragliche Kontrolle fast unmöglich

Für Israel ist auch in Zukunft eine Rüstungsparität nur mit den arabischen Nachbarstaaten insgesamt strategisch-operativ und sicherheitspolitisch zweckmäßig, wobei für Ägypten und die Golfstaaten wie für das entferntere Nordafrika Ausnahmeregelungen vereinbart werden könnten. In Israel werden die Kriegsfähigkeiten und Rüstungen der arabischen Nachbarn naturgemäß nach den Erfahrungen mit drei arabischen Koalitionskriegen gegen Israel und angesichts der übereinstimmenden politischen Forderungen der arabischen Staaten addiert. Damit wird vertragliche Rüstungskontrolle äußerst schwierig, auch wenn auf Parität verzichtet würde. Israel sieht ähnlich wie die USA die finanzielle und materielle Unterstützung seiner Verteidigung durch Amerika und den Westen allgemein als eine Verteidigungsleistung im Interesse der regionalen Stabilität und der internationalen Sicherheit an. Die irakische Kriegsdrohung und Raketenkriegführung gegen Israel 1991 haben diese israelische Konzeption bestärkt und die amerikanische Bereitschaft erhöht, Israel militärisch auszurüsten.

In diesem Kontext ist die „Bush-Initiative" von 1991 für eine Rüstungskontrolle und für Abrüstung im Nahen Osten zu sehen. Gelingt es den USA nicht, das antagonistische Grundmuster der strategischen Konzeptionen und der politischen Zielsetzungen um Israel aufzulösen, wird kein Abrüstungsplan, der von der Zustimmung der potentiellen Kriegsgegner abhinge, eine Aussicht auf Erfolg haben. Die Alternative wäre ein allgemeines Waffeneinfuhr-Embargo für den gesamten Nahen und Mittleren Osten, das allerdings äußerst schwer durchzusetzen und noch schwerer zu kontrollieren wäre. Israel würde sich dem wie Saudi-Arabien und vermutlich Ägypten widersetzen, weil diese drei Staaten ihre eigene Sicherheit dadurch als gefährdet ansehen würden. Der Irak und Syrien würden eine solche Politik als unvereinbar mit ihrer nationalen Unabhängigkeit und Sicherheit ablehnen.

Zaghafter Plan

Aus diesem Grunde, aber auch mit Rücksicht auf die US-Rüstungshilfe für Israel und die pro-westlichen arabischen Staaten, die in Washington als ein Faktor der Stabilisierung der regionalen Sicherheit angesehen wird, enthält der „Bush-Plan" keine Vorschläge für konventionelle Bewaffnung, deren Verbreitung lediglich angezeigt werden soll, geschweige denn für wirkliche Rüstungskontrolle durch Verifizierung von vereinbarten Reduzierungen. Er betrifft lediglich „Massenvernichtungsmittel" ohne nähere konkrete Kennzeichnung und bietet für diese auch keine formale Unterteilung nach nuklearen, biologischen, chemischen oder radiologischen an. Der Fall des Irak kann dabei als Sonderfall in der internationalen Verantwortung der Vereinten Nationen angesehen und aus jedem Regelwerk für den Nahen Osten insgesamt ausgeschieden werden. Doch gerade der Fall des Irak weist auf die Risiken größerer Umgehungen und Verletzungen von Abrüstungsvereinbarungen für die Vertragspartner und den Vertragszweck hin. Für eine Untersagung und Beseitigung von Flugkörpersystemen bestimmter Reichweiten zum offensiven Boden-Boden- oder Luft-Boden- bzw. See-Land-Einsatz mangelt es wiederum an der Unterscheidung ihrer möglichen Verwendungen.

Die westliche Präokkupation mit der Verbreitung von Flugkörper-Technologie für Waffensysteme ist real und begründet, vor allem über mittlere Reichweiten, denn über solche Distanzen kann auch europäisches Gebiet über das Mittelmeer hinweg aus dem Nahen Osten und Nordafrika wirksam bedroht werden, vor allem mit chemischen und künftig auch biologischen Waffen (zwischen denen die Abgrenzungen im übrigen beweglich und schwer erfaßbar sind).

Trotzdem kann eine allgemeine Regelung nicht von den politischen Strukturunterschieden zwischen der einzigen Demokratie im Nahen Osten — Israel — und den verschiedenartigen autoritären Monarchien und Diktaturen absehen und alle Staaten gleich behandeln, so als ob alle gleichartige Kriegsparteien und Friedensrisiken wären. Über solche Unterscheidungen aber setzt die Konzeption des „Bush-Planes" sich ebenso hinweg wie über die Koalitionskriegsproblematik auf der arabischen Seite gegen Israel. Schließlich kann eine Abrüstung im Nahen Osten auf ein vereinbartes Niveau der Verteidigungsfähigkeit mit Rüstungskontrolle einschließlich der Kontrolle begrenzter Rüstungszufuhr und Ausschließung bestimmter Waffen, Rüstungsgüter und militärisch nutzbarer Technologien nur dann zustandekommen, wenn vorher eine gemeinsame Friedensgrundlage geschaffen worden ist. Solange arabische Staaten oder Iran sich den Krieg als Option gegen Israel zur Beseitigung des jüdischen Staates vorbehalten und die Aufhebung des Kriegszustandes ablehnen oder eine Wirtschaftskriegführung durch Boykott Israels durchzusetzen suchen, kann Abrüstung auf irgendein zu vereinbarendes Niveau der Bewaffnung den Frieden nicht gewährleisten.

Schließlich sind die technologisch-industriellen Rüstungsfähigkeiten der verschiedenen Länder ungleich, die finanziellen noch ungleicher, wie die Fälle der ölreichen Golfstaaten wie Saudi-Arabien und Irak, aber auch Iran einerseits, Syrien und Ägypten andererseits zeigen. Ohne Restriktionen und internationale Kontrollen könnte der Irak sich binnen etwa eines Jahrzehnts wieder eine technisch hochwertige Rüstung im Regionalmaßstab zulegen. Saudi-Arabien konnte dies seit den 70er Jahren und könnte dies in der Zukunft. Die Beschaffung chinesischer Mittelstreckenraketen weist auf diese Möglichkeiten. Auch Iran wäre dies möglich. Nukleare und chemische wie biologische Waffen können relativ billig hergestellt, aufbewahrt und eingesetzt werden, denn sie bedürfen keiner umfangreichen Infrastruktur für Streitkräfte, Materialreserven und Munitionsvorräte. Das Versteckspiel im Irak zwischen UN-Kontrolleuren, IAEA-Inspektoren vor dem Krieg von 1991 und einer irakischen Organisation mit Tarnung und Verschleierung von Daten lehrt, wie schwierig auch nur die Überprüfung der Nichtverbreitungs-Verpflichtungen in einem Land mit umfangreichen Geheimstrukturen und dem Willen zur Nichteinhaltung internationaler Verträge ist.

Wo Ober- und Untergrenzen ziehen ?

Das Risiko der Vertragsunwirksamkeit und des Versagens der Rüstungskontrolle tragen in erster Linie die Nachbarländer in Reichweite solcher Waffen. Gegenüber Israel genügen, wie der Golfkrieg ausweist, geringe Reichweiten von Raketen um die 600 km für konventionelle Waffen. Wo sollen also sicherheitsrelevante Ober- und Untergrenzen gezogen werden? Wie könnten sie im gesamten Nahen und Mittleren Osten für alle gleich sein, ohne ungleiche Sicherheit zu schaffen oder zu erhalten? Aus diesen Gründen dürfte eine regulative Rüstungskontrollpolitik mit flexiblen Maßnahmen und diskriminatorischer Wirkung gegen aggressionsbereite Staaten der Region mit einer internationalen Verständigung im „suppliers' club" gegen die Belieferung bestimmter Länder zweckmäßiger sein als eine allgemeine Lösung.

Die Gipfelkonferenz der Europäischen Gemeinschaften am 12. und 13. Juni 1980 sprach sich für das Existenzrecht Israels, das Selbstbestimmungsrecht des palästinensischen Volkes und das Recht auf Sicherheit aller Staaten des Nahen Ostens aus. (Bildmitte: der damalige Bundeskanzler Helmut Schmidt [l.] und die frühere Premierministerin Großbritanniens, Margaret Thatcher)

Udo Steinbach

Europa und der Konfliktherd Naher Osten

Auf dem Weg zu einer gemeinsamen Außenpolitik

Noch lecken sich die Europäer die Wunden, die ihnen die Krise am Golf geschlagen hat, und schon wird die Krise auf dem Balkan zur nächsten Bewährungsprobe für eine „europäische Außenpolitik". Europa schwankt zwischen der Vision eines Akteurs von weltpolitischem Gewicht und der grauen Wirklichkeit starker, divergierender Einzelinteressen. Nirgendwo ist dieses Dilemma in den letzten zwei Jahrzehnten deutlicher und ernüchternder zutage getreten als im Nahen Osten.

Wie vernichtend das Urteil über eine gemeinsame Politik der Zwölf in der Kuwait-Krise ausfällt, hängt freilich vom Standpunkt und Erwartungshorizont des Betrachters ab. Optimisten können durchaus auf positive Elemente verweisen: z. B. auf die Geschlossenheit, mit der die Zwölf auf dem Boden der Resolutionen des Sicherheitsrates der UNO gestanden haben. Oder auf die Koordinierung der Hilfe für die durch das Irak-Embargo am meisten betroffenen Staaten, vornehmlich Ägypten, Jordanien und die Türkei. Auch die humanitäre Hilfe im Zusammenhang mit dem zeitweilig dramatischen Flüchtlingsstrom durch Jordanien könnte wohl ins Feld geführt werden.

Die Kritiker sahen und sehen demgegenüber ein grundlegendes Politikversagen der Europäischen Gemeinschaft (EG). William Pfaff hat diesen Standpunkt am 24. Januar 1991 im International Herald Tribune auf den Punkt gebracht. Überschrift: „Don't expect a big European role anytime soon". Und im Text heißt es dann: „There is no European foreign and strategic policy and there will not be one for a long time to come, if ever."

Die Irritationen entzündeten sich an den Winkelzügen einer Reihe europäischer Regierungen, einen „deal“ mit Saddam Hussein zu machen. Auch die — in der Regel privaten — Bemühungen einer Reihe von „elder statesmen“, von Saddam Hussein die Freilassung von Geiseln zu erwirken, waren vielen ein Symptom für die fehlende Solidarität von Europäern bei der Durchsetzung einer gemeinsamen Politik am Golf.

Am Ende schienen die Zwölf zwischen den Stühlen zu sitzen: Weder hatten sie einen gemeinsamen Beitrag zur Durchführung der alliierten Militäraktion geleistet, noch war es gelungen, eine alternative Strategie zu finden, den irakischen Diktator dazu zu bringen, Kuwait zu räumen.

Mag das Urteil über die Qualität der europäischen Politik in der Krise auch umstritten sein; quantitativ gesehen wurden beachtliche Anstrengungen unternommen, einen europäischen Ansatz zum Tragen zu bringen. Selten zuvor war eine Krise von so vielen Treffs der europäischen Administrationen begleitet wie die um Kuwait.

Sicher sind auch in der Krise um Kuwait nicht alle Träume einer gemeinsamen europäischen Nahostpolitik in Erfüllung gegangen. Die hektische Aktivität machte jedoch erneut sichtbar, welch hoher Stellenwert dem Mittleren Osten in einer europäischen Außenpolitik zukommt. Seit dem Beginn der siebziger Jahre hatte man versucht, zu gemeinsamen Positionen zu kommen, auf deren Boden das zentrale Problem der Region, der Konflikt zwischen Arabern und Israel, eine Kompromißlösung würde finden können.

Nach einem Jahrzehnt ständiger Überlegungen und immer neuer Kompromisse zwischen den Mitgliedstaaten wird die Erklärung von Venedig vom Juni 1980 von den Europäern selbst als ein Meilenstein betrachtet: Das Selbstbestimmungsrecht des palästinensischen Volkes, die Möglichkeit eines palästinensischen Staates an der Seite Israels, dessen Recht auf sichere Existenz anerkannt wird, und eine wie immer geartete Beteiligung der Palästinensischen Befreiungsorganisation (PLO) am Friedensprozeß werden als Grundelemente einer für beide Seiten gerechten Lösung herausgestellt. Wie das folgende Jahrzehnt zeigen sollte, war damit ein Rahmen abgesteckt, der an die sich wandelnden Aktualitäten angepaßt werden konnte, ohne seine Substanz zu verlieren. Die Erklärung von Madrid vom 27. Juni 1989 zeigt das: Über den Venedig-Rahmen hinaus werden hier der palästinensische Aufstand und die Initiative Ministerpräsident Schamirs, Wahlen in den Besetzten Gebieten abzuhalten, einbezogen.

Die Bemühungen Europas um eine gemeinsame Nahostpolitik sind mehr eine Einübung in eine Politik als schon eine kalkulierbare Größe. Das kann aber auch nicht anders sein, bedenkt man die Verschiedenheit der geschichtlichen Beziehungen und der aktuellen Interessen der europäischen Staaten im Nahen Osten. Insofern waren die Erfahrungen der Kuwait-Krise für die EG nicht neu. Schon früher hatten sich Schwierigkeiten bei der politischen Abstimmung ergeben. Das gilt für die Palästinafrage, in den achtziger Jahren aber namentlich auch für die europäische Antwort auf Terrorismus und Geiselnahme aus dem Nahen Osten. Wo unterschiedliche Interessen waren, konnte keine gemeinsame Politik erwartet werden.

Besonders schwer aber hat sich die Gemeinschaft am Golf getan. Dies gilt schon für den ersten Golfkrieg, der aus Saddam Husseins Aggression gegen Iran erwachsen war. Mehr als lauwarme Aufforderungen, den Krieg zu beenden, kamen nicht aus Brüssel. Die wichtigsten Akteure der Gemeinschaft, England, Frankreich, die Bundesrepublik Deutschland und Italien, standen den kriegführenden Parteien zu unterschiedlich nah und fern, als daß eine wirkungsvolle Initiative möglich gewesen wäre. Gerade aber hier wäre angesichts der Ohnmacht amerikanischer Politik, die nach der Geiselnahme an der amerikanischen Botschaft in Teheran vorgezeichnet war, Europa als Akteur von Gewicht gefragt gewesen.

Mangelnde Gemeinsamkeit

Die zweite Golfkrise um Kuwait sah eine entschlossene amerikanische Führung und ein demgegenüber konzeptloses Europa. Das England Margaret Thatchers stellte sich vorbehaltlos hinter Washington. Die französische Gefolgschaft ließ zwar Vorbehalte erkennen, aber am Ende wirkte die Erinnerung an die alte französische Großmachtrolle im Nahen Osten stärker nach als die vage Aussicht auf eine weniger spektakuläre europäische Rolle. Fügt man noch die geringe Bereitschaft Bonns hinzu, in der kritischen Situation einen geraden Weg zu beschreiten, nimmt es nicht wunder, daß die Politik der EG eher konturlos blieb.

Mangelnde Gemeinsamkeit und fehlende Mittel der politischen Durchsetzung im Nahen Osten sind zwei Handicaps einer europäischen Nahostpolitik gewesen. Ein drittes kommt hinzu — unzureichende Akzeptanz. Nur die Araber haben — neben vielen Europäern selbst — nicht aufgehört, an eine europäische Politik zu glauben. Zwei wichtige Parteien aber haben sie nachhaltig blockiert, Israel und die USA. Jerusalem hat nie ein Hehl daraus gemacht, daß es die europäischen Beiträge zur Politik im Nahen Osten nicht nur für überflüssig, sondern für gefährlich hält. Die europäischen Vorschläge würden die Sicherheit Israels unterminieren, ohne daß Europa im Ernstfall Israel würde schützen können. Die Forderung nach der Einbeziehung der PLO war ein besonders spitzer Dorn in den Augen der israelischen Regierungen (aller Parteien) und der Öffentlichkeit. Für Washington war Europa im Nahen Osten nur ein Störenfried. Seit dem mißratenen Abenteuer des Suezkrieges von 1956 war nach amerikanischer Auffassung westliche mit amerikanischer Nahostpolitik gleichzusetzen. Kissingers 1974 geäußerter Verdacht, die Europäer hätten sich mit den Arabern gegen Amerika verschworen, reflektiert klar die amerikanische Einstellung bis in die jüngste Zeit.

Erst im Gefolge der Golfkrise zeichnet sich insofern ein Wandel ab, als Washington nun bereit zu sein scheint, eine begrenzte Rolle Europas im Friedensprozeß, der mit der Konferenz in Madrid am 30. Oktober 1991 in Gang gekommen ist, zu akzeptieren. Die israelische Haltung bleibt demgegenüber weiterhin mißtrauisch bis ablehnend.

Kein Grund zur Resignation

So wenig Euphorie angezeigt scheint, so wenig besteht Grund zur Resignation. Die Politik der Erklärungen und die Rituale der Troika-Besuche nach jedem Präsidentschaftswechsel alle sechs Monate, also das Instrumentarium der Europäischen Politischen Zusammenarbeit (EPZ), sind nur eine Ebene europäischer Nahostpolitik. Der Europäisch-Arabische Dialog (EAD) war eine zweite, auf der es freilich mehr politische Schwierigkeiten als spektakuläre Ergebnisse gab. Aber mit Blick auf konkrete wirtschaftliche, entwicklungspolitische, kulturelle und soziale Probleme und Kooperationsformen war er ein unkonventionelles und dynamisches Instrumentarium einer privilegierten europäisch-arabischen Kommunikation. Zwar wurden die Beschlüsse der Pariser Konferenz vom Dezember 1989, den Dialog fortzusetzen, noch nicht verwirklicht. Doch ist die Erinnerung an den Dialog auf beiden Seiten zu positiv, um ihn sang- und klanglos der Vergessenheit anheimzugeben.

Das Fundament aber des Hauses, das Europa und sein mittelmeerisches und nahöstliches Visavis zu bauen begonnen haben, ist wirtschaftlicher Natur. Über zwei Jahrzehnte ist im Rahmen der Mittelmeerpolitik der EG ein enges Geflecht wirtschaftlicher, handelsmäßiger, finanzieller und menschlicher Beziehungen entstanden. Europa ist zu einem Partner geworden, auf den kaum ein Land südlich des Mittelmeers und im Nahen Osten verzichten kann, ohne sich erheblichen Schaden zuzufügen. Das gilt auch für Israel.

Von den Wirtschaftsverbindungen sollen Impulse für die politische Stabilität und Integration in der Region ausgehen. Das 1989 geschlossene Rahmenabkommen zwischen der EG und dem „Golf-Kooperationsrat“ und die Intensivierung der Beziehungen zu der 1989 gegründeten „Union des Arabischen Maghreb“ sind auf dieses Ziel ausgerichtet.

KSZE im Nahen Osten?

Das teilweise Versagen der europäischen Außenpolitik in der Golfkrise bedeutet nicht den Rückzug Europas aus dem Nahen Osten. Der Vorschlag, in Anlehnung an die KSZE eine „Konferenz über Sicherheit und Zusammenarbeit im Nahen Osten“ zu organisieren, scheint auf den ersten Blick abenteuerlich. Denn unvergleichbar stellt sich die Ausgangssituation im Europa der siebziger und achtziger Jahre und im gegenwärtigen Nahen Osten dar. Doch läßt die Sequenz von arabisch-israelischen Gesprächen, die in Madrid begonnen wurde, Raum für eine konkrete europäische Rolle. Insbesondere wenn es um eine vielseitige wirtschaftliche Zusammenarbeit in der Region und um vertrauensbildende Maßnahmen gehen wird, kann Europa sowohl materielle Hilfestellung wie politische Erfahrung aus der eigenen neueren Geschichte einbringen. Anleihen beim KSZE-Prozeß könnten in diesem Zusammenhang durchaus fruchtbar sein.

Es bedarf keiner großen nahostpolitischen Phantasie, um zu sehen, daß die „Verhandlungen auf mehreren Ebenen“ komplementär gestaltet werden können. Frieden, Sicherheit und Stabilität im Nahen Osten können nicht entstehen, ohne daß eine Perspektive auf einen arabisch-israelischen Ausgleich eröffnet wird. Aber dieser läßt sich kaum der Verwirklichung näherbringen, wenn nicht auf allen

Ebenen das Vertrauen zueinander wächst und der erhoffte Kompromiß mit einem Netzwerk sicherheitspolitischer, wirtschaftlicher und kultureller Abmachungen abgesichert werden kann.

Die Erklärung der Außenminister der Zwölf vom 17. Januar 1991, dem Tag nach Beginn der Operation „desertstorm" zur Befreiung Kuwaits, reflektiert das anhaltende Engagement Europas für die Zukunft seiner Nachbarregion. Wenn erst die internationale Legalität wiederhergestellt sei, so heißt es da, verpflichten sich die Zwölf, „aktiv hinzuwirken auf eine Zukunft des Friedens, der Stabilität und der Entwicklung in sozialer Gerechtigkeit und regionaler wirtschaftlicher Solidarität für alle Völker der Region in Würde und Sicherheit".

5. Kapitel
Deutschland und die Araber

Udo Steinbach

Freundschaft und Frustration — die deutsch-arabischen Beziehungen

Die deutsch-arabischen Beziehungen haben ihre eigene Qualität. Man kann sie freundschaftlich nennen und sagt wohl nichts Falsches. Doch täte man sich schwer, nun genau die Wurzel zu benennen, aus der heraus die Freundschaft erwachsen ist. Sie hat sich in diesem Jahrhundert einfach so ergeben, und dabei ist es aufs ganze gesehen auch geblieben. Von gelegentlichen Einbrüchen haben sich die Beziehungen stets wieder erstaunlich rasch erholt. Unübersehbar ist freilich, daß der aktivere Partner in den Beziehungen meist die Araber gewesen sind.

Die Araber hatten die Deutschen als Gegenstand ihres Interesses und ihrer Anteilnahme schon entdeckt, als sie selbst für die Deutschen noch kein politisches Profil hatten. Die deutsche Einheit, die 1871 vollzogen wurde, war ein Vorgang, der sie fesselte. Arabische Theoretiker nahmen sich das Nation-Verständnis deutscher Theoretiker und Philosophen zum Vorbild. Die „Kulturnation" im Verständnis etwa Herders und Fichtes war eine Vorstellung, in der sie auch die Situation der arabischen Welt eingefangen sahen. So wenig wie die Deutschen — im Unterschied zur französischen „Nation" — einen Staat hatten, der ihre Nationalität bestimmt hätte, und sie sich gleichwohl als Nation fühlten, so wenig konnte sich auch die arabische Nation aus einem territorial abgegrenzten Staatsgebilde heraus verstehen; und doch bewiesen Sprache, Geschichte, Kultur und Religion, daß die Araber ihre eigene unverwechselbare nationale Einheit besaßen. Sati' al-Husri (1882 - 1968), der bedeutendste unter den panarabisch orientierten Theoretikern des arabischen Nationalismus, verglich das zersplitterte Deutschland mit dem zersplitterten arabischen Gebiet zwischen Atlantik und Golf. Die Araber, so heißt es bei ihm, sehnen sich nach einem „arabischen 1871".

Politisch sind die Deutschen bis zum Ende des Zweiten Weltkriegs im arabischen Raum nicht sehr aufgefallen. Zaghafte Versuche in den dreißiger Jahren, einen Fuß in die Erdölproduktion im Nahen Osten zu setzen, die wenig beherzte Unterstützung arabischer Nationalisten durch Nazideutschland vornehmlich gegen England — alles das reichte nicht sehr weit. Rommels am Ende gescheiterter Feldzug in Nordafrika schließlich erscheint symptomatisch dafür, daß die Region nie ein Schwerpunkt deutscher Politik war.

Aber am Ende ist gerade das auf der positiven Seite der Bilanz der deutsch-arabischen Beziehungen zu buchen: Deutschland hatte am „grand design" europäischer Mächte im Nahen Osten keinen Anteil. Die Deutschen hatten sich an der kolonialen Demütigung der Araber nicht beteiligt.

Nach dem Zweiten Weltkrieg zeigte sich der Nahe Osten verändert. Für die Bundesrepublik Deutschland bestand „Nahostpolitik" nun darin, die Beziehungen zu Israel zu gestalten, dem jüdischen Staat, in dem so viele Juden Zuflucht gefunden hatten, die den Verfolgungen des nationalsozialistischen Rassismus entkommen waren. Die Araber haben dies, namentlich auch die Wiedergutmachung, mit einer Mischung von Argwohn und Verständnis verfolgt. Wofür sie kein Verständnis mehr aufbrachten, waren die deutschen Waffenlieferungen an den jüdischen Staat ab 1960. Als schließlich zwischen Bonn und Jerusalem im Jahre 1965 diplomatische Beziehungen aufgenommen wurden, brachen sie die Beziehungen zu Bonn ab. Für viele, namentlich jene Araber, die seit den fünfziger Jahren einen „progressiven", d.h. sozialistischen Entwicklungsweg gegangen waren, wurde der andere deutsche Staat, die Deutsche Demokratische Republik, das gute Deutschland. Die Führung des neuen deutschen Staates der Arbeiter und Bauern hatte sich geweigert, Verpflichtungen gegenüber Juden, die sich aus den Nazi-Verfolgungen ergaben, einzugehen. Namentlich seit dem Junikrieg 1967 nahm Ost-Berlin Israel gegenüber eine feindselige Haltung ein, während die Sympathie der Westdeutschen für den jüdischen Staat ihren Höhepunkt erreichte. Ost-Berlin forderte beharrlich die Rücknahme der „Aggression" von 1967; in der Propaganda wurde der jüdische Staat zu einem Handlanger des amerikanischen Imperialismus und Monopolkapitalismus.

Die Beziehungen der Bundesrepublik zu den arabischen Staaten normalisierte sich schrittweise seit dem Beginn der siebziger Jahre wieder. Die sozialliberale Koalition unter Willy Brandt sprach zum ersten Mal vom Prinzip der „Ausgewogenheit“ in der Politik Bonns vis-à-vis den Parteien im arabisch-israelischen Konflikt. Zugleich boten sich neue Rahmenbedingungen für den Neubeginn einer deutschen Nahostpolitik im Zusammenhang mit den Bemühungen der Europäischen Gemeinschaft, zu einer im Rahmen der Europäischen Politischen Zusammenarbeit abgestimmten Nahostpolitik zu finden. In ihrer Gestaltung sind von Bonn zeitweise wichtige Impulse ausgegangen.

Netzwerk entwicklungspolitischer Zusammenarbeit

Die Beziehungen Deutschlands zu den arabischen Ländern haben aber noch andere Facetten. Ihr festes Fundament ist stets die Wirtschaft gewesen. Deutsche Waren genießen unter Arabern bis heute eine fast legendäre Wertschätzung. Und so sind die Wirtschaftsbeziehungen von den Schwankungen der Politik fast unberührt geblieben. In den Boomjahren der Erdöleinnahmen der OPEC-Produzenten während der siebziger und frühen achtziger Jahre hat der Handel mit den arabischen Ländern nach dem Austausch mit den EG-Partnern und anderen Industrieländern zeitweise den dritten Platz eingenommen.

Auch die entwicklungspolitische Zusammenarbeit reflektiert die freundschaftliche Substanz in den deutsch-arabischen Beziehungen. Im Bereich der finanziellen Zusammenarbeit wurden Schwerpunkte insbesondere in Ägypten und (Nord-)Jemen gesetzt. Über die Jahre rangierte das Nilland auf Platz zwei oder drei (nach Indien und der Türkei) unter den Empfängern deutscher Finanzhilfe. Und in dem Bergland im Südwesten der Arabischen Halbinsel wurden mit jahrelanger deutscher Unterstützung wichtige Impulse im Bereich der Landwirtschaft und infrastrukturellen Erschließung vermittelt. Dort wo — wie bei den Ölstaaten — Geld vorhanden war, um für entwicklungspolitische Unterstützung zu zahlen, konnte mit deutscher technischer Hilfe z.B. das Gesundheitswesen aufgebaut und Hilfe bei der Verbesserung der Wirtschafts- und Entwicklungsplanung sowie beim Ausbau der beruflichen Ausbildung geleistet werden. Entwicklungspolitische Zusammenarbeit war auch eine wichtige Schiene in den Beziehungen zu Syrien, einem Land von großer regionaler Bedeutung, auch wenn die Politik seines Präsidenten zu erheblichen Schwankungen der Intensität der Zusammenarbeit führte.

Die zunehmende Breite entwicklungspolitischer Zusammenarbeit, an der Nahtstelle von Kultur und Entwicklungspolitik, läßt sich auch am Wirken der Politischen Stiftungen ablesen. Über die Jahre verbreiterten sich sowohl das Spektrum geographischer Präsenz zwischen dem Maghreb und der Arabischen Halbinsel als auch der inhaltlichen Arbeit. Die Hilfestellung beim Aufbau der arabischen Medienlandschaft und bei der wissenschaftlichen Kooperation zwischen arabischen und deutschen akademischen Einrichtungen muß um so höher eingeschätzt werden, je stärker jene politischen und geistig-religiösen Kräfte geworden sind, die darauf hinwirken, die islamische Welt aus einer vom „Westen" geprägten Weltkultur auszuklinken.

Kultureller Austausch

Die Kultur — so hört man nicht selten — werde von den Deutschen im Rahmen ihrer auswärtigen Beziehungen allzu stiefmütterlich behandelt. Eine sorgfältige Bestandsaufnahme der deutsch-arabischen Kulturbeziehungen während der vergangenen Jahrzehnte würde freilich zu einem differenzierten Ergebnis kommen. Alles in allem haben die zahlreichen Instrumente der deutschen auswärtigen Kulturbeziehungen vermocht, die kulturellen Beziehungen zwischen beiden Seiten lebendig zu erhalten.

Dies ist um so mehr der Fall, wenn man bedenkt, daß das geteilte Deutschland kulturell gesehen — dies gilt namentlich auch für die deutsche Sprache — für die meisten Araber nicht der Nabel der Welt gewesen ist. Beide Seiten sind einander kulturell nicht entfremdet worden. Gewiß bestehen Klischees und Stereotypen fort — auf beiden Seiten. Aber die Wertschätzung auf beiden Seiten — Voraussetzung gedeihlicher politischer Beziehungen — ist geblieben. Das kulturelle Schaffen in Deutschland ist den Arabern stets vertrauter gewesen als umgekehrt — trotz der Bemühungen von Geistern wie Goethe und Rückert und der Leistungen der deutschen Orientalistik. Die Kenntnis aber der arabischen Kultur der Gegenwart in Deutschland, insbesondere durch die Übersetzung zeitgenössischer arabischer Literatur, hat sich verbessert. Gerade im kulturellen Bereich ist der Beitrag der Deutschen Demokratischen Republik zur Gestaltung der deutsch-arabischen Beziehungen kaum hoch genug zu veranschlagen. Die Austausch- und Einladungsprogramme sowie vor allem auch die vielfältige Übersetzungsarbeit aus dem Arabischen ins Deutsche haben dazu beigetragen, daß die Bilanz auch der deutsch-arabischen Kulturbeziehungen positiv ist.

Ein breites Fundament für die Zukunft

Die weltpolitischen Veränderungen, die die Vereinigung Deutschlands möglich gemacht haben, haben den deutsch-arabischen Beziehungen neue Horizonte eröffnet. Die Erwartungen vieler Araber an das neue Deutschland sind hoch — wohl unerfüllbar hoch. Auf einer starken Volkswirtschaft beruhend und im Herzen Europas gelegen, sehen sie in dem vereinten Deutschland eine europäische Vormacht, die — ihrerseits wieder — ihr Gewicht in einer Europäischen Gemeinschaft zum Tragen bringt, die im Nahen Osten — vor allem natürlich in der Auseinandersetzung mit Israel — eine aktive Politik zugunsten eines gerechten Ausgleichs übernehmen sollte.

Paradoxer- vielleicht sogar verständlicherweise ist die Bonner Haltung im Konflikt um Kuwait den deutsch-arabischen Beziehungen nicht abträglich gewesen. Wieder einmal — so viele Araber — sei Deutschland nicht dabei gewesen, als es darum ging, westliche Interessen in einem Teil der arabischen Welt zu verfolgen. Gerade aber diese Sicht der Dinge läßt Zweifel am Realismus arabischer Erwartungen aufkommen. Die deutsche Regierung war in dieser Krise ohne Konzept. Und hinter der Fassade scheinbarer Abwesenheit war Deutschland stark involviert. So stark, daß ohne die vielfältige deutsche Hilfestellung für die Alliierten Aufmarsch und Schlag am Golf gar nicht so hätten realisiert werden können, wie es am Ende der Fall war.

Bonn — und bald Berlin — muß ein Konzept seiner Rolle im Nahen Osten entwickeln. Längst ist man sich dort bewußt, daß die „Herausforderung" an Deutschland (und an Europa), die aus dem Mittelmeerraum erwachsen kann, nicht geringer ist, als die Herausforderung, die das ökonomisch unterentwickelte und politisch instabile Osteuropa darstellt.

Das Konzept der Nahostpolitik des vereinten Deutschland muß auf zwei Säulen beruhen: der — im Lichte der Geschichte — besonderen Natur der Beziehungen zu Israel sowie dem enormen Potential an Gemeinsamkeit und Verbundenheit, das sich — absichtsvoll oder nicht — in den deutsch-arabischen Beziehungen entwickelt hat. Zum ersten Mal muß deutsche Politik im Nahen Osten zum Wohle deutscher Interessen in dieser Region, von der wir uns je länger um so weniger lösen können, „ausgewogen“ sein.

Die Erwartungen der Araber an das vereinte Deutschland sind aus Frustration und Hoffnung geboren. Aus Frustration darüber, daß der Lauf der Geschichte sie ihrem Ziel nicht näher gebracht hat, ihrer nationalen Gemeinsamkeit ein deutlicheres Profil zu geben und gemeinsam einen geachteten Platz in der Völkergemeinschaft einzunehmen. Die Krise um Kuwait hat sie vielmehr erneut ins Wellental der Geschichte zurückgeworfen. In der Frustration fällt hoffnungsvoll der Blick auf Deutschland. Nicht nur als eine Macht, von der sie sich mehr engagierte Hilfestellung bei der Überwindung ihrer Probleme versprechen; vielmehr auch als einen geschichtlichen Weggenossen, der seinen Weg, den Weg der Herstellung nationaler Einheit, zwei Mal erfolgreich bis zum Ziel gegangen ist. An die Seite der Sehnsucht nach einem „arabischen 1871“ tritt die Herausforderung eines „arabischen 1990“. Innerhalb der neuen Koordinaten der Weltpolitik müssen sich Deutsche und Araber die Hand reichen.

Michael Wolffsohn

Nahost-Politik
Historischer Drahtseilakt mit Erblast

Mit den arabischen Staaten gab es für Deutschland seit jeher kaum Probleme. Schwierig, ja delikat wurden die deutsch-arabischen Beziehungen fast immer durch Israel. Gewiß, auch Israels Politik trug hierzu einiges bei. Doch tagespolitische Verärgerungen zwischen Staaten sind so alltäglich, daß die Aufzählung der Einzelheiten geradezu langweilig wäre. Eine von der Geschichte beladene und belastete Politik, das Erbe der deutschen Vergangenheit, war, ist und bleibt wohl auch der Stein des deutsch-israelischen Anstoßes. Der Golfkrieg scheint diese These einmal mehr zu bewiesen zu haben. Oder doch nicht?

Ein Trümmerhaufen

Ein Trümmerhaufen? Den Ruinen von Ramat-Gan gleichend, die Außenminister Genscher noch während des Golfkrieges in Israel nach dem Einschlag der irakischen Scud-Raketen persönlich besichtigte? Muß man die deutsch-israelischen Beziehungen nach dem Golfkrieg auf diese Weise beschreiben? Nein! Trotz mancher verständlicher Erregungen.

Zertrümmert wurde die Möglichkeit des historisch-politischen Taktierens zwischen Deutschland und Israel, zwischen Juden und Nichtjuden. Daß unverbindliche Phrasen nicht reichten, sondern konkrete Politik notwendig war, wurde sichtbar.

Die strategische Dimension der deutsch-israelischen und der jüdisch-christlichen Beziehungen wurde einmal mehr erkennbar und fühlbar. Ein alt- neues Gefühl: Bis zur Säkularisierung, also der Entfernung und Entfremdung von der Religion, konnten Europäer und

Deutsche als Christen den Juden gegenüber nicht gleichgültig sein. Weil sie von den Christen verfolgt wurden und Jesus nicht als Christus anerkannten, galt Gleiches für Juden in bezug auf Christen. Daß Deutsche nach der Katastrophe der millionenfachen Judenvernichtung Juden und Israel gegenüber nicht gleichgültig bleiben konnten, ist verständlich. Diese Tatsache geriet hier und dort in Vergessenheit, besonders im Rahmen der „Europäischen Politischen Zusammenarbeit“ (EPZ), das heißt im Rahmen der außenpolitischen Koordinierung der EG-Nahostpolitik — deren Schutzschild die Bundesrepublik seit 1971 immer wieder gerne suchte.

Was ist die strategische Dimension der deutsch-israelischen und damit auch der der deutsch-jüdischen Beziehungen? Die Katastrophe des Holocaust. „Nur für Dummköpfe ist der Deutsche der Ewige Nazi“, bemerkte der französisch-jüdische Philosoph André Glucksman zurecht im Zusammenhang mit der Diskussion über die historische Berechtigung der deutschen Wiedervereinigung.

Kein Zweifel: Die nachgeborenen Deutschen sind nicht schuldig geboren. Sie sind nicht schuldig an den Untaten nationalsozialistischer Vorfahren, aber sie haften als Deutsche für diese Greuel. Die historische (nicht die kriminelle oder individuelle) deutsche Schuldfrage ist somit die deutsche Seinsfrage. Sie ist, mehr noch als eine Frage der Außenwelt an die Deutschen, eine Frage jedes Deutschen an seine individuelle und kollektive Innenwelt. Deutsch-Sein hat seit der Katastrophe des Holocaust für immer und immer mehr jüdische Bezüge.

Umgekehrt sind heute diasporajüdische und israelisch-jüdische Identität ohne das Trauma der Verfolgung und das Urtrauma der Katastrophe nicht denkbar. Daher gilt: Ohne die Juden keine deutsche, ohne die Deutschen keine jüdische Identität. Juden und Deutsche sind und bleiben in ihrem Selbstverständnis aufeinander verwiesen — nach dem Holocaust mehr denn je.

Deutsch-jüdisch-israelische Seinsfrage

Die irakischen Raketen, die Israel trafen, und der mögliche Einsatz von Giftgas gegen Israel erinnerten beide Seiten unvermittelt an diese elementare Tatsache, an die deutsch-jüdisch-israelische Seinsfrage. Anders als beim oft sinnentleerten Ritual des Erinnerns war nun praktische Politik ebenso gefordert wie das Wiedererkennen der geschichtspolitisch-strategischen Dimension der deutsch-israelischen Beziehungen. Zuvor schien sie in der deutschen Öffentlichkeit vergessen oder verdrängt. Und auch in Israel hatten die Umfragen bis 1990 eine immer deutlichere Entkrampfung Deutschland gegenüber dokumentiert. Entkrampfung, allerdings ohne geschichtliche Entsorgung.

Die öffentliche Meinung in Deutschland gab sich nicht nur entkrampft. Ihr war Israel vor dem Golfkrieg höchst unsympathisch geworden. Sogar die Volksrepublik China rangierte zum Jahresende 1990 in der Skala der Popularität von Staaten deutlich vor Israel. Dies ergab eine vom Magazin der „Süddeutschen Zeitung" am 4. Januar 1991 veröffentlichte Infratest-Umfrage. Auch die Daten anderer Institute hatten besonders seit der Intifada die Abnahme deutschen Wohlwollens für Israel gezeigt.

Kein Zweifel: Für weite Teile der öffentlichen Meinung bestand zwischen Israel und Südafrikas Apartheid-Regime oder zwischen dem Nahen und dem Fernen Osten, eben zwischen Israel und China, kaum noch ein Unterschied. So schien es. Am 18. Januar 1991 trafen die ersten irakischen Scud-Raketen den jüdischen Staat. Es drohte die Gefahr, daß Saddam Hussein mit deutscher Hilfe hergestelltes Giftgas gegen Israel einsetzen würde.

Schlagartig änderte sich das Bild: Das EMNID-Institut, das (abgesehen von zyklischen Schwankungen) seit den späten 70er Jahren eine fast beständige Abnahme der Sympathiewerte für Israel ermittelt hatte, stellte Anfang Februar 1991 fest: Israel wurde beliebt und beliebter. Es klingt fast grotesk: Saddam Hussein hatte das möglich gemacht. Es war nicht nur der Mitleidseffekt, die Solidarität mit dem austauschbaren Opfer. Hier wurde auch die strategische Dimension des deutsch-israelischen Verhältnisses sichtbar. Einmal mehr hatte sich die Flucht vor dieser Tatsache als unmöglich erwiesen.

Mitleid oder politische Taktik

Oder deutet dieser Indikator nicht eher auf den tagespolitischen Mitleidseffekt als auf die geschichtspolitische Tiefe der deutsch-israelischen Beziehungen? Nicht, wenn man diese Daten mit anderen inhaltlich verbindet, um zur entscheidenden Aussage zu gelangen: Deutsche Waffenexporte hatte nämlich zuvor die überwiegende Mehrheit der deutschen Öffentlichkeit geradezu empört abgelehnt. Auch hier ermöglichte Saddam Hussein unfreiwillig eine Wende.

Schlagartig stimmte die deutsche Öffentlichkeit der Ende Januar 1991 getroffenen Entscheidung ihrer Regierung zu, dem bedrängten Israel Waffen zu liefern. Ohne das Gefühl für eine mehr als nur taktische Variante der Politik wäre dieser fundamentale Wandel in einer höchst heikelen Frage kaum zu erklären — obwohl man bis zum Sommer 1991 auch in bezug auf die Israelkuscheligkeit zum vormaligen Alltag zurückkehrte. Strategische Gegebenheiten werden nicht durch taktische Änderungen verändert.

Die Gesellschaft in Israel hatte Deutschland seit den 70er Jahren (ebenfalls von zyklischen Schwankungen abgesehen) zunehmend günstig beurteilt. Selbst der Wiedervereinigung gegenüber zeigte sich die öffentliche Meinung des jüdischen Staates wesentlich aufgeschlossener als die geradezu hysterische Meinung der Publizistik oder der Politiker des jüdischen Staates. Saddams Raketen und das drohende irakisch-deutsche Giftgas bewirkten auch in Israel eine Wende — zu Ungunsten Deutschlands. Oder doch nicht ganz?

Das Dahaf-Institut ermittelte Ende Januar 1991:

— Erstens waren die Israelis über die Tatenlosigkeit deutscher Behörden in bezug auf die Beteiligung deutscher Firmen an der Produktion des irakischen Giftgases empört.
— Zweitens war Deutschland für die Israelis der eindeutig unbeliebteste Staat. Von deutsch-israelischer Ungleichzeitigkeit könnte man sprechen. Das bedeutet: Zu jeweils unterschiedlichen Zeitpunkten war der jeweils andere Staat beliebt oder unbeliebt.
— Drittens jedoch: Rund zwei Drittel der Israelis befürworteten trotz ihrer Verärgerung über Deutschland korrekte zwischenstaatliche Beziehungen.

Im März 1991 glaubten, dem PORI-Institut zufolge, 56 % der jüdischen Israelis immer noch oder schon wieder an ein „anderes Deutschland", und 52 % betrachteten die deutsch-israelischen Beziehungen als „normal".

Welche Botschaft enthalten diese Zahlen? Gibt es eine? Gewiß. Sie besagt: In Israel ist die Bevölkerung über Deutschland zwar höchst verärgert. Aber sie hält Deutschland trotz allem und allem publizistischen Gekreische zum Trotz nicht für einen Staat, der ständig und immer wieder darauf bedacht wäre, Juden mit Gas oder anderen Mitteln zu ermorden. Andernfalls würden die Israelis wohl kaum diese Art der Beziehungen anstreben. Also Rationalität trotz Emotionalität; eine bemerkenswerte Botschaft. In den politisch-gesellschaftlichen Aufgeregtheiten ging sie unter. Sie wurde von vielen Deutschen und Israelis geradezu ins Gegenteil verkehrt.

6. Kapitel
Die Suche nach dem geistigen Standort

Fawzi Mellah

Die Araber und die Moderne

Das Ende einer Illusion

„Was du ererbt von deinen Vätern hast, erwirb es, um es zu besitzen."
Goethe (Faust)

Wenn Kriege manchmal Revolutionen hervorbringen, dann weil sie Illusionen zerstören. Auch unter den Trümmern des letzten Golfkrieges kann ein aufmerksamer Beobachter die Reste einer Illusion entdecken, jener technophilen, etatistischen Illusion nämlich, die den Arabern seit hundert Jahren die westliche Moderne als Zeichen für Macht (und die Macht als Symbol für Erneuerung) vorgaukelte.

Über die anvisierten Kasernen und Flughäfen hinaus hatten also die ersten Bomben, die auf Bagdad fielen, diese extrovertierte Vorstellung von Moderne getroffen. Soll das etwa heißen, daß das kohärenteste modernistische Unterfangen der arabischen Welt („arabischer Modernismus gleich Baath plus Erdöl") nicht von irgendeiner islamistischen Revolution vernichtet wurde, sondern von eben jenen, die vorgeblich die Moderne propagierten und verteidigten? Das Paradox ist schwer zu verstehen und für Tausende arabischer Modernisten sogar unhaltbar. Wie wäre auch zu erklären, daß das eigentliche Angriffsziel dieses Krieges, den moderne Mächte mit moderner Technologie und im Namen moderner Werte führten, der modernistische Wille eines arabischen Staates war? Wie wäre die Verbissenheit zu begreifen, mit der die Westmächte wieder einmal den Araber bekämpften, der ihnen ähneln wollte oder doch zumindest versuchte, dieselben Attribute der Modernität zu handhaben wie er?

Stellte also der Golfkrieg für die Araber den klassischen Konflikt zwischen Ordnung und Rebellion dar, und spielte gar Saddam Hussein die edle Rolle des Prometheus? So gewagt ist die Metapher nicht, denn schließlich verleiht nicht der Held der Tragödie ihren Sinn, sondern das Publikum. So hilft uns das tragische Bild des Prometheus zumindest verständlich zu machen, auf welche Weise Tausende von Arabern wahrgenommen haben, was bei diesem Konflikt auf dem Spiel stand. Viele sahen in Saddam Hussein den Erben der großen Reformatoren und Erneuerer des 19. Jahrhunderts. In genau diese Reihe stellten arabische Beobachter das irakische Regime, immerhin plausibler und realistischer als der legendenhafte Vergleich zwischen Saddam Hussein und Saladin, der den Ereignissen einen Beigeschmack von Mittelalter und Kreuzzug verlieh. Weil es für jene Beobachter legitim und plausibel war, das Vorgehen dieses Regimes im Zusammenhang mit dem Modernismus zu sehen, setzten sie es ohne Zögern in eine Reihe mit berühmten arabischen Erneuerungsbestrebungen: denen von Mohammed Ali in Ägypten, von Abdelkader in Algerien, von Khaireddin in Tunesien usw. Ebenso wie seine Vorgänger, so dachte man, wollte Saddam Ballast abwerfen; wie sie wollte er sich die Techniken der Moderne aneignen; wie sie versuchte er, die Geschichte zu beschleunigen; wie sie stieß er tragisch auf Ablehnung.

Da dieser Vergleich nicht ganz abwegig war, führte er die arabischen Modernisten zu der Annahme, daß die Opposition gegen den Irak von heute dieselbe Opposition war, die sich seit dem 19. Jahrhundert regelmäßig allen arabischen Neuerungs- und Modernisierungsversuchen in den Weg stelle. Für sie war also der Kuwait-Konflikt nur ein weiteres Glied in der langen Kette von Konfrontationen, die alle das eine Ziel hatten: den Arabern den Weg zur Erneuerung, d.h. letztlich den Zugang zur Macht zu verstellen. Folglich, so die arabischen Modernisten, wollte die vom Westen gegen Saddam Hussein mobilisierte Armada nicht so sehr ein Regime bekämpfen oder einen Fehler bestrafen als eine Idee vernichten, die Idee „Moderne".

So wird verständlich, warum die glühendste Unterstützung für das irakische Regime und die heftigste Reaktion gegen den Westen von denjenigen arabischen Ländern, sozialen Schichten und Persönlichkeiten kam, die sich am meisten für den Modernisierungsprozeß einsetzen. Aus Propagandagründen wiesen die meisten westlichen Beobachter immer wieder darauf hin, daß Saddam Hussein von islamistischen Gruppen unterstützt wurde. In Wirklichkeit kam diese Unterstützung spät und war taktisch bedingt. Auf der anderen Seite war wenig von der massiven und spontanen Unterstützung die Rede, die „säkularistische" und modernistische Intellektuelle dem Irak zuteil werden ließen. Die brachten offenbar die schöne Symmetrie in Unordnung, die sich die westlichen Kommentatoren ausgedacht hatten: aufseiten des Irak die fanatischen Integristen, auf seiten der Koalition die gemäßigten Modernisten ... Die Realität war natürlich komplizierter.

In den Augen der arabischen Modernisten stand begreiflicherweise sehr viel auf dem Spiel. Ihre Unterstützung für den Irak war nicht einfach politisch, sondern vital: In der Debatte um die Zukunft der arabischen Welt ging es um nicht weniger als darum, Legitimität und Relevanz des Modernismus zu verteidigen. Das bedeutete im vorliegenden Fall: Die Glaubwürdigkeit des irakischen Regimes mußte aufrechterhalten werden, des jüngsten arabischen Modernisierungsexperiments auf der Grundlage von Voluntarismus und jakobinischem Staatsverständnis, von Setzen auf die Technologie und von einer bestimmten Art von „Okzidentalismus". Da war also ein ganzer Bereich des technophilen Diskurses und der modernistischen Ideologie nicht nur vor den vereinten Angriffen der islamischen Fundamentalisten, sondern auch vor denen des Westens in Schutz zu nehmen.

Wahrlich ein merkwürdiges, erregendes Schauspiel: Arabische Modernisten, die sich mit gelehrten Beweisführungen schlugen, um eine bestimmte Idee vom Westen zu retten — und zwar vor dem Westen! Ein geradezu brudermörderischer Kampf! Das Ringen war umso verbissener, als diese arabischen Verteidiger der Moderne wußten, daß ein Scheitern des vom irakischen Staat verkörperten technophilen, etatistischen und westlichen Modells für sie das Ende eines langen Traumes einläuten würde. Bestimmt sahen sie voraus, daß sie am Ende des Krieges an der ideologischen Front genau das verlieren würden, was die irakischen Soldaten an der militärischen Front einbüßten.

Die Wirklichkeit gab ihren Befürchtungen recht, denn von der direkt miterlebten fünfwöchigen Schlacht blieb vor allem haften, wie aussichtslos und erbärmlich das irakische Modernisierungsexperiment war, und hinter dem Debakel einer orientierungslos gewordenen Armee kam vor allem das Scheitern einer extrovertierten Modernität zum Vorschein. Nicht so sehr einer Konfrontation zwischen Orient und Okzident wohnte man bei, sondern dem Kampf zwischen dem Westen und einem Bild vom Westen.

Die große Illusion

Wenn es stimmt, daß die Illusion vom arabischen Modernismus unter den Trümmern des letzten Golfkrieges begraben wurde, sollte man dann nicht die Araber sich selbst überlassen und jegliche Debatte zum Thema Moderne ins Museum verbannen? Dann bliebe ihnen tiefergehende Kritik an ihrer Modernismus-Ideologie erspart. Man würde sie drängen, in die neue Ära des Pragmatismus einzutreten, und sie auffordern, sich ihrer unergründlichen Nostalgie zu entledigen, für die irakische Tragödie eine Saldorechnung aufzumachen und diesen Krieg als Passivposten eines besonders ehrgeizigen und kriegslüsternen Staatsmannes zu verbuchen. Dann stellte sich die Katastrophe als einfache Bilanz der zahlreichen Irrtümer des Saddam Hussein dar.

Dies würde indes dazu führen, daß die Araber eine Illusion gegen eine andere eintauschten. Die neue Illusion bestünde dann in der Ansicht, daß sich Saddam Hussein eben geirrt hat und das irakische Experiment nur eine „Anomie“ war, daß man bloß Auswüchse und Machtträume weglassen müßte, um zum authentischen Modell zurückzufinden.

Sicher, das Argument ist verführerisch, doch handelt es sich leider um eine neue Illusion. Denn wenn der Begriff Anomie einen Sinn hat, dann ist im irakischen Vorgehen auch nicht die Spur davon zu entdecken. Im Gegenteil: Dessen epistemologische, theoretische und ideologische Grundlagen entsprachen völlig dem modernistischen Paradigma, das den meisten arabischen Modernisierungsversuchen als Bezugsrahmen diente. Jakobinische Machtkonzeption, Militarisierung des Staates, autoritäre Mobilisierung und Führung der Bevölkerung, brutale Ersetzung der traditionellen Identitäts- und Solidaritätsnetze durch ein vertikales Treue- und Gehorsamsystem, klientelistische und bürokratische Kontrolle des einzelnen, technokratische Begründung für Fortschritt, Glaube an die kulturelle Neutralität der technologischen Anleihe, Traum von der Macht, die sich auf die Waffen anderer gründet, Vernachlässigung der ländlichen Welt, Industrialisierung ohne Industriekultur, Verstädterung ohne städtische Kultur, Vermassung der Gesellschaft ohne wirkliche Individualisierung, ambivalentes Verhältnis der Eliten zur Lokalkultur, zweideutiger Identitätsdiskurs, Unfähigkeit, so grundlegende Probleme wie Sicherheit nach außen und Legitimität nach innen zu lösen, — kurz, all die Übel, die man jetzt in Bagdad entdeckt, sind doch seit Jahrzehnten das tägliche Los der Araber.

In Wirklichkeit bestand doch zwischen dem Irak und den arabischen Ländern, die sich in demselben Modernisierungsprozeß befanden, kein qualitativer oder rationaler Unterschied. Ein Unterschied bestand höchstens in der Tonalität, im Rhythmus oder den Möglichkeiten. Der Irak war nur weiter als die anderen! Die Hypotheken, die der Krieg im Irak sichtbar gemacht hat, sind doch dieselben, die seit langem die meisten arabischen Gesellschaften belasten. Vom Golf bis zum Atlantik hat dieselbe extrovertierte Modernisierung dieselben Wirkungen erzielt. Da dies weniger mit einem bestimmten Regime als mit dem Inhalt einer Idee zu tun hat, müssen die Araber eben diese Idee in Frage stellen.

Gegen westliche Modernismus-Logik

Weil die Modernismus-Logik — das heißt letztlich die okzidentalistische Konzeption von Wandel und Fortschritt — soviel Enttäuschung und Niederlagen verursacht hat, gilt es, an ihr Kritik zu üben. Die Forderung ist nicht neu. Schon lange vor dem Golfkrieg haben arabische Historiker und Philosophen Elemente einer solchen Kritik herausgearbeitet.

Das Werk ist indes noch lange nicht vollendet. Was die Modernismus-Ideologie betrifft, so müßte man vermutlich wieder auf das 19. Jahrhundert zurückgehen, um herauszufinden, wie sie sich in die intellektuelle und kulturelle Strömung der arabisch-islamischen Nahda (Renaissance, A.d.Ü.) eingeschlichen hat und wie es ihr gelungen ist, diese Strömung in die falsche Bahn zu leiten. Die arabisch-islamische Nahda des 19. Jahrhunderts nämlich hatte trotz ihrer Schwächen und Widersprüchlichkeiten, trotz ihres politischen und sozialen Scheiterns sehr wohl eine kohärente endogene Strategie für Wandel und Reformen vorgegeben.

Schonungslos analysierten die Autoren der Nahda die Gründe für das Zurückbleiben der islamischen Welt; sie befaßten sich mit dem Problem der staatlichen Legitimität, sahen Religion, Politik und Kultur in neuen Zusammenhängen, ließen sich nicht von den falschen Gegensätzen einengen, die ihre Nachfolger zwischen „Tradition" und „Neuerung" erblickten, studierten das Bild vom Westen ohne Komplexe und schafften es so, zum Ausgangspunkt für die Frage nach der arabisch-islamischen Zukunft die arabisch-islamische Kultur zu machen.

Hier tauchte nun aber die Modernisierungsideologie des Westens auf, und so müßte erklärt werden, warum schon am Ende des 19. Jahrhunderts die synkretistische, exogene Vorstellung von Entwicklung das endogene Globalkonzept der Nahda verdrängt hatte. Welche Mechanismen und Einflüsse bewogen die Araber, den kulturellen Inhalt der Nahda zugunsten der technophilen Modernismus-Vision des Westens aufzugeben? Warum lenkten sie die fruchtbare Diskussion, die ihre eigenen Denker angeregt hatten, in die falsche Richtung und verrannten sich in der Sackgasse der Renanschen Thesen und der Approximationen der Orientalisten? Warum ist die arabisch-islamische Vorstellung von Moderne (als kultureller Begriff) vom Modernismus (im Sinne einer politischen und sozialen Ideologie zu Legitimationszwecken) verdrängt worden?

Muß man modern sein ?

Das tragische Ende der Modernismus-Illusion müßte der einzigen Revolution den Weg bahnen, die die Araber noch nicht gemacht haben: der Kulturrevolution. Und diese Revolution könnte, ungeachtet ihrer Gestalt und Reichweite, so etwas wie ein Aufstand gegen den Modernismus sein. Auf gar keinen Fall kommt sie um die Kritik an den Bedingungen herum, unter denen sich die modernistische Vision im Denken und Handeln der Araber durchsetzen konnte. Denn genau da liegen die Gründe für die Extraversion, und Machtausübung nach innen und außen wird mit genau diesem Modernismus gerechtfertigt. Aber würde arabischer Protest gegen den Modernismus nicht dem islamischen Integrismus oder Fundamentalismus Vorschub leisten?

Nein, denn ebensowenig wie jeder modernistische Diskurs seiner Natur nach „progressiv“ ist, ist jeder Protest gegen den Modernismus von seinem Wesen her „konservativ“. Wenn Streben nach Moderne intellektuelle Rebellion war (wie bei Taha Husain), Poesie (wie bei Adonis), philosophisches Argument (wie bei Laroui), gesellschaftlicher Anspruch (Emanzipation des Individuums) oder politische und moralische Forderung (Respektierung der Persönlichkeit, ökonomische Gerechtigkeit), dann wohnte ihm zweifellos ein großes Befreiungspotential inne. Schloß sich dagegen das Streben nach Moderne im Namen des Staates in das technophile okzidentalistische Paradigma ein, dann funktionierte es als Mittel der kulturellen Extraversion, als Waffe zur politischen Beherrschung und Prinzip des sozialen Ausschlusses. Und stieß auf den Widerstand der meisten Araber.

Die Grundfragen

Bei dem quälenden arabischen Problemkomplex geht es bekanntlich nach wie vor um dieselben drei Fragen:

— Wie ist eine arabisch-islamische kulturelle Dynamik zu schaffen, die nicht ein verängstigter Rückzug in die Träume der Vorfahren und auch keine sinnlose Flucht in eine Ersatzidentität ist?
— Wie kann zwischen der politischen Macht und dem Individuum ein Pakt geschlossen werden, der sich nicht mehr auf Gewalt, sondern auf Zustimmung gründet?
— Wie kann zwischen allen Staaten und Völkern der Region ein verhandeltes Sicherheits- und Kooperationssystem errichtet werden?

Kulturelle Renaissance, politische Legitimität und regionale Sicherheit: Selbst wenn diese Probleme nicht nur für die arabische Welt typisch sind, trifft doch zu, daß die Araber sie weiter wie eine Spirale von Dramen und Ohnmachten erleben: im Durchschnitt alle fünf Jahre ein Krieg, die inneren Konflikte nicht mitgerechnet. Das sollte ihnen eigentlich Grund sein, das vom Westen übernommene technophile, etatistische Denken, das dazu beigetragen hat, sie in diese verzweifelte Lage zu bringen, in Frage zu stellen, sogar die Fragen zu entkolonisieren, die sie sich stellen, und endlich den Geist der Nahda, der unvollendeten Kulturrevolution, wiederzubeleben.

Übersetzung aus dem Französischen von Ursel Clausen

al-Azhar in Kairo: Moschee und zugleich eine der ältesten Universitäten der Welt (10. Jh.). Sie gilt auch heute noch als eine der großen Lehrstätten des Islam in der arabischen Welt.

Hassouna Mosbahi

Die lange Nacht der arabischen Intellektuellen

Geistiger Immobilismus stützt die Alleinherrscher

Der Sturz des Ceausescu-Regimes in Rumänien fiel zusammen mit einer euro-arabischen Konferenz in Paris. Der französische Außenminister Roland Dumas, unter dessen Schirmherrschaft die Konferenz stand, gab den Teilnehmern persönlich die Nachricht vom dramatischen Ende des großen Tyrannen bekannt. Im Konferenzsaal erhob sich tosender Beifall. Nur die arabischen Delegationen blieben stumm und unbewegt.

Tatsächlich wurde der Sturz des rumänischen Diktators von den arabischen Regimes nicht freudig aufgenommen — ganz gleich ob sie „links" oder „rechts", monarchistisch oder sozialistisch, islamistisch oder laizistisch ausgerichtet waren. Im Gegenteil: das rasche, tragische Ende des Tyrannen bedeutete ein schlechtes Omen — für König Hassan II. wie für Khaddafi, für den Emir Jabir as-Sabah von Kuweit wie für den syrischen Präsidenten Hafiz al-Asad, für Saddam Hussein wie für König Fahd, für die tribalen Herrscher-Clans des Golfes wie für die sozialistischen Führer des FLN in Algerien. Sie alle zitterten, als sie auf ihren Bildschirmen den blutüberströmten Leichnam des rumänischen Diktators im ersten Schnee des Dezembers liegen sahen.

Während sich in Osteuropa die Ereignisse überschlugen und eine kommunistische Diktatur nach der anderen weggefegt wurde, verharrte die arabische Welt in beklemmender Immobilität. Die arabischen Diktatoren fuhren unbekümmert fort, jede oppositionelle Bewegung, jegliche Kritik an ihrer Macht mit brutalen Mitteln zu unterdrücken. Die jahrzehntelang terrorisierten arabischen Massen hatten jeglichen Enthusiasmus verloren, der — in den Jahren des nationalen Aufbruchs — den Befreiungskampf der arabischen Völker begleitet hatte. Der Krieg im Libanon zog sich endlos hin, und mit jedem Tag schwand die Hoffnung auf einen Frieden. Die palästinensische „Intifada“ verlor ihren Atem. Die zaghaften „Demokratisierungsmaßnahmen“ einiger Regime — wie Ägypten, Tunesien und Algerien — konnten die Erwartungen der Massen und der Eliten dieser Länder nicht erfüllen.

Die einzigen, die hin und wieder ihre Stimme erhoben, waren die Fundamentalisten. In einigen Ländern — wie etwa in Tunesien und in Ägypten — stellen sie seit mehr als einem Jahrzehnt eine ständige Bedrohung der herrschenden Regimes dar. In anderen Ländern — wie beispielsweise in Algerien, im Libanon, in Jordanien und in den besetzten Gebieten — ist es den Fundamentalisten im Laufe der vergangenen Jahre gelungen, sich der politischen, gesellschaftlichen und kulturellen Szene und selbst der Straße zu bemächtigen. Mehr denn je schienen die arabischen Intellektuellen wie paralysiert außerhalb des Geschehens zu stehen. Diejenigen, die in ihren Ländern geblieben waren, verharrten aus Angst vor Verfolgung und Repression in Schweigen, oder sie wurden zu gefügigen Liebedienern der Macht. Diejenigen, die im Exil zu leben gezwungen waren, verschlissen ihre Kräfte in inneren Auseinandersetzungen — oder wurden ihrerseits Opportunisten im Dienste des einen oder anderen Regimes. In dieser Atmosphäre des totalen Immobilismus, des Terrors und des (fundamentalistischen) Fanatismus fand die Besetzung Kuwaits durch die irakische Armee statt.

In den Augen der arabischen Politiker und Intellektuellen hatte dieser unerwartete, brutale Überfall das politische Würfelbrett und die kulturelle und ideologische Landschaft der arabischen Welt völlig durcheinandergebracht. Die meisten von ihnen betrachteten dieses Ereignis — im Hinblick auf seine historische Bedeutung sowie seine Auswirkung auf die innerarabischen Beziehungen — als gleichbedeutend mit all jenen einschneidenden Vorgängen, die im Laufe unseres Jahrhunderts die arabisch-islamische Welt tief geprägt haben — wie etwa die sogenannte Nahda (Renaissance), die Erlangung der Unabhängigkeit oder die Niederlage des Jahres 1967.

Diese Ereignisse hatten tatsächlich zu gewaltigen politischen, kulturellen und gesellschaftlichen Umbrüchen und Erschütterungen geführt: Die Nahda beispielsweise, die in der zweiten Hälfte des 19. Jahrhunderts begonnen und sich zu Beginn des 20. Jahrhunderts in allen Bereichen des politisch-kulturellen Lebens entfaltet hatte, setzte einer sechshundertjährigen totalen Dekadenz — dem langen (Winter-)Schlaf der Araber, wie es manche Intellektuellen und Politiker nannten — ein Ende und führte zu einer Modernisierung in Politik und Kultur. Es entstanden die ersten Tageszeitungen, politische Parteien und Bewegungen, Gewerkschaften, parlamentarische Formen und Ansätze zur Emanzipation der Frau.

Arabisches Erwachen

In dieser Atmosphäre des Aufbruchs war eine arabische Intelligenzia herangewachsen, die — fasziniert von der technisch-industriellen Zivilisation des Westens — zum Bannerträger eines „arabischen Erwachens" wurde. Mit der Erlangung der Unabhängigkeit wurde den arabischen Völkern ihr Nationalstolz wiedergegeben, der in langen Jahren der Kolonisation und der Unterdrückung verhöhnt worden war. Die katastrophale Niederlage von 1967 hingegen hatte alle Träume von der „arabischen Einheit", der sich die politischen und intellektuellen Eliten viele Jahre lang so hoffnungsvoll verschrieben hatten, mit einem Schlage zunichte gemacht.

Die Invasion Kuwaits durch die irakische Armee hat nicht nur die Unfähigkeit der arabischen Regimes bloßgelegt, die Krise, in der sie sich befinden, selbst zu lösen; sie hat ein weiteres Mal deutlich gemacht, in welchen Grabenkämpfen sich die arabischen Intellektuellen seit über 30 Jahren verlieren — ein Phänomen, das nach den Worten des marokkanischen Denkers Abdallah Laroui „die lange arabische Nacht" immer weiter in die Gegenwart hinein verlängert.

Ganz unabhängig davon, welche Positionen die arabischen Intellektuellen während des Golfkrieges bezogen — ob sie den Überfall des Irak scharf verurteilten (wie die Intellektuellen des Golfes und Ägyptens), oder ob sie ihn billigten und unterstützten (wie etwa die nordafrikanischen, libanesischen, palästinensisch-jordanischen und — selbstverständlich — irakischen Intellektuellen) — hat der tragische Krieg am Golf folgendes deutlich gemacht:

I. Die arabischen Intellektuellen sind — mit Ausnahme einer kleinen Minderheit — abhängig von den herrschenden Regimen, und ihre Haltung gegenüber politischen Phänomenen wird ihnen praktisch von oben diktiert. Diese Abhängigkeit entfremdet sie einerseits mehr und mehr von den Massen und hindert sie andererseits daran, auf die politischen Ereignisse nach eigenem Ermessen zu reagieren. Diejenigen unter ihnen, die den Überfall des Irak gebilligt hatten, taten nichts anderes, als in ihren Reden und in ihren Artikel die Argumente zu wiederholen, die Saddam Hussein zur Rechtfertigung seines Überfalls vorgebracht hatte: Kampf gegen den amerikanischen Imperialismus, das arabische Öl den Arabern, usw. Keiner der Intellektuellen hat es gewagt, die repressive Politik zu kritisieren, die Saddam Hussein seit über 20 Jahren gegenüber seinem Volk ausübt. Die meisten ägyptischen Intellektuellen, die Mubaraks Haltung als Partner der westlichen Allianz guthießen, haben nicht einmal protestiert, als der ägyptische Dichter Afifi Matar von den ägyptischen Ordnungskräften bei Nacht und Nebel verhaftet und wochenlang gefoltert wurde, weil er sich kritisch zur Beteiligung Ägyptens am Golfkrieg geäußert hatte.

Kultureller Niedergang

II. Der Niedergang der arabischen Kultur, von dem der ägyptische Denker Louis Awad schon 1975 gesprochen hatte, erfaßt den gesamten arabischen Kulturraum und zerstört die letzten Nischen der Freiheit und des kritischen Denkens. Diese enorme Regression wurde besonders nach der Niederlage von 1967 manifest, die der nationalistischen Ideologie Nassers einen schweren Schlag versetzte und den konservativen Regimen des Golfes — allen voran Saudi-Arabien — einen immer größeren Einfluß in allen Bereichen der Politik, Kultur und Gesellschaft erlaubte. Dank ihres enormen Reichtums konnten es sich die Saudis seit 1974 erlauben, viele Intellektuellen „zu kaufen“, die sich „bekehrten“ und sich von ihren laizistischen, sozialistischen oder nationalen Positionen von gestern distanzierten. Als „Sieger“ des Golfkrieges können es sich die Saudis und die Herrscher ihrer monarchischen Nachbarländer erlauben, weiterhin fanatische Gruppen und fundamentalistische Bewegungen zu finanzieren und auf diese Weise den Freiheitsraum in allen arabischen Ländern weiter zu beschränken.

III. Die arabischen Intellektuellen sind noch immer Gefangene jenes „Zögerns“, von dem Abdallah Laroui in seinem berühmten Buch „Die Krise der arabischen Intellektuellen“ gesprochen hatte. Diese Unschlüssigkeit hindert sie daran, Kultur, Sprache, Tradition und Religion radikal zu kritisieren und verdammt sie — wie Abdallah Laroui es formuliert — “zu einem unglücklichen, marginalen Leben“.

IV. Die Beziehung der arabischen Intellektuellen zum Westen ist nach wie vor konfliktgeladen. Manche noch vor dem Golfkrieg als laizistisch eingestuften Intellektuellen gingen gar so weit, nach dem Einmarsch der irakischen Armee in Kuwait sich auf die Seite der islamistischen und nationalistischen Brigaden zu schlagen, die zum „Dschihad" (Heiligen Krieg) gegen den „heuchlerischen, christlichen Westen" aufriefen.

Vor allem in den Maghrebländern zweifeln heute viele Intellektuelle an den westlichen Werten — Demokratie, Menschenrechte, das Recht der Völker auf Selbstbestimmung etc. — von denen sie sich zuvor so angezogen fühlten. Diejenigen, die von diesem spannungsreichen Verhältnis der arabischen Intellektuellen zum „Westen" profitieren, sind vor allem die fanatischen Fundamentalisten. Diese Entwicklung spricht für die These aufgeschlossener, kritischer arabischer Intellektueller wie (dem libanesischen) Dichter Adonis, der eine noch dunklere, noch tragischere Zukunft voraussagt und fürchtet, daß die „lange Nacht" der arabischen Intellektuellen kein Ende nehmen wird.

Im Mittelalter führten christliche Theologie und arabische Philosophie einen heftigen Diskurs. Thomas von Aquin (Mitte) verteidigte die katholische Lehre gegen den arabischen Denker Ibn Rušd (Averroës), hier zu Füßen von Thomas.

Wolfgang Günter Lerch

Der Islam — eine Kultur ohne Aufklärung? Religion und Moderne

Im Zusammenhang mit den theologischen und politischen Bestrebungen muslimischer Fundamentalisten kann man oft hören, der Islam kenne — im Unterschied zur abendländisch-christlichen Kultur — keine Aufklärung. Auf Muslime wirkt diese Feststellung ein wenig befremdlich, denn sie pflegen auf diesen Anwurf zu entgegnen, es bedürfe im Islam einer solchen nicht; ihr Glaube sei ohnehin rational einsichtig und nachvollziehbar, erfülle somit auch ohne eine Aufklärung die Forderung des Philosophen Descartes, daß metaphysische Erkenntnis „clare et distincte" sein müsse. Der Islam habe, dem Gebot des Propheten getreu, immer nach Wissen gestrebt. Das Christentum hingegen mit seiner Heiligenverehrung, mit seinem Wunderglauben und den Lehren von der Dreifaltigkeit und anderen Dogmen, die einem Muslim kraus und ungereimt erscheinen müssen, habe geistige Bewegungen wie Humanismus, Renaissance und Aufklärung dringend nötig gehabt.

Vorindustrielle Wurzeln

Obwohl diese Argumentation etwas Richtiges wiedergibt, ist sie dennoch zunächst und vor allem apologetisch. Im großen ganzen läßt sich nicht abstreiten, daß der Islam — wie der Hinduismus — dem geistigen Phänotyp nach noch immer eine vorindustrielle und damit vormoderne Kultur darstellt. Das äußerlich moderne Erscheinungsbild islamischer Städte ist eine Fassade, hinter der sich — allein der oft hohe Prozentsatz von Analphabeten in den islamischen Ländern spricht dafür — islamisch-traditionelle oder gar archaische Formen der Weltwahrnehmung verbergen. Daß dies der Westen in den vergangenen zwei Jahrzehnten nicht erkannte, erklärt ja einen großen Teil seiner Verstörung und seiner Ratlosigkeit angesichts der „islamischen Revolution". Im Westen ist Religion für den einzelnen längst Privatsache geworden, Religion ist allenfalls ein Teil des gesellschaftlichen Ganzen; im islamischen Orient jedoch kommt ihr noch immer eine die gesamte Gesellschaft tragende und prägende Totalität zu, der sich auch der nur laue Gläubige, ja der Atheist nicht entziehen kann. Diese Tendenz ist in den letzten Jahren sogar stärker geworden. Es gehört zu den Binsenweisheiten des orientalistischen Wissens, daß im sunnitischen Islam seit der späten Abbasidenzeit das „Tor des idschtihad", der selbständigen Koranauslegung, „geschlossen" sei. Dieses Prinzip gilt allerdings nicht für die Schiiten, das heißt für die Dscha'fari-Rechtsschule, in der die „mudschtahids" bis heute eine wichtige Rolle spielen. Ebenso bekannt ist, daß die „falsafa", das heißt die hellenisierende, rationalistische Richtung des philosophischen Denkens im Islam, mit dem Tode des Philosophen Ibn Ruschd (Averroes) im Jahre 1198 erlosch.

Die Orthodoxie, die „mutakallimun" als Vertreter des rechtgläubigen, jeder rationalistischen Spekulation im Sinne der Griechen abgeneigten „kalam", haben damals über das innovatorische Denken der Philosophen gesiegt. Die Schuld wird von vielen dem großen Theologen al-Ghazzali (gestorben 1111) zugeschrieben, der mit seinem metaphysikkritischen Werk „tahafut al-falasifa" („Die Inkohärenz der Philosophen") dem rationalistischen Denken den Todesstoß versetzt habe. Die falsafa hat sich, zumindest im sunnitischen Bereich des Islam, tatsächlich seit dieser Zeit nicht mehr erholt, und theologische Reformansätze standen immer unter dem grundsätzlichen Verdacht der ketzerischen Neuerung (bid'a). Die orthodoxe Theologie hatte überdies auch dem Rationalismus der Mu'taziliten, die fast alle orthodoxen Dogmen ablehnten, ein frühes Ende bereitet. So führt an der Feststellung kein Weg vorbei, daß der Islam eine strukturelle Aufklärung im westlichen Sinne nicht erlebt hat; er kennt keinen Kant und keinen Rousseau, keinen Locke oder Adam Smith.

Die maßgebenden Theologen des Islam und auch die Vordenker des sogenannten „Fundamentalismus" lehnen bis heute die Annahme eines autonom-weltlichen Bereiches, der nicht von Religion und Theologie abgedeckt ist, ab. Es bleibt dabei, daß der Islam „Glaube und Staat" (din wa daula) sei und daß man Sakrales nicht von Profanem trennen dürfe. Dies ist vor allem auch für die politische Lage in der islamischen Welt von Belang, da die Versuche einer demokratischen, auf Pluralismus zielenden Verfaßtheit der Gesellschaft zum Scheitern verurteilt sind, solange das Monopol des Religiösen nicht gebrochen ist. Nichts illustriert dies besser als die Parole der türkischen „Fundamentalisten“, die lautet: „Die Herrschaft geht ohne jede Einschränkung und Bedingung von Gott (Allah) aus.“ Dies ist eine propagandistische Replik auf einen Ausspruch des Reformers Mustafa Kemal Atatürk, der gesagt hatte: „Jede Herrschaft geht ohne jede Einschränkung und Bedingung von der Nation (millet) aus.“ Gott oder Nation als Souverän. Dies ist die Frage.

Der Primat des Religiösen betrifft freilich neben dem Politischen auch solche Gebiete wie Kunst und Wissenschaft. Muslimische Wissenschaftler und Gelehrte, aber auch Schriftsteller, verlassen schon seit geraumer Zeit in großer Zahl ihre Länder, um im Westen zu forschen, zu schreiben oder zu lehren; und die, die dableiben, sind oft dem Druck orthodoxer Kreise ausgesetzt.

Reformansätze

Es wäre indes verkehrt, dem Islam jegliches Streben nach Aufklärung abzusprechen. Selbst im Zeitalter des sogenannten „Fundamentalismus“ ist der Islam kein Monolith, sondern umfaßt viele Bewegungen, die sich um eine adäquate Auslegung und Verwirklichung des Glaubens bemühen. Die Skala dabei reicht von Teheran und Riad bis nach Ankara, um nur die Extreme zu nennen. Hinzu kommen die Schulen der Sufis, der islamischen Mystiker, die zu allen Zeiten auch zu einer Öffnung gegenüber anderen Bekenntnissen bereit gewesen sind. In der Islamischen Republik Iran zum Beispiel beschäftigt man sich lebhaft mit zeitgenössischer westlicher Soziologie und Philosophie, während umgekehrt der Westen muslimische Philosophen kaum oder überhaupt nicht zur Kenntnis nimmt. So kann man viele der theoretischen Vordenker des Umsturzes in Iran — mit der Ausnahme Ajatollah Khomeinis freilich — als Repräsentanten eines Neo-Mu‘tazilitentums ansehen.

In einem sunnitischen Land wie Ägypten wird heute deutlich, daß die rationalistischen Reformansätze Mohammed Abduhs (gestorben 1905) noch immer Früchte tragen. Dort setzen sich die Lehrautoritäten, nicht zuletzt mit Hilfe von Abduhs denkerischem Instrumentarium, bis jetzt erfolgreich gegen die Versuche einer totalitär-militanten Umgestaltung des Islam ein. Im Rahmen der Orthodoxie können auch Einzelgänger hervortreten wie zum Beispiel Abd ar-Rahman Badawi, der als Repräsentant eines muslimischen Existenzialismus charakterisiert werden kann. In den Staaten des Maghreb gibt es vereinzelt Versuche, den auf Aristoteles gründenden Ansatz des Averroes als „Neo-Averroismus" wiederzubeleben.

Muslimische Intellektuelle, die im Ausland leben und lehren, bemühen sich auf die eine oder andere Weise um eine Synthese von Traditionalismus und Modernität, etwa der Algerier Muhammad Arkoun an der Sorbonne oder der Perser Sayyid Hussein Nasr in den Vereinigten Staaten. Nasrs Denken kann mit Vorbehalten vielleicht als muslimische „Neo-Scholastik" bezeichnet werden, die gleichzeitig von der Mystik tief beeinflußt ist. Hussein Nasr kennt die abendländische Philosophie sehr gut und will die „Exzesse der Aufklärung" vermeiden. Die Erkenntnis gilt ihm, gleich den Gnostikern, als Königsweg zum Heiligen. Die Frage ist nur, ob solche Entwürfe nicht im Westen mehr beachtet werden, als in der sich gegen ihn abschirmenden Welt des zeitgenössischen Islam.

Einen Sonderfall stellt in vieler Hinsicht die Türkei dar. Sie ist von innen wie von außen verwestlicht und verweltlicht worden wie kein anderer Staat der islamischen Welt. Die Türkei ist ein gesellschaftliches Laboratorium, in dem man beobachten kann, wie Aufklärung und beharrende Kräfte miteinander ringen. Die Keimzelle ihres gegenwärtigen Selbstverständnisses bilden die Schriften Ziya Gökalps (gestorben 1924), die auf dem Werk Auguste Comtes aufbauen, des „Vaters" des modernen Positivismus. Von diesem Denken war auch Mustafa Kemal Atatürk stark beeinflußt. Daß heute in der Türkei wieder eine mächtige Strömung existiert, die auf der Grundlage des religiösen Staates das Land wieder von Europa wegführen will, macht deutlich, daß auch dort das letzte Wort noch nicht gesprochen ist. Eine Aufklärung, die aus dem Islam selbst kommt, steht erst noch bevor.

Hartmut Bobzin

Eine arabische Sprache — eine arabische Nation

Im Bewußtsein der Araber gibt es trotz der Vielzahl der arabischen Staaten nur eine arabische Nation (Umma arabiyya). Ähnlich verbreitet ist die Auffassung, daß es trotz der großen Zahl arabischer Dialekte dennoch nur eine arabische Sprache gibt, nämlich die „Hochsprache".

Die Wurzeln dieser Hochsprache liegen in der noch heute hochgeschätzten vorislamischen Dichtung, die in einer stammesübergreifenden Dichtersprache verfaßt war; an diese Sprachform knüpft auch der Koran an, dessen religiös-rituelle Bedeutung untrennbar mit seinem „arabischen" Charakter verbunden ist: „Wir haben ihn als arabischen Koran herabgesandt", heißt es im Koran (Sure 12, Vers 2).

Die altarabische Sprachform, wie sie in Dichtung und Koran begegnet, ist in den ersten islamischen Jahrhunderten durch eine Reihe bedeutender Philologen grammatisch genau beschrieben und gleichzeitig einem Normierungsprozeß unterworfen worden, der vor allem auf eine „Reinigung" von Dialekteinflüssen zielte. Wesentliches Motiv für diese Arbeit war es zu garantieren, daß der Korantext richtig gelesen und überliefert wird.

Die in dieser Weise in Regeln gefaßte, d.h. normierte Sprache wird als „Klassisches Arabisch" bezeichnet. Sie wurde zur Literatur- und Sakralsprache des islamischen Weltreiches — aber nicht nur das: ihre gekonnte Handhabung war Voraussetzung, „Schreiber" bzw. „Sekretär" (arab. Katib) in der Verwaltung zu werden. Unter den abbasidischen Kalifen (750-1258) spielte der „Diwan", d. h. die zentrale Verwaltung des Reiches sowie der Provinzen, auch für die sprachliche Entwicklung eine entscheidende Rolle. Was von einem solchen „Verwaltungsbeamten" verlangt wurde, war umfassende literarische Bildung und sprachliche Virtuosität: die Befähigung zu einwandfreier, kunstvoll ausgeführter Formulierung aller offiziellen Verlautbarungen und Dokumente. Die klassische Literatur — insbesondere die Poesie — blieb freilich Angelegenheit einer dünnen Bildungsschicht und abhängig von fürstlichem Mäzenatentum.

Zu erwähnen ist noch, daß die klassische Hochsprache gerade in der Auseinandersetzung mit dem hellenistischen Erbe des östlichen Mittelmeerraumes eine erhebliche Bereicherung erfuhr. In der Blütezeit der islamischen Kultur (ca. 8.-13. Jh.) nahmen die Wissenschaften einen ungeahnten Aufschwung, und die arabische Hochsprache stellte dafür ein differenziertes Ausdrucksmittel dar, an das die Moderne wieder anknüpfen konnte.

Die klassisch-arabische Hochsprache stand von Anfang an in einem antagonistischen Verhältnis zu den Dialekten. Jeder arabische Stamm hatte seinen eigenen Dialekt, und mit den arabischen Eroberungen unter dem Banner des Islam im 7. und 8. Jh. wurden diese Dialekte weit über die Grenzen der Arabischen Halbinsel hinaus getragen: bis nach Spanien im Westen, und — zeitweise — bis nach Mittelasien im Osten. Die „Sprache des Volkes" nahm zahlreiche Elemente der Sprachen der eroberten Völker an, so daß immer ein ziemlicher Abstand zwischen Hochsprache und Dialekt bestand.

Von entscheidender Bedeutung für die Entwicklung der sprachlichen Situation in der arabischen Welt wurde der zunehmende Verlust der politischen Vormachtstellung der Araber. Seit dem 16. Jahrhundert waren die arabischen Kernländer (mit Ausnahme Marokkos) unter osmanisch-türkische Vorherrschaft geraten. Verwaltungssprache im Osmanischen Reich war das Türkische. Jetzt war die Kenntnis des Klassischen Arabisch nicht mehr notwendige Voraussetzung für sozialen Aufstieg, die arabische Literatur wurde zunehmend an den Rand gedrängt.

Allerdings blieb das Klassische Arabisch von großer Bedeutung für das religiöse Leben. In dieser Beziehung ist der Vorrang des Klassischen Arabisch in der gesamten islamischen Welt bis heute unangefochten. Es ist in seiner Funktion in gewisser Weise dem Kirchenlatein vergleichbar. Vor allem aber besitzt es das Prestige einer unveränderlichen „heiligen Sprache", ist doch der Koran in ihr abgefaßt.

Der im 19. Jh. vor allem in der Konfrontation zu den Osmanen entstandene arabische Nationalismus schrieb neben der Wiedergewinnung der nationalen Einheit auch die Wiederbelebung der arabischen Hochsprache auf seine Fahnen. An diesem Erneuerungsprozeß hatten arabische Christen einen besonderen Anteil. Für diese Bevölkerungsgruppe war die Sprache das entscheidende Merkmal, das die arabische Nation von anderen unterschied, nicht die Religion.

Die moderne arabische Hochsprache (auch „Modern Standard Arabic“ genannt) knüpft in der Formen- und Satzlehre direkt an die klassische Sprachform an, bei durchgehender Tendenz zur Vereinfachung. Einem tiefgreifenden Wandlungsprozeß war hingegen der Wortschatz unterworfen, beeinflußt vor allem vom zunehmenden Kontakt mit Europa.

Heute ist die moderne arabische Hochsprache im schriftsprachlichen Bereich unangefochtenes und praktisch einziges Kommunikationsmittel, für die Presse ebenso wie für die Literatur, aber auch für Politik und Verwaltung. Dabei sind die Unterschiede zwischen der in Marokko benutzten Hochsprache und der des Irak — also den beiden „Außenposten“ der arabischen Staatenwelt — nicht größer als die Unterschiede z. B. zwischen schweizerischem und bundesdeutschem Hochdeutsch, d. h. sie betreffen vor allem die Bereiche der Terminologie und Phraseologie.

Arabische Kinder wachsen nicht mit der modernen Hochsprache auf, sondern mit einem der vielen regional und lokal geprägten Dialekte. Die Hochsprache wird — zusammen mit dem Lesen und Schreiben — in der Schule erlernt.

Die sprachliche Situation der arabischen Welt läßt sich recht gut mit der in der deutschsprachigen Schweiz vergleichen. Im Alltag ist der jeweilige regionale bzw. lokale Dialekt die einzig gebräuchliche Sprachform. Nur in besonderen Situationen wird die Hochsprache auch spontan mündlich benutzt: nämlich dann, wenn ein „Fremder“ hinzukommt und sich am Gespräch beteiligt.

Ansonsten findet die Hochsprache in mündlicher Form überall dort Verwendung, wo es sich um „offizielle“ Situationen handelt. Dazu gehören öffentliche Ansprachen und Vorträge sowie „nicht-spontane“ sprachliche Äußerungen, wie z. B. Nachrichten, Kommentare u. ä. in Rundfunk und Fernsehen. Diese beiden Medien haben einen enormen Beitrag zur Verbreitung des Modernen Hocharabisch geleistet.

Die meisten Araber sind also „passiv“ mit der Hochsprache bestens vertraut, allerdings ist nur eine Minderheit in der Lage, sie auch dann korrekt und flüssig zu gebrauchen, wenn es um spontane Äußerungen geht. Dies liegt zum einen am mangelhaften „Training“ während der Schulzeit, wo im Arabischunterricht neben der Beschäftigung mit der Literatur vor allem Wert auf die Erarbeitung des klassischen grammatischen Regelwerks gelegt wird. Das Kommunizieren in der modernen Hochsprache ist nirgendwo ausdrücklich Unterrichtsgegenstand und -ziel, denn vielen Arabischlehrern sind die „Neuerungen" dieser Sprachform ein ständiger Dorn im Auge. Eine weitere Ursache für die mangelhafte aktive hochsprachliche Kompetenz vieler Araber liegt in der Eigenart der arabischen Schrift, bei der aus dem Schriftbild allein die hochsprachliche Aussprache oft nicht zu erkennen ist.

Der Dialekt hingegen ist und bleibt die „Sprache des Herzens" und die eigentliche „Muttersprache". Viele Araber sind übrigens der Meinung, ihr eigener Dialekt sei der Hochsprache am nächsten. Das ist linguistisch ebenso unzutreffend wie die weitverbreitete Ansicht, der Dialekt sei lediglich „fehlerhaftes Hocharabisch".

Die Gegenwart der arabischen Sprache: das ist einerseits die ungebrochene Vitalität der zahlreichen Dialekte, andererseits die Moderne Hochsprache, die in ihrer Ausdrucksvielfalt, wie nicht zuletzt die moderne arabische Literatur zeigt, den Vergleich mit keiner anderen Weltsprache zu scheuen braucht.

Hédi Eckert

Gralshüter des Islam
Zentren religiöser Gelehrsamkeit

An lockerem Band reiht die west-östliche Pilgerroute drei Hochburgen alt-ehrwürdiger islamischer Gelehrsamkeit auf: al-Qarawiyyin, die Moschee der Kairouaner in Fès, az-Zaituna, die Ölbaum-Moschee in Tunis, und al-Azhar, die leuchtende Perle in Kairo. Die drei Hochschulen liegen alle im nördlichen Afrika, davon zwei sogar im Maghreb, dem westlichen Teil der arabischen und islamischen Welt. Vergleichbare Lehrstätten fehlen im östlichen Teil, dem Mashreq. Für die Entstehung dieser westlichen und afrikanischen Schwerpunkte sind zunächst in der Geschichte zu suchende Gründe ausschlaggebend. Fès und Tunis sind zu einem die unmittelbaren Bewahrer maurischer Gelehrsamkeit und Hüter der geistigen Schätze von Córdoba. Zum anderen jedoch überlebte das geistige Zentrum des Ostens, Bagdad, die Mongolenstürme des 13. und 14. Jahrhunderts nicht, wurde im 15. Jahrhundert vom osmanischen Istanbul abgelöst und somit aus dem arabischen Kulturkreis herausgenommen.

Weiterhin sind die Tuniser Zaituna und die Qarawiyyin von Fès Lehrstätten der Malekitischen Schule des Islam, während die Kairiner al-Azhar überwiegend von der Hanefitischen Schule bestimmt wird. Beiden hängt bis heute die Mehrzahl der Muslime der arabischen Welt an. Knapp belegen ließe sich das afrikanische Übergewicht islamischer Tradition und Gelehrsamkeit auch durch die gegenwärtige Verteilung der arabischen Bevölkerung. Von rund 200 Millionen Arabern leben reichlich zwei Drittel im nördlichen Afrika, wo sich der „Große Arabische Maghreb" und das Niltal ungefähr die Waage halten. Ein Drittel nur lebt im Mashreq, wo die zwei volkreichsten Staaten, der Irak im Norden und der Jemen am Südzipfel der Arabischen Halbinsel, die 20-Millionen-Grenze noch nicht erreicht haben.

Traditionsgebundenheit strahlen heute noch mitten im Herzen der auf das bloße Auge intakt wirkenden Altstädte von Fès und Tunis beide maghrebischen Universitäten aus. Weitgehend „entkernt" und von einer vor ihren Toren endenden und unentwegt motorisiertes Blech anschwemmenden städtischen Hochautobahn bedroht und verschmutzt, bietet sich in Kairo al-Azhar dar. Allerdings sind die Säle und die den Innenhof säumenden Säulengänge in allen drei Lehrstätten von museumshafter Leere. Vergeblich hält man Ausschau nach Studenten und Dozenten, sieht man ab von kleinen Grüppchen afrikanischer Studenten in der ansonsten verwaist anmutenden al-Azhar-Moschee, die hierdurch einen stark drittweltlichen Akzent erhält.

Die Gralsburgen bestehen in ihrer Bausubstanz weiter. Deren gelehrte Hüter allerdings wurden zwangsevakuiert in kasernenartige Neubauten, wo die Regime, der Unabhängigkeit nach westlichem Muster und parlamentarischen wie auch jakobinischen Republiken nacheifernd, theologische Fakultäten einrichteten und wo umfassende islamische Gelehrsamkeit auf den Kern der Religionswissenschaften reduziert wurde. Deren juristischer Anteil wiederum wurde zurückgeschnitten auf das, was man schüchtern als Familien- und Besitzrecht bezeichnen darf.

Kompromißfähigkeit vs. Gesetzesstrenge

Der Islam kennt keinen Priesterstand, sondern nur jenen der Gelehrten, der Schriftgelehrten, der Ulama und Fuqaha. Es ist dies ein auf Studium, Auslegung und Anwendung des — sich auf den Koran und die Acta et Gesta des Propheten gründenden — umfassenden islamischen „Gesetzes" spezialisierter Stand. Aus diesem rekrutierten sich im Laufe einer langen und bewegten Geschichte Richter, Lehrer und Prediger, aber auch Berater und beratende Gremien jener illegitimen Machthaber, die sich nach dem Niedergang des Kalifats etabliert haben.

Mit dem für Koran und Sunna (acta et gesta) typischen Sinn für Realitäten, menschliche Schwächen und gesellschaftspolitische Erfordernisse haben die Schriftgelehrten nach Maßgabe der Verhältnisse stets mit spitzfindigen Strategien versucht, die Balance zu halten zwischen maßlosen Usurpatoren der Macht und den Belangen der islamischen Bevölkerung. Dabei gaben sie, zwecks Erhalt und Entfaltung islamischer Lebensformen, der Aufrechterhaltung der Ordnung den Vorzug vor jener „fitna" oder Anarchie, die als Bedrohung islamischen Selbstverständnisses verstanden wird.

Besonders anpassungsfähig und gewandt zeigten sich hier die Vertreter der Hanefitischen Schule, während die teilweise mosaisch anmutende Gesetzesstrenge des Malekismus in Nordafrika und Spanien der eingeübten Kompromißfreudigkeit insofern Grenzen setzte, als unter Anführung der Ulama die Bevölkerung von Fès und Tunis bis in die Neuzeit hinein gegen den Herrschaftsapparat bei schwerwiegenden Übergriffen aufzustehen pflegte. Auch dieser Aspekt gehört zum reichen Erbe der maghrebischen Gralsburgen des sunnitischen Islam. Die Osmose zwischen Schriftgelehrten und Bevölkerung ließen islamische Ideale von Recht und Gerechtigkeit, Humanismus und Menschenwürde zum Allgemeingut werden.

Konflikte mit der neuen Macht

Die mit dem islamischen Gesetz in Einklang stehende Volksnähe der Schriftgelehrten und geistigen Führer mußte zwangsweise in den postkolonialen „Import-Republiken" zu Konflikten mit den neuen Machthabern führen, welche mit Säkularismus oder Laizismus die unterentwickelten islamischen Gesellschaften zu modernisieren suchten. Als sich 1960 der Mufti oder Juriskonsult, Angehöriger einer alten andalusischen Gelehrtendynastie, der Republik Tunesien weigerte, mit einer Fatwa (oder Rechtsschluß) die vorläufige Abschaffung des Ramadan-Fastens aus Gründen eines „Wirtschafts- und Entwicklungs-Dschihad" zu ratifizieren, wurde vom Staatschef — Bourguiba — das gesamte Gelehrtenkolleg der Zaituna verhöhnt und lächerlich gemacht, ja die Schriftgelehrten sogar als Kollaborateure der Kolonialmacht beschimpft.

Als der säkularisierenden Moderne abträglich mußte dem Nasser-Regime in Ägypten das zu Anfang des Jahrhunderts vom Azhar-Scheich Mohammed Abdou entwickelte Erneuerungs- und Reformkonzept erscheinen, das von zwei Schülergenerationen weitergetragen worden war. Der Gegenschlag erfolgte konsequent in den Umfeldern der Gralsburgen auf drei Ebenen: 1. Die Liegenschaften der toten Hand (Waqf oder Habous) wurden als Besoldungsgrundlage der Schriftgelehrten eingefroren oder säkularisiert und die Ulama zu Staatsfunktionären gemacht. 2. Deren soziopolitische Funktion wurde durch Ausquartieren in neu geschaffene Theologie-Fakultäten europäisch aufgezogener Universitäten abgebrochen. 3. Der geistigen Führungsrolle der „Moschee-Scheiche" wurde mit einer säkular-nationalistischen Propaganda, fixiert auf Sozialismus und charismatische Führergestalten, gegengesteuert.

Gegen Märtyrertum

In die Enge getrieben, zogen sich die Gralsscheiche zurück auf Bibliotheksforschung und ein mittelalterlich anmutendes Verhalten, auf weltfremd und archaisch gestaltete Veröffentlichungen und Äußerungen. Sie übten sich wieder einmal in jener islamischen Tugend der Beharrlichkeit vor dem Ungemach der Welt, von der man im Islam weiß, daß sie sich turnusmäßig ändert im Rhythmus des Tages, der auf die Nacht folgt. Märtyrertum ist dem sunnitischen Islam insofern verdächtig, als es dem Ablauf der vom Schöpfer gestifteten Naturgesetze mit einer Hast zuwiderläuft, die womöglich des Teufels sein kann. Dergestalt von den Machthabern der „Dschahiliyya Dschadida" (dem neuen Heidentum der Unwissenheit um Schöpfer und Gesetze) an den Rand gedrängt, haben die Schriftgelehrten weitgehend den Kontakt zu den anderen Volksschichten verloren. Ausgezeichnete Köpfe unter ihnen fanden auf saudischem Territorium in so mancher Akademie der Organisation der Islamischen Konferenz Unterschlupf. Islamisten von den Schattierungen der Fundamentalisten und Integristen stammen nicht aus den kahlen Werkhallen islamischer Religionsfakultäten, sondern, zumeist mit bescheidener Bildung ausgestattet, aus dem Volk, wenn nicht gar aus den Reihen der Kommunisten. So mag es kommen, daß der einzige Theoretiker unter den Islamisten, Sayyid Qutb, eben ein Zögling der Gralsburg al-Azhar war.

Die laizistischen Machthaber der Moderne haben somit ein Vakuum geschaffen, das immer stärker zum Tummelplatz der verschiedensten islamistischen Tendenzen wird. Die Klientel schart sich um inspirierte Laienprediger, welche am Freitag nicht nur dieses oder jenes Gebetshaus füllen, sondern sogar die umliegenden Straßen. Die manieriert und verknöchert auf die — Heil und Führung suchenden verwaisten — Volksmassen wirkenden Predigten der Gelehrten in den Gralstempeln vereiteln, daß diese, wie dereinst, zum Forum werden.

Sunna und Schi'a

Kaum reagiert haben ebenso die Schriftgelehrten von Qarawiyyin, Zaituna und Azhar auf die islamische Revolution in Iran, die doch gewissermaßen von einem schiitischen Amtsbruder angeführt wurde. Auch das entspricht ihrem Wesen, das geprägt ist von Vorsicht, Beharrlichkeit und Abwarten. Dieses Verhalten ist vielleicht typisch sunnitisch und damit die langfristige Stärke des Islam der Mehrheit. Dieser neigt nicht dazu, im Tagesgeschehen zu explodieren und zu verbluten. So gibt es auch im sunnitischen, von al-Azhar, az-Zaituna und al-Qarawiyyin gehüteten Islam keine Geißelbrüderschaften wie im schiitischen Islam. Diesem schwerwiegenden Unterschied zwischen den vier Schulen der Sunna und jener fünften Schule, welche die Schi'a — die blutopferfreudige Gefolgschaft des Ali — darstellt, haben es wohl die Machthaber im Kreml immer noch zu verdanken, daß Zentralasien nicht zum Pulverfaß wurde, denn die Turkvölker dieses Raumes sind Sunniten und deren konstituierte Gelehrtengremien in Orenburg und Taschkent gewissermaßen auch als Gralshüter zu betrachten.

Damit stellt sich grundsätzlich die Frage, woher in einer erschütterten Welt gerade die marginalisierten Hüter islamischen Wissens und islamischer Gelehrsamkeit ihre Unerschütterlichkeit beziehen, die sie so weltfremd, ja geradezu museal wirken läßt. Jahrhundertealte Erfahrung reicht als Erklärung nicht aus, außer es handele sich um Resignation. Diese gibt es jedoch nicht in ihren Schriften und Verlautbarungen, die unerschütterliches Gottvertrauen ausstrahlen. Somit muß es der Glaube sein, der Glaube an einen alleinigen Schöpfergott. Und dennoch argumentieren sie mit Gottesbeweisen, die in einer technologisierten und von Machtkämpfen zerrütteten Welt bilderbuchhaft, wenn nicht naiv apologetisch wirken.

Wurden die Nacheiferer eines Scheich Abdou von westlich orientierten und säkularistischen Machthabern gewaltsam neutralisiert und in den akademischen Elfenbeinturm abgeschoben, so fand auch ein anderer großer Denker und Analytiker keine Nachfolger. Die Zeit war noch nicht reif für ihn. Es handelt sich um Ibn Kaldun (14.

Jahrhundert), ein in Tunis geborener Sproß einer jemenitischen zuvor in Sevilla ansässigen Sippe. Er machte in seiner Moqaddimah den Versuch, die Naturgesetze auch im Werden und Geschehen der menschlichen Gesellschaften zu entdecken und zu definieren, um dem Glauben, dem dieser Zaituna-Zögling bedingungslos anhing, eine zusätzliche wissenschaftliche Grundlage zu verschaffen. So liegt ein islamischer Ansatz der rationalen Deutung von Wirtschaft und Gesellschaft brach, und die derzeitigen Schriftgelehrten machen keinen Versuch, diese Lücke zu füllen. Konsequenterweise fehlt auch allen islamistischen Gruppierungen eine sachliche Analyse gesellschaftlicher Zusammenhänge, außer es handle sich um solche über den Marxismus eingeschleuste, die sich in islamischen Gesellschaften jedoch weitgehend als inadäquat erwiesen haben.

Zu berücksichtigen ist auch, daß die Sachwalter islamischen Wissens und islamischer Tradition in den drei geknebelten Hochschulen Nordafrikas nicht nur mit neueren Analysen überfordert wären, sondern gewissermaßen mit ihrer Hüter- und Bewahrerfunktion ausgelastet sind. Deshalb ist ihnen auch kaum Feigheit vorzuwerfen, denn nach ihrem Selbstverständnis „mutet der Schöpfer keinem Menschen mehr zu als seinem Bewältigungsvermögen entspricht" (Koran).

Dreht sich das Rad der Geschichte weiter, so wird auch ihre Stunde wieder kommen. Stehen sie heute am Rande des Spannungsfeldes zwischen modernistischen Staatsapparaten und „islamsüchtigen", weil frustrierten Massen, so könnte ihnen eine „islamische Republik" erneut entscheidende Verantwortung übertragen. Potentiell böten sich Dialog und dialektische Spannung zwischen einer islamistischen, jedoch islamische Gesellschaftsgestaltung und -führung systematisch ignorierenden Staatsform und gerade jenen Bewahrern angereicherter Erfahrung an, die nichts preisgegeben haben. Dies könnte die islamischen Gesellschaften erneut bereichern und sie mit kreativen Antworten auf neue Sachlagen versehen.

Khalid Duran

Islamischer Extremismus

Das Ziel: Der muslimische Gottesstaat

Stammgruppe der muslimischen Extremisten im arabischen Raum ist die 1928 in Ägypten von dem Grundschullehrer Hasan al-Banna gegründete Partei der „Muslim-Bruderschaft". Sie steht auf dem Boden der puritanischen Aufstandsbewegungen, die periodisch die Welt des Islam erschüttern. Im Gegensatz etwa zum Wahhabitentum der Arabischen Halbinsel hat aber die „Muslim-Bruderschaft" auch modernistische Züge und stand von Anfang an totalitären Kaderparteien nahe, die in Ägypten, im Libanon und anderen arabischen Staaten während der dreißiger Jahre an Boden gewannen.

Die Orientierung am Systemdenken faschistischer und kommunistischer Parteien ist aus der Literatur der „M.-B." deutlich erkennbar. Primär ging es den Muslim-Brüdern darum, fremden „ismen" (wie Kommunismus, Kapitalismus, Liberalismus, Nationalismus, Sozialismus) Konkurrenz zu machen. Der Islam genüge, sagten sie, man brauche keine importierten Weltanschauungen. Unter der Bezeichnung Islamismus wurde diese Sonderrichtung des Islam vollends zu einer nativistischen Ideologie mit dem Anspruch, das Erbe der „ausgedienten" ausländischen Ideologien anzutreten, die der arabischen Welt nur geschadet hätten.

In der Weltpresse werden die Islamisten noch immer als muslimische Fundamentalisten bezeichnet, ein Ausdruck, der sich schließlich sogar im arabischen Sprachgebrauch eingebürgert hat. Selbst die saudi-arabischen Medien sprechen von „usuliyun", zumindest wenn die Charakterisierung negativ sein soll, von „islamiyun", wenn die Bewertung positiv ist.

Hauptziel war seit jeher die Übernahme der Regierungsgewalt. Zwar gab es stets auch eine Strömung, die ihre vordringliche Aufgabe in der Umerziehung der Massen als Voraussetzung für den Machtantritt „des Islam" sah, doch war auch immer die konspirative Strömung vorhanden, die auf einen Staatsstreich hinarbeitete, weil sie zweifelte, anders je ans Ziel gelangen zu können. Das zeigte sich u.a. im Aufbau eines „Geheimapparates" innerhalb der Organisation. Der Kampf gegen die britische Kolonialmacht begünstigte die Aufstellung paramilitärischer Verbände, die sich dann am Suezkanal und im Krieg von 1948 gegen Israel hervortaten. Später richteten sie sich gegen die korrupte Monarchie, wodurch sie in den Augen der unzufriedenen Bevölkerungsteile an Legitimation gewannen. Andererseits wurden die „Muslim-Brüder" durch ihre Mordanschläge auf führende Politiker vielen Ägyptern unheimlich. Als sich die Partei nach der Revolution der „Freien Offiziere" unter Nasser mit dem neuen Regime überwarfen, folgte eine lange Phase blutiger Unterdrückung durch die nationalistischen Militärs, die 1965 in der Hinrichtung des damaligen islamistischen Chefideologen Sayyid Qutb gipfelte.

Terroristischer Nachwuchs und Ideologiegebräu

Danach setzte bei der alten Garde der „Muslim-Brüder" eine Überprüfung ihrer bisherigen Taktik ein, was zu moderateren Standpunkten führte, ein Phänomen, das sicher auch mit dem persönlichen Reifungsprozeß der alternden Kader zusammenhing. Bei zahlreichen „Muslim-Brüdern" der ersten Stunde führte diese Umorientierung sogar zu einem Demokratiebekenntnis, so daß man heute fast von „Muslim-Demokraten" sprechen kann.

Diese Abkehr vom Terrorismus hatte andererseits zur Folge, daß sich viele Sympathisanten aus dem Nachwuchs von der „M.-B." abwandten und nun erst recht den Weg revolutionärer Umtriebe wählten. Sie wurden als „Islamische Gemeinschaften" an den Universitäten bekannt und stellten keine geeinte Organisation dar, sondern eine Vielzahl radikaler Kleinverbände, die nun Anhänger in allen Volksschichten gewannen, speziell unter den Landflüchtigen der Provinzstädte mit ihrer entwurzelten und zu Arbeitslosigkeit verdammten Jugend. Dieser Zulauf aus dem Lumpenproletariat legt zumindest die Überlegung nahe, ob nicht das Phänomen des Islamismus eine regionsspezifische Form des Faschismus ist, insbesondere wenn man Vergleiche zu Spanien anstellt.

Mit der zunehmenden Politisierung ging eine Vernachlässigung der islamischen Bildung einher. Während sich viele Mitglieder der Gründergeneration der „M.-B." zeitlebens dem Studium religiöser Quellen widmeten und sich allmählich der „Orthodoxie" annäherten, ist bei der neuen Generation eine gegenteilige Tendenz zu verzeichnen. Die Mitglieder der „Islamischen Gemeinschaften", ebenso wie ihre Ableger in Tunesien und Algerien, im Jemen und im Sudan, sind in der Regel islamisch wenig bewandert. Ihre Vorstellungswelt rührt nicht aus klassischen Quellen, sondern aus einer oberflächlichen Sekundärliteratur, d.h. vornehmlich aus den Schriften zweier Journalisten, des Ägypters Sayyid Qutb und des Pakistaners Maududi.

Einzelne Extremistengruppen brauen sich ihre eigene Ideologie zusammen, die mit der ursprünglichen Botschaft der „M.-B." wenig gemein hat. Typisch für diese Gattung der Extremistenfibeln ist das Buch über die vernachlässigte Glaubenspflicht, das die Grundlage für die Weltsicht der Gruppe al-Dschihad bildet, aus deren Reihen die Sadat-Mörder hervorgingen. Darin wird die gewaltsame Bekehrung der gesamten Welt gefordert. Das von den al-Dschihad-Ideologen gezeichnete Bild des „Heiligen Krieges" deckt sich mit dem Negativbild, das in der westlichen Presse oft verallgemeinernd über den Islam an sich präsentiert wird.

Khomeini und die Folgen

Unbestreitbar ist, daß die „Muslim-Brüder" den Grundgedanken von der Notwendigkeit eines ideologischen Staates geliefert haben, in dem das „islamische System" zur staatlich-gesellschaftlichen Praxis wird. Dies entspricht — aus Sicht der „Muslim-Brüder" — der Forderung nach voller Anwendung der Shari'a, der archaischen Rechtsordnung aus der islamischen Frühzeit. Allerdings ist diese Vorstellung ahistorisch und utopistisch. Die Shari'a wird so zu einem Allheilmittel für sämtliche Gesellschaftsprobleme umgedeutet.

Insoweit Vorstellungen zu Gesellschaftsordnung und Wirtschaft überhaupt konkret werden, unterscheiden sie sich stark von Gruppe zu Gruppe. Khomeinis Revolution gab dem Islamismus in der arabischen Welt Auftrieb. Nach seinem Tod ist der Einfluß des iranischen Radikalenflügels noch immer beträchtlich und zwar durch eine rege Propagandatätigkeit. Islamistische Parteien werden überall dazu aufgerufen, sich nicht an Demokratisierungsprozessen zu beteiligen, sondern, der „Linie des Imam (Khomeini)" folgend, den revolutionären Weg zu wählen. Als Beispiel für diesen Weg wird die „Gottespartei" (Hezbollah) im Libanon gepriesen, obwohl es zumindest in Nordafrika keine vergleichbare schiitische Bevölkerungsgruppe gibt.

Dadurch kam es vielerorts zu Auseinandersetzungen zwischen einem proiranischen und einem prosaudischen Flügel. Da Saudi-Arabien sich als Mäzen stark engagierte, behielt erst einmal die gemäßigte Tendenz die Oberhand. Im Verlauf des Golfkriegs bezog der proiranische Flügel meist eine proirakische Position, angefeuert durch die Radikalen in Teheran, die sich damit von der gemäßigten Haltung der Regierung Rafsandschani absetzten. Die enttäuschte Führung Saudi-Arabiens entzog deshalb diesen Parteien ihre Unterstützung, wodurch jedoch der Extremistenflügel erst einmal noch gestärkt wurde.

In Algerien, dem Staat mit der derzeit stärksten Islamistenpartei, der FIS („Islamische Heilsfront"; verboten im März 1992), setzten sich die Radikalen um den Imam Ali Belhadj durch, nachdem sich moderate Fraktionen von der Partei getrennt hatten. In Tunesien behielt ebenfalls der Extremistenflügel unter Führung von Rashed al-Ghannushi die Oberhand gegenüber den Moderaten unter Hammadi Dschabali, die sich von der islamistischen „Renaissance-Partei" (an-Nahda) lösten. Im Sudan, wo die NIF („Nationale Islamische Front") unter Dr. Hasan at-Turabi die Macht ausübt, hatte deshalb die Regierung mit Saddam Hussein gegen Saudi-Arabien paktiert. In manchen Staaten, z.B. Syrien, haben Fraktionen der Islamisten ihre Unabhängigkeit sowohl von Iran als auch von Saudi-Arabien bewahrt, ohne deshalb jedoch weniger extremistisch als die proiranische Fraktion zu sein.

Martin Kramer

Mohammed Hussein Fadlallah
Ideologe islamischer Gewalt

Ein Aspirant auf die Führung der Schiiten im Libanon ist Allama Sayyid Mohammed Hussein Fadlallah, Patron der radikalen „Partei Gottes“ (Hezbollah). Fadlallah wurde 1935 in Nadschaf, der irakischen heiligen Stadt der Schiiten geboren. Sein Vater, der verstorbene Ayatollah Abd ar-Ra'uf Fadlallah aus Aynata im Südlibanon, kam 1928 nach Nadschaf mit der Absicht, religiöse Studien zu betreiben und blieb fast 30 Jahre in dieser Stadt. Sein Sohn Mohammed Hussein verbrachte die für ihn prägenden Jahre im nadschafischen Klima scholastischer Frömmigkeit. Er studierte bei den führenden schiitischen Theologen der Zeit. Nadschaf war zu dieser Zeit ein Zentrum schiitischer intellektueller Gärung und subversiver Aktivitäten, die dem Verlangen nach einem islamischen Staat im Irak entsprangen. Ohne Zweifel kam Fadlallah mit den Argumenten für eine islamische Revolution in Berührung. Er stand aber auch unter dem mäßigenden Einfluß seines Lehrers Ayatollah Abu'l-Qasim Kho'i, der es ablehnte, sich in die Politik zu vertiefen. Kho'i war es, der Fadlallah als mudschtahid, d.h. befähigt zu islamischen Rechtsgutachten, akkreditierte.

Fadlallah kehrte 1966 in den Libanon zurück und ließ sich in dem von Palästinensern und Schiiten bewohnten Ostbeiruter Stadtteil Nab'a nieder. Er begann seine Mission mit kommunaler Arbeit. Er initiierte soziale und kulturelle Verbände in seiner *Husseiniyya*, welche Kliniken, Jugendclubs und eine Schule für Religionsgelehrte finanzierten. In Nab'a entwickelte Fadlallah seine eigentliche Gelehrsamkeit; hier schrieb er zwei seiner bedeutendsten Abhandlungen. Seine Schriften und Predigten begründeten seinen Ruf als brillanter Theologe. Zu diesem Zeitpunkt hatte er sich noch nicht mit der Politik eingelassen.

1976 belagerte die falangistische Miliz die Palästinenser in Nab'a, und die gesamte schiitische Bevölkerung des Stadtteils floh vor den Kämpfen. Fadlallah war gezwungen, die Arbeit eines Jahrzehnts zurückzulassen. Für kurze Zeit predigte er in Bint Jubail im Südlibanon, aber schon bald kehrte er nach Beirut zurück, um im Süden der Stadt zu arbeiten, vor allem in den schiitischen Vororten. Es war offenbar zu dieser Zeit, daß Ayatollah Kho'i Fadlallah zu seinem persönlichen Bevollmächtigten (Wakil) im Libanon ernannte. Kho'i war weitestgehend von den libanesischen Schiiten als Mardscha' (führende geistliche Autorität) anerkannt, und Fadlallah gewann durch diese Berufung an Ansehen. In Kho'is Namen errichtete er eine große karitative Institution (Mabarra) in Beirut, welche heute ein Waisenhaus, eine Moschee und eine Schule umfaßt. Kraft eigener Referenzen und Ressourcen handelte Fadlallah unabhängig von Imam Sayyid Musa as-Sadr, den er möglicherweise als Gegner betrachtete. Aber in Übereinstimmung mit seinem Lehrer Kho'i scheute er vor öffentlichen politischen Kontroversen zurück.

Die Revolution in Iran radikalisierte viele libanesische Schiiten; Fadlallah beschrieb dieses Ereignis als „ein Erdbeben". Als Antwort darauf distanzierte er sich von dem politischen Quietismus Kho'is: Er entschuldigte Kho'i, indem er die Sinnlosigkeit von offener Opposition im Irak betonte, doch ließ er wissen: „So wie ich Beziehungen zu Kho'i habe, habe ich Verbindungen zu Imam Khomeini". Er besuchte Iran von nun an häufig und wurde dort mit Begeisterung empfangen.

Die Predigten von seiner eigenen Kanzel — der Imam Rida-Moschee im Beiruter Bir al-Abd-Viertel — handelten in zunehmendem Maße vom Widerstand gegen den Imperialismus in allen seinen Formen. Er begann eine politische Anhängerschaft um sich zu scharen. Die radikale „Libanesische Muslimische Studentenvereinigung", gegründet an der Arabischen Universität in Beirut, machte Fadlallah zu ihrem Schirmherrn und füllte ihre Zeitschrift al-Muntalaq mit seinen Lehren. Anscheinend genoß Fadlallah eine ähnliche Position auch im libanesischen Zweig der irakischen Untergrundorganisation Hizb ad-Da'wa, ursprünglich gebildet aus schiitischen irakischen Emigranten und schiitischen Libanesen, die ihre Ausbildung in Nadschaf erhalten hatten. Fadlallahs Verbindungen mit der Hizb ad-Da'wa hatten ihre Wurzeln in seinen eigenen Erfahrungen, die er in Nadschaf gemacht hatte. Er hatte bei Ayatollah Muhsin al-Hakim studiert, dessen Söhne nun die Hizb ad-Da'wa vom iranischen Exil aus führten. Fadlallah rief häufig dazu auf, das irakische Regime zu stürzen, welches er unter anderem auch beschuldigte, einen Mordanschlag auf ihn versucht zu haben.

Die israelische Invasion (1982) stellte einen weiteren Impuls für seinen Aufstieg dar. Seine Predigten gegen die israelische Okkupation, die „Multinationalen Streitkräfte“ (MNF) und die Regierung Amin Gemayels trafen sich mit einem wachsenden Unmut des schiitischen Widerstands. Diese Predigten hatten aber auch direkte Auswirkungen. Die Organisationen, die unter Fadlallahs Patronage operierten, führten mit seiner unverhohlenen Unterstützung einen aktiven Dschihad (Heiligen Krieg) gegen die israelischen Streitkräfte im Südlibanon. Einige Berichte über die Angriffe der Selbstmordkommandos auf die amerikanischen und französischen MNF-Kontingente in Beirut im Oktober 1983 besagen, daß Fadlallah den Selbstmordbombern vor ihrer Entscheidung religiöse Absolution für das Gelingen ihrer Mission erteilt habe. Fadlallah selbst verurteilte solche Berichte als „zu lächerlich, um sie zu dementieren“, obwohl er die Anschläge als „heroisch“ rechtfertigte. Die Bedeutung dieses Abschnitts für Fadlallah lag in seinem neuen Ruhm und dem Ansehen, die er hierdurch erlangt hatte: In zahllosen Interviews vermischte er Dementies über seine Beteiligung an den Anschlägen mit detaillierten Aussagen über seine politischen Ansichten.

Nach 1983 wurde Iran tiefer in die Entwicklungen im Libanon verwickelt. Jene Schiiten in Beirut, die sich in den von Iran aus koordinierten Aktivitäten zusammenfanden, nannten sich selbst Hezbollah (Partei Gottes). Diesen Namen trugen bereits die von Iran unterstützten Schiiten im Bekaa-Tal. Diese Gruppe ging nun eine Allianz mit den Anhängern Fadlallahs ein; Hezbollah wurde die Bezeichnung für diese Koalition. Sie erhielt durch die verschiedensten Kanäle umfangreiche Unterstützung aus Iran; und Fadlallah war ihr Vorkämpfer, obwohl er selbst abstritt, irgendeine formelle oder offizielle Position in der Hezbollah innezuhaben. Er gab lediglich zu, daß die Aktivisten durch seine Predigten inspiriert wurden.

Der tatsächliche Sprecher der Hezbollah in Beirut, Scheich Ibrahim al-Amin, war eine eher unbedeutende Persönlichkeit. Doch war es dem unbestreitbaren Einfluß Fadlallahs auf die Hezbollah zuzuschreiben, daß er zu einem Machtfaktor innerhalb der libanesischen Politik wurde. Fadlallah verfolgt eine Diplomatie, die der eines Milizenführers gleichkommt. Die meisten seiner politischen Kontakte unterhält er mit Iran, mit Syrien, dem Amal-Führer Nabih Birri, dem Vizevorsitzenden des Obersten Islamischen Schiitischen Rates, Scheich Mohammed Mahdi Schams ad-Din, und dem Islamischen

Tauhid-Führer, Scheich Sa'id Scha'ban aus Tripolis. Gleichzeitig trachteten erklärte Gegner der Hezbollah nach seinem Leben, wie sich im März 1985 bei der Explosion einer Autobombe in der Nähe seines Wohnhauses zeigte, bei der er nur mit knapper Not dem Tod entkam.

Fadlallah hat einen ausgeprägten Sinn für die Machtbalance im Libanon, der umgebenden Region und der Welt. Seine erklärten Ziele sind die Etablierung eines Islamischen Regimes im Libanon, die Zerstörung Israels und die Ausrottung des Imperialismus in der islamischen Welt. „Wir sind Realisten", erklärt er aber und verlegt das Erreichen dieser Ziele in die ferne Zukunft.

Fadlallahs Positionen stellen eine libanesische Variante des schiitischen Aktivismus dar, welcher einige taktische Zugeständnisse an die Heterogenität des Libanon, die Macht Israels und die Entschlossenheit des Westens, seine vitalen Interessen zu verteidigen, macht. Bemerkenswert sind seine wiederholten Beteuerungen, daß der Libanon noch nicht für eine islamische Regierung bereit sei und daß der islamische Widerstand im Lande nicht ausreiche, Palästina zu befreien. Fadlallah hat zugegeben, daß diese Vorgehensweise gelegentlich Spannungen in sein Verhältnis zu Iran gebracht habe. Aber er hält daran fest, daß sein Verständnis der arabischen und libanesischen Situation weit mehr der Realität entspreche als das der „Möchtegern-Experten" in Iran. Von der Art und Weise, wie sich diese Spannungen lösen, wird der künftige Kurs der Hezbollah und des schiitischen Radikalismus im Libanon in hohem Maße abhängen.

7. Kapitel
Tradition unter Druck: Frau und Familie

Frauen verlassen nach dem Freitagsgebet die Moschee von Assuan, Ägypten.

Wiebke Walther

Die verschleierte Emanzipation Zur Situation der arabischen Frau

Frauen in arabischen, in islamischen Ländern — die Medien zeigen sie uns immer häufiger in schwarze, regional bedingt, auch weiße Umhänge gehüllt, uniform, scheinbar jeder Individualität entbehrend, nahezu bedrohlich wirkend, wenn sie in größeren Gruppen auftreten.

Verhüllung — Pflicht oder Lust?

Islamische Frauen selbst betonen oft, daß diese Verhüllung — die keine Verschleierung ist, denn das Gesicht bleibt unbedeckt — ihnen Emanzipation bei äußerlicher Wahrung der kulturellen Identität gewährt, die Möglichkeit etwa, in männerdominierten Bereichen berufstätig zu sein, ohne zum bloßen Sexualobjekt degradiert zu werden.

Im fundamentalistisch-islamischen Saudi-Arabien ist sie für alle Frauen, auch Ausländerinnen, seit jeher Pflicht, im (nichtarabischen) Iran ist das seit dem Machtantritt von Khomeini im Jahr 1979 der Fall. Die beiden Koranverse, die Befürworter wie Gegner der Verschleierung als Begründung für ihren Standpunkt heranziehen, Sure 33: 59 und 24: 31, sprechen lediglich von einem gewissen Maß an Bedeckung. Sure 33: 59 weist die Frauen und Töchter des Propheten Mohammed und alle Musliminnen an, sich etwas von ihrem Obergewand überzuziehen, um als ehrbare Frauen erkannt und nicht belästigt zu werden. Sure 24: 31 befiehlt den gläubigen Frauen, ihre Blicke niederzuschlagen und ihre Scham zu hüten (24: 32 gibt dieselbe Weisung für Männer) und „von ihrem Schmuck nur zu zeigen, was ohnehin sichtbar ist". Gegner der Verschleierung haben schon im dritten islamischen Jahrhundert darauf hingewiesen, daß im Zustand des Ihram, der Weihe während der Pilgerfahrt, Frauen wie Männer Hände und Gesicht entblößen. Daß die Verhüllung, mit dem Gesichtsschleier kombiniert, in Anonymität positiv nutzbare Freiheiten ermöglicht, wurde während der ägyptischen Revolution vor 1919 deutlich, als Frauen der Oberschicht, in die Milaye gehüllt, sich an antibritischen Demonstrationen beteiligten, und Jahrzehnte später, als Algerierinnen während der Revolution von 1956 unter dem Haik Waffen transportierten. Der den ganzen Körper verhüllende Umhang hat in jedem arabischen Land einen anderen Namen.

Arabische Schriftsteller der zwanziger/dreißiger Jahre, die Frauen dazu ermutigen wollten, auf den Schleier zu verzichten, legen in Erzählungen dar, daß Nichtverschleierung Offenheit, Ehrlichkeit bedeute, daß Frauen, die durch ihre Verhüllung nach außen hin islamische Gesinnung bekundeten, in Wirklichkeit nur unmoralische Wege gehen wollten. Verschleierung bedeute also Heuchelei. Freilich war das eine Zeit, in der die meisten Länder des Vorderen Orients eine an europäischen Vorbildern orientierte Modernisierung anstrebten, auch wenn sie europäische Lebensweisen, Lebenshaltungen nicht mehr so vorbehaltlos für nachahmenswert hielten, wie das noch um die Mitte des 19. Jahrhunderts der Fall war.

Es war eine Zeit, in der die ersten Frauenorganisationen in arabischen Ländern gebildet wurden, getragen fast durchweg von Frauen aus der Oberschicht, die sich zunächst für die Verbesserung der Situation von Frauen ihrer Schicht einsetzten. 1923 legte die erste Ägypterin nach der Rückkehr von einer Frauenkonferenz in Europa ostentativ ihren Schleier öffentlich ab.

Daß die Situation der Frau in den islamischen Ländern reformbedürftig war, stellten führende Vertreter der islamischen Reformbewegung ebenso wie Dichter und Schriftsteller bereits im ausgehenden 19. Jahrhundert fest. Sie forderten für Mädchen als Erzieherinnen einer künftigen Generation vorrangig schulische Bildung, die Gründung von Mädchenschulen. In früheren Jahrhunderten hatten Mädchen gelegentlich bis zum Eintritt der Pubertät Koranschulen besucht. Töchter aus Gelehrtenfamilien konnten eine gediegene Ausbildung bei Hauslehrern oder ihrem Vater erhalten. Doch mit dem wirtschaftlichen und politischen Niedergang der arabischen Länder war der nahezu völlige Ausschluß der Frau aus dem öffentlichen Leben ebenso verbunden wie ihr Ausschluß von Bildungsmöglichkeiten.

Um nur einige Beispiele zu nennen: Die erste Mädchenschule wurde in Ägypten 1873, im Irak 1909, in Bahrain 1928, in Saudi-Arabien erst 1956 (die erste Knabenschule allerdings auch erst 1942) gegründet. Generell ist, Unesco-Statistiken zufolge, die weibliche Einschulungsquote zwischen 1975 und 1988 in den arabischen Ländern insgesamt von 37 % auf 42 % gestiegen (generell in den Entwicklungsländern von 42 % auf 44 %), schwankt aber von einem Land zum anderen. Seit 1924 durften Frauen in Ägypten ein Studium aufnehmen. In Europa war — mit Ausnahmen — das Frauenstudium generell auch erst seit 1908 möglich.

Berufstätigkeit

Weibliche Berufstätigkeit begann wie in Europa erst nach dem Ersten Weltkrieg. Sie setzte sich aber nur langsam, abhängig von sozialkulturellen und wirtschaftlichen Erfordernissen des jeweiligen Landes durch. Berufe wie der der Lehrerin und der Ärztin wurden relativ früh notwendig, weil angesichts der seit Jahrhunderten üblichen Geschlechtertrennung im Islam Mädchen nur von Lehrerinnen unterrichtet, Frauen nur von Ärztinnen untersucht werden dürfen. Auch in früheren Jahrhunderten machte die Teilung der Gesellschaft in einen männlichen und einen weiblichen Bereich bestimmte Frauenberufe erforderlich. Noch heute gibt es an vielen Universitäten arabischer Länder Mädchenfakultäten, die ausschließlich Studentinnen und weiblichem Lehrpersonal vorbehalten sind.

Am striktesten ist die Geschlechtertrennung an der 1957 gegründeten Universität von Riad und der 1970 gegründeten Universität von Jiddah in Saudi-Arabien. Hier folgen Studentinnen den Vorlesungen männlicher Professoren an Videogeräten, stellen ihre Fragen per Telefon, benutzen die Universitätsbibliothek nur an Tagen, an denen sie für männliche Benutzer — wie vermutlich Mitarbeiter — geschlossen ist. Weiblicher Berufstätigkeit ist die Geschlechtertrennung hier nicht abträglich. Da Saudi-Arabien gern auf einen Teil der Gastarbeiter verzichten würde, gibt es Banken und andere Institutionen mit rein weiblicher Beleg- wie vermutlich Kundschaft, werden beruflich qualifizierte Frauen gefördert. Wenn allerdings eine Abteilungsleiterin ihren Vorgesetzten nur per Telefon kontaktieren darf, ist das effektiver Arbeit nicht unbedingt förderlich.

Generell ist ein soziales Wertesystem, das entsprechend der Familienfreundlichkeit des Islams (unter patriarchalischem Vorzeichen) die verheiratete nichtberufstätige Frau höher einstuft als die nicht verheiratete Berufstätige, weiblicher Berufstätigkeit nicht zuträglich. Auch die wirtschaftliche Situation der meisten arabischen Länder ist für die gleichberechtigte Integration von Frauen in das Berufsleben nicht günstig, selbst wenn die Verfassungen vieler arabischer Länder sie ausdrücklich vorschreibt. Ökonomische Schwäche, industrielle Unterentwicklung, eine riesige Auslandsverschuldung, die Urbanisierung, die die Vernachlässigung des Agrarsektors zur Folge hat, die demographische Situation: eine ungewöhnlich hohe Zahl von Kindern unter 15 Jahren, stehen darüber hinaus der Berufstätigkeit der arabischen Frau im Wege.

Die Frauenorganisationen setzten sich seit ihrer Entstehung auch für Reformen des Familienrechts, vorrangig im Hinblick auf das Ehe- und Scheidungsrecht und die Festsetzung eines Ehealters ein. Während Saudi-Arabien das islamische Familienrecht bis heute beibehält, Libyen es bald nach dem Machtantritt von Khaddafi mit Modifikationen zugunsten der Frau wiedereingeführt hat, wurden in anderen Ländern seit den zwanziger Jahren Reformen durchgeführt, z.B. indem man den Möglichkeiten des Mannes zur Mehrehe und zur willkürlichen Verstoßung der Frau Schranken setzte, der Frau mehr Möglichkeiten gab, die Scheidung durch einen Richter zu verlangen, auch ihr die Freiheit der Wahl eines eigenen Wohnsitzes einräumte. Nach dem Koran darf ein Mann mit bis zu vier Frauen gleichzeitig verheiratet sein, vorausgesetzt, er behandelt alle mit gleicher Gerechtigkeit (die nicht die persönliche Zuneigung und körperliche Liebe einschließt). Ein Mann kann auch seine Ehefrau jederzeit ohne Angabe eines Grundes verstoßen und ohne einen Richter hinzuziehen zu müssen.

Da freilich der für eine Ehe notwendige Vertrag zwischen dem Vormund des Mädchens / der Frau und dem Bräutigam ausgehandelt wurde, konnten in ihn Bedingungen aufgenommen werden, die es der Frau ermöglichten, unter bestimmten Umständen, die sie allerdings beweisen können mußte, die Scheidung durch einen Richter zu verlangen. Dazu gehörte etwa die beabsichtigte Eheschließung des Mannes mit einer zweiten Frau, Gewalttätigkeit, Impotenz, Geisteskrankheit, fehlende Unterhaltszahlung, längeres Fortbleiben.

Das Brautgeld im übrigen, das ebenfalls Gegenstand von Verhandlungen über Eheverträge war und ist, kommt nach dem Koran der Frau zu, nicht etwa ihrem Vater. Doch entwickelte es sich rasch zu einem Symbol für das Sozialprestige der Frau, die verheiratet werden sollte, und ihrer Familie. Heute noch ist es Eltern möglich, einen unliebsamen Bewerber um die Hand ihrer Tochter mit zu hohen Brautgeldforderungen abzuweisen. Nur Tunesien, das als einziges arabisches Land 1956 die Monogamie gesetzlich verankerte, begrenzte das Brautgeld auf den symbolischen Betrag von einem Dinar (da es im Koran, Sure 4: 4 heißt: „Gebt den Frauen ihre Morgengabe als Geschenk!", kann es nicht gänzlich abgeschafft werden). In Tunesien ist, nach der gesetzlichen Fixierung des Brautgeldes, das traditionsgemäß zusätzlich zu diesem vom Bräutigam an die Braut zu entrichtende Geschenk — oft ein oder mehrere Goldbarren — zum Verhandlungsgegenstand vor Eheschließungen geworden. Nur in Ägypten wurde durch ein von Sadat 1979 erlassenes Gesetz auch für den Unterhalt von geschiedenen Frauen gesorgt, vor allem, wenn sie Kinder unter 15 Jahren hatten.

In allen anderen islamischen Ländern kehrt die Geschiedene zur Familie ihres Vaters oder Bruders zurück und muß von dieser unterhalten werden. Sadats Gesetz wurde nach seinem Tod von religiösen Autoritäten mit der Begründung zu Fall gebracht, einige seiner Paragraphen seien unislamisch. Das ägyptische Verfassungsgericht stimmte am 4. Mai 1985 seiner Aufhebung zu. Auf Grund des heftigen Protests von Vertreterinnen verschiedener Parteien und Frauengruppen während einer Parlamentssitzung am 9. Mai 1985 wurde im Juli 1985 ein neues Personenstandsgesetz in Ägypten erlassen. Es enthielt die Bestimmungen des Gesetzes von 1979 mit leichten Veränderungen. Die damalige ägyptische Sozialministerin hatte sich sehr für dieses Gesetz eingesetzt. Die 30 gewählten weiblichen Parlamentsabgeordneten verhielten sich übrigens bei dieser Aktion schweigend.

Politische Rechte

Auch für politische Rechte der Frauen haben sich die Frauenorganisationen seit ihrem Entstehen eingesetzt. Das erste arabische Land, in dem Frauen das aktive und passive Wahlrecht erlangten, war Ägypten 1956, also vier Jahre nach dem Machtantritt Nassers, und erst, nachdem Frauen, die in der Frauenwahlrechtsbewegung führend waren, einen Hungerstreik begannen. In Syrien erhielten Frauen das aktive Wahlrecht 1954, das passive wesentlich später. In anderen arabischen Ländern, etwa Kuwait, entschieden religiöse Autoritäten, die Natur der Wahlen mache sie für Frauen ungeeignet.

In Algerien dürfen Männer für ihre Frauen die Stimme abgeben mit der Begründung, man wolle Frauen den beschwerlichen Weg zum Wahllokal ersparen. Traditionsgemäß wählen Männer und Frauen in arabischen Ländern in getrennten Wahllokalen.

Es gibt heute in den meisten arabischen Ländern, jedenfalls in denen, die als progressiv gelten wollen, eine Ministerin. Im Jahre 1959 übernahm im Irak eine Frau das Landwirtschaftsministerium und war damit die erste arabische Ministerin. In Ägypten wird seit Anfang der siebziger Jahre das Sozialministerium von einer Frau geleitet, in Syrien seit 1980 das Kulturministerium. Daß eine der ägyptischen Sozialministerinnen bei einer dienstlichen Auslandsreise das Land nicht ohne die schriftliche Einwilligung ihres Mannes verlassen durfte, ging vor einigen Jahren durch die Medien. Tatsächlich gestattet das islamische Recht Frauen nur, in Begleitung naher Verwandter zu reisen, nicht allein.

Widersprüchlich also ist die Situation von Frauen in arabischen Ländern. Arabische Frauen selbst sprechen von der Ambivalenz zwischen kultureller und geschlechtsspezifischer Identität. Es ist oft eine schmale Gratwanderung, die sie zu gehen haben. Daß sie mit dem Kampf um Emanzipation jedenfalls nicht mehr eo ipso die nach westlichem Vorbild meinen, ist ihr gutes Recht.

Bärbel Meyer

Nawal el Saadawi
Eine feministische Aktivistin

Nawal el Saadawi — ägyptische Ärztin, Schriftstellerin und feministische Aktivistin — gehört zu den international bekanntesten Frauen der arabischen Welt. Das Besondere ihres sozialkritischen, feministischen Engagements soll im folgenden einerseits gegen den Hintergrund ihrer Herkunft und ihres Werdegangs, andererseits gegen den Hintergrund der arabischen Frauenbewegung im allgemeinen und Ägyptens im besonderen dargestellt werden.

Der Werdegang einer feministischen Aktivistin

Für die Geschichte der feministischen Bewegung Ägyptens ist Saadawis gesellschaftlicher Hintergrund von Bedeutung. Väterlicherseits stammt sie von nicht wohlhabenden, bäuerlichen Kreisen ab. 1981 sagt sie in einem Interview: „We are different from the Egyptian educated woman who is westernized, who usually ignores where she comes from or hides that she comes from a village or a poor family. She tries to imitate the West and belongs to the upper class or the middle class. But I think some women in my generation in Egypt now are even proud of their origins."[1] Das Leben in dem kleinen Dorf, in dem sie aufgewachsen ist, hat ihr späteres gesellschaftskritisches, radikales Denken geprägt.

Nawal el Saadawi wurde 1931 in dem ägyptischen Dorf Kafr Tahla im Nildelta, nördlich von Kairo, geboren. Von klein auf lernte sie kennen, was Unterdrückung heißt, was Klassenwidersprüche sind und in welchen Verhältnissen Frauen leben. Im Dorf, wo die armen Bäuerinnen, ausgezehrt von harter Arbeit, von zu vielen Geburten und zu wenig Essen, früh starben. In der Stadt, wo die bürgerliche Familie ihrer Mutter Nawal und ihre neun Geschwister als „bäuerisch und primitiv" verhöhnte. Nawals Vater hatte nur dank eines Stipendiums studieren können und es so zum Beamten im Erziehungsministerium gebracht. Ihre Mutter, aus wohlhabendem Haus, war als Tochter von der Schule genommen und mit sechzehn Jahren verheiratet worden. Der gesellschaftliche Gegensatz in der eigenen Familie hat Saadawis sozialkritisches Engagement früh geweckt. Unter Hinweis auf ihre Kindheit sagte sie in einem Interview 1986: „Ich hasse die arroganten Menschen der Oberschicht. Ich hatte sie von klein auf vor Augen."

In den fünfziger Jahren studiert sie Medizin in Kairo mit Hilfe eines Stipendiums und beginnt ihre medizinische Laufbahn im ländlichen Ägypten. Sie macht schnell Karriere und bringt es bis zur Leiterin der Abteilung Gesundheitserziehung im Gesundheitsministerium, wo sie zwischen 1966 und 1972 arbeitet. Es fällt ihr schwer, sich mit dem medizinischen Establishment zu identifizieren. 1971 erscheint auf arabisch ihr aufsehenerregendes Buch „Women and Sex" — Ergebnisse eines Forschungsprojekts im Rahmen der Kairoer Ain-Shams-Universität. In dieser Studie beschäftigt sich die junge Ärztin Saadawi mit den psychosomatischen und psychischen Störungen, unter denen Frauen leiden, und erkennt als Ursache eindeutig sexuelle Unterdrückung und sexuellen Mißbrauch der Frauen. Das Buch wird ein Bestseller und verboten. 1972 wird sie von ihrem Posten im Ministerium entlassen und erhält absolutes Publikationsverbot. Daraufhin läßt sie ihre Bücher in West-Beirut drucken, das zu dem Zeitpunkt noch Zentrum des intellektuellen Lebens der arabischen Welt ist. Auf Schmuggelpfaden finden ihre Bücher den Weg zurück nach Ägypten und in die anderen arabischen Länder.

Nach ihrer Entlassung folgen Jahre internationaler Arbeit für Frauenprojekte im Rahmen der Vereinten Nationen. 1978 wird sie Leiterin des African Training and Research Centre for Women der UN Economic Commission for Africa. Nach einem Jahr verläßt sie den prestigereichen Posten wieder, ernüchtert von der hierarchischen, ausschließlich von Männern beherrschten Organisation: „I wanted to change the whole system of budgeting and writing up projects. I argued that we should dispense with the business of reinterpreting the projects submitted by women. I also wanted to stop the use of consultants and experts who were all white and male."[2]

Es folgt eine Tätigkeit in Beirut, im Rahmen des UN Economic Committee for West Asia mit Verantwortung für Frauenprojekte.

Wiederum macht sie die Erfahrung, daß den sogenannten ungebildeten, ländlichen Frauen kein Gehör geschenkt wird. Sie gibt den Posten auf, da er sich nicht mit ihren sozialistischen und demokratischen Prinzipien vereinen läßt. In ihren „Memoirs from the Women's Prison" schreibt sie über die Vereinten Nationen: „The United Nations is led by men from the upper classes and the wealthy First Nations, while women from the Third World slide to the bottom of the heap."[3]

Die ernüchternde Bilanz ihrer Tätigkeit im Rahmen der Vereinten Nationen hat sie jedoch bestärkt in ihrer Überzeugung, daß Frauen sich selbst zusammentun müssen, um für ihre Probleme Lösungen zu finden und um letztlich eine politische Kraft zu werden. 1978 ist sie aktiv an der Gründung der Association of African Women for Research and Development beteiligt. Jährliche Treffen finden in Dakar statt, wo Richtlinien für weitere Aktivitäten ausgearbeitet werden.

1980 kehrt Nawal el Saadawi nach Ägypten zurück, wo ihre Art zu denken und zu schreiben zusehends als ein Akt gesellschaftlicher Subversion verstanden wird. 1981 wird sie in einer Verhaftungswelle, die sich gegen sogenannte Extremisten richtet, in das Frauengefängnis Qanatir gebracht und erst nach der Ermordung von Präsident Sadat wieder freigelassen. Als Antwort auf ihre Erfahrungen während der Zeit im Gefängnis, u.a. auch die Erfahrung internationaler feministischer Solidarität, gründet sie 1982 die Arab Women Solidarity Association (AWSA).

Nach vielen Kämpfen erhält AWSA 1984 offiziellen Status bei der ägyptischen Regierung und 1985 konsultativen Status bei den Vereinten Nationen als „non-governmental organisation". Den Schwerpunkt dieser Organisation bilden Frauenrechte unter ständiger Einbeziehung wirtschaftlicher und politischer Perspektiven. Die Mitgliedschaft ist z.Z. noch klein, ungefähr 500 ägyptische und arabische professionelle Frauen; dennoch folgt AWSA dem weltweiten Trend, in „non-governmental organisations" einen gewissen Freiraum für innovative Arbeit zu finden und durch „net-working" Kontakte und Ideenaustausch zu fördern. 1986 fand der erste AWSA-Kongreß in Kairo statt. Geplant sind außerdem eine Zeitschrift und ein Medienzentrum, letzteres wird für besonders wichtig gehalten angesichts der Tatsache, daß 70 % der Frauen Analphabetinnen sind.

Trotz vieler internationaler Aktivitäten lebt Nawal el Saadawi heute in dem Dorf der Familie ihres Mannes. Sie fängt erst langsam an, vom Schreiben zu leben.[4] Außerdem arbeitet sie an einem Projekt mit den Frauen des Dorfes, dabei ausgehend von den Problemen des alltäglichen Lebens und inspiriert von einer „Pädagogik der Befreiung", die letztlich darauf zielt, daß die Frauen ihres Dorfes wie die Heldinnen ihrer Romane die Ursache ihres Elends klar erkennen und Wege finden, es zu überwinden, auf der Suche nach menschlicher Würde und einem gerechteren Leben. In einem Interview 1986 faßt sie ihre Arbeit mit den Frauen ihres Dorfes folgendermaßen zusammen: „The members of our organisation, the village women, engage in areas of work they are familiar with — knitting, shawl making, etc. for income generation. We politicise them during sessions of further developing those skills. That is the only way we can help their political, economic and social development."[5]

Im Mittelpunkt des Denkens von Nawal el Saadawi steht die klare Erkenntnis, daß die Situation der Frau nicht zu trennen ist von einer Analyse der gesamtgesellschaftlichen Verhältnisse. In ihrer Fragestellung ist sie radikal. Sowohl in ihren Büchern als auch in ihrem praktischen Handeln versucht sie, die Welt zu demystifizieren, indem sie Machtverhältnisse bloßlegt und die Ursprünge gesellschaftlicher Werte und Praktiken aufdeckt. Ihr Programm ist die „Entschleierung der Köpfe". Ihre Art zu denken und zu schreiben ist von den wechselnden Inhabern der Macht in Ägypten und anderen nahöstlichen Ländern häufig als ein Akt gesellschaftlicher Subversion verstanden worden. Hinsichtlich ihrer Verhaftung unter Sadat bemerkt sie: „Der unmittelbare Anlaß für meine Festnahme war die Veröffentlichung von Zeitungsartikeln über Frauen und Demokratie sowie Frauen und Arbeitslosigkeit. Ich zeige immer die Verbindung zwischen wirtschaftlichen, politischen und sogenannten Frauenthemen auf. Daher bin ich bei den ägyptischen Behörden im allgemeinen nicht sehr beliebt."[6] In Teheran sind ihre Bücher verboten. Ihr erstes auf englisch erschienenes Buch „The Hidden Face of Eve. Women in the Arab World" (1980) wird ins Persische übersetzt, aber die Fundamentalisten haben nicht nur das Buch verbrannt, sondern das Verlagsgebäude gleich mit dazu. Die Geschichte der Rezeption ihrer Bücher dokumentiert zugleich das Verhältnis des autoritären Staates zu einer kritischen Intelligenz.

Bevor wir auf die Grundzüge von Saadawis feministischem Denken eingehen, erscheint es wichtig, kurz die Entwicklung der Stellung der Frau in der arabischen Gesellschaft und im Zusammenhang damit die Entwicklung der arabischen Frauenbewegung darzustellen, um auf diese Weise das Besondere ihres Denkens klarer erkennen zu können.

Seit Ende des 19. Jahrhunderts, unter dem Einfluß englischer orientalistischer Kreise, kam eine Denkweise auf, die die Rückständigkeit der arabischen Gesellschaft gleichsetzte mit der Unterdrückung der arabischen Frau. Diese Denkweise war häufig das Ergebnis politischer Frustration angesichts wachsender nationaler Bewegungen. Der Islam als gesellschaftliches System stand unmittelbar im Mittelpunkt der westlichen Debatte. Lord Cromer z.B. war der Ansicht, daß „Islam as a social system has been a complete failure“, und als eine der Hauptursachen für diesen Zustand erwähnte er den niedrigen Status der Frau.[7]

Die westliche Kritik hinsichtlich des Status der Frau hat in der ägyptischen Gesellschaft zwei Reaktionen hervorgerufen, die richtungweisend für den gesamten arabischen Raum geworden sind: Modernisierung im Sinne des westlichen Modells und die gleichzeitige Verteidigung der islamischen Position.

Alle Schlüsselfiguren gesellschaftlicher Reform des späten 19. Jahrhunderts und des frühen 20. Jahrhunders, einschließlich Huda Sharawi, verteidigten den Islam und die islamische Gesellschaft gegen orientalistische und koloniale Angriffe. Es wurde argumentiert, daß eine korrekte Interpretation des Islam die gleichen Rechte der Frau bestätigen würde. Unter dem Druck des konservativen Flügels der Reformbewegung beginnt sich jedoch ein Trend abzuzeichnen, der bis zum heutigen Tage anhält und einen tiefgreifenden Wandel des Status der Frau verhindert: Durch den Zugang zu Bildungs- und Arbeitsmöglichkeiten außerhalb des Hauses wird den Frauen einerseits eine neue öffentliche Rolle zugesprochen, während andererseits im Rahmen der Familie die Mechanismen patriarchalischer Kontrolle weiterhin bestehen bleiben, insbesondere hinsichtlich des Rechts auf Scheidung, das noch immer weitgehend als ein männliches Privileg ausgeübt wird.[8]

Die Ursache für den soeben angedeuteten, widersprüchlichen Prozeß liegt in der Zeit kolonialer Unterdrückung, in der eine Rückbesinnung auf das arabisch-islamische Kulturerbe eine Art des Widerstandes war. Besonders im privaten Bereich der Familie entsteht ein Konservatismus, unter dem vor allem die Frauen zu leiden haben. Seit der Unabhängigkeit findet dieser gesellschaftliche Prozeß im Namen kultureller Authentizität statt, d.h. im Namen des arabisch-islamischen Kulturerbes, in dessen Mittelpunkt das islamische Recht steht. Es handelt sich um einen kulturellen Nationalismus, der sich gegen den Westen richtet und der, angesichts vielfältiger Abhängigkeit vom Westen, die kulturelle Autonomie der Person betont, d.h., der private Bereich der Familie und damit zusammenhängend der Status der Frau werden weitgehend von sogenannter Modernisierung nicht berührt, während die nationalen Belange wirtschaftlicher Entwicklung gleichzeitig eine öffentliche Rolle der Frau verlangen. Es entsteht damit ein neuer Typ patriarchalischer Gesellschaft, der den zivilrechtlichen Status der Frau aus kultureller Loyalität nicht antastet. Diese Position findet implizit offizielle Unterstützung in den Empfehlungen der UN Economic and Social Commission for Western Asia zum Ende des UN-Jahrzehnts der Frau (1975 - 1985), in denen der offizielle Standpunkt von dreizehn arabischen Regierungen zum Ausdruck gebracht wird: „The Strategy for Arab Women in Western Asia to the Year 2000 is based on the heritage of Arab-Islamic civilisation and the religious and spiritual values of this region, the cradle of the messages of God."[9] Keine andere UN-Region hat so kategorisch auf einer kulturellen Definition ihres Gebietes bestanden. Mit dieser Empfehlung wird der Rahmen abgesteckt, innerhalb dessen jegliche künftige Diskussion zur Rolle der Frau in der arabischen Gesellschaft stattfinden wird, d.h., jegliche Diskussion zur Rolle der Frau impliziert eine Diskussion der Rolle der Religion in der Gesellschaft.

Die Debatte zur Rolle der Frau in der arabischen Gesellschaft ist, historisch gesehen, nicht nur bestimmt von den Prämissen des islamischen Kulturerbes. Bereits im 19. Jahrhundert haben Intellektuelle, Reformer und die ägyptische Frauenbewegung die Kritik des Westens aufgenommen unter ständigem Vergleich mit dem westlichen Modell der Emanzipation der Frau, jedoch ohne eine kritische Diskussion der Rolle der Religion in der westlichen und der arabischen Gesellschaft. Es wird ein Muster selektiven und imitativen Wandels gesetzt, das noch heute zum großen Teil das Denken der „offiziellen" Frauenbewegung formt. Ziel der bürgerlichen Frauenbewegung waren und sind das Wahlrecht und das Recht auf Bildung und Arbeit außerhalb des Hauses. Die Interessen der Mehrheit der Frauen, in ländlichen Gebieten oder in den armen Vierteln der Städte, sind in den bürgerlichen Frauenorganisationen nicht vertreten.

Die Kluft zwischen den städtischen gebildeten Frauen, die die Frauenorganisationen leiten, und den schulisch kaum gebildeten ländlichen, nomadischen und armen städtischen Frauen spiegelt eine Polarisierung wider, die im Zuge von Modernisierungsbestrebungen die ganze arabische Gesellschaft betrifft. „Progressive“ Gruppen, Regionen und Institutionen stehen sogenannten „reaktionären“ gegenüber. Abgesehen von Zeiten nationaler Krisen ist die arabische Frauenbewegung keine Massenbewegung gewesen. Die Konzeption und Ausführung der Programme ist in den Händen der gebildeten städtischen Frauen geblieben, die zu derselben Klasse oder politischen Partei wie die nationale Führung gehören. Vertreterinnen der Frauenorganisationen gehen von der Annahme aus, daß „Modernisierung“ automatisch positiv für die Situation der Frau ist und daß die Errungenschaften moderner Entwicklung von den Zentren der Modernität langsam, jedoch unaufhaltsam die Massen erreichen werden.

Die Fragwürdigkeit des soeben skizzierten Ansatzes ist offensichtlich, und neuere Entwicklungen innerhalb der internationalen und arabischen Frauenbewegung gehen von einem anderen Denken aus. Entscheidend ist ein zunehmender politischer Wille von Frauen auf lokaler Ebene, der zur aktiven Teilnahme an Entwicklungsprozessen drängt und sich organisatorisch in einer explodierenden Vielzahl von „non-governmental organisations“ (NGOs) ausdrückt, die während des von den Vereinten Nationen deklarierten Jahrzehnts der Frau (1975 - 1985) internationale Treffen abhielten, parallel zu den großen UN-Konferenzen (1975 Mexiko, 1980 Kopenhagen, 1985 Nairobi). Die interessantesten Debatten fanden in den Workshops der NGOs statt, insbesondere in Nairobi, wo an dem NGO-Meeting „Forum 85“ ungefähr 14000 Frauen aus aller Welt teilnahmen. Die arabischen Teilnehmerinnen waren besonders aktiv und repräsentierten ein weites politisches Spektrum, jedoch vereint in dem Willen, den Status quo der Rolle der Frau zu ändern.[10]

Ein weiteres Ergebnis des Treffen in Nairobi war die klare Einsicht aller beteiligten Frauen, auf Grund eines wachsenden politischen Bewußtseins, daß die Diskriminierung der Frau nicht zu isolieren sei von der gesamtgesellschaftlichen Situation, sei es militärische Unterdrückung wie in den besetzten Gebieten Palästinas, Apartheid in Südafrika oder Hungertod in den Trockengebieten Afrikas. Zugleich wurde betont, daß die Frauen der Dritten Welt auf eine Lösung der politischen und ökonomischen Probleme ihrer Länder nicht warten können, um ihre Menschenrechte zu verwirklichen.

Das Ineinandergreifen von politischem und feministischem Bewußtsein ist auch im Denken von Nawal el Saadawi zu finden. Es ist wichtig, sie nicht nur als Einzelpersönlichkeit zu würdigen, sondern sie ebenfalls als Vertreterin einer wachsenden Gruppe kritischer arabischer Frauen zu sehen, die in ihrem Denken weit über die formalen Forderungen früherer Generationen arabischer Feministinnen hinausgehen.

Die ägyptische feministische Bewegung hat sich in zwei Gruppen gespalten: die Progressive Women's Union (PWU), angeführt von Fathiya al-Assal, die als erste Autorin für das ägyptische Fernsehen gearbeitet hat, und Nawal el Saadawis Arab Women's Solidarity Group. Beide Gruppen unterscheiden sich in ideologischer Ausrichtung und in der Art, wie sie versuchen, Frauen zu mobilisieren. Die PWU folgt mehr einer traditionellen marxistischen Ausrichtung. Frauenfragen werden im Rahmen des Klassenkampfes gesehen, eine politische Avantgarde von Männern und Frauen ist richtungweisend in der Mobilisierung der Frauen. Saadawi versteht sich als sozialistische Feministin, die Frauenfragen die Priorität gibt. Feminismus definiert sie als Widerstand gegen jegliche Art von Unterdrückung, sei es wirtschaftlicher, politischer, religiöser, sexueller oder psychologischer Natur. Sie wirft der PWU vor, in der Zusammenarbeit mit linken Parteien, die von Männern dominiert werden, sich benutzen zu lassen ohne wirkliche Teilnahme an der Machtausübung der Parteiführung. Sie hält der PWU weiterhin vor, daß die Mobilisierung der Frauen von oben, durch eine politische Avantgarde, undemokratisch sei und zu keiner Befreiung der Frau führen könne. In der Auffassung von Saadawi müssen die Frauen selbst diesen Prozeß bestimmen, dazu befähigt durch Bildung und die Überwindung des Analphabetentums. Trotz des häufig sehr persönlichen Charakters der Auseinandersetzung hat die feministische Bewegung in Ägypten zu einer Vielfalt der politischen Debatte beigetragen. Wichtige Themen wie Heirat, Scheidung und Polygamie, die eine zentrale Stellung im Leben der Ägypter einnehmen, sind in die Parteiprogramme aufgenommen worden, besonders seit der leidenschaftlich geführten Debatte zum Familienrecht 1985.[11]

Für Nawal el Saadawi ist die Befreiung der Frau untrennbar verbunden mit der Schaffung einer gerechten Gesellschaft, d.h., die Situation der Frau wird analysiert als bedingt durch wirtschaftliche und politische Gegebenheiten, wobei die Verflechtung nationaler und internationaler Interessen aufgezeigt wird. Als ein klares Beispiel dieser Situation erwähnt sie in einem Interview Sadats Politik der offenen Tür: „Für die Frauen wie die Männer ist das dringendste Problem unseres Landes die Abhängigkeit vom internationalen Kapital. Während der sechziger Jahre fingen wir an, wirtschaftlich unabhängig zu werden und selbst zu produzieren. Dann aber führte Sadat in den siebziger Jahren die Politik der offenen Tür ein, woraufhin die gesamte positive Entwicklung in der Landwirtschaft gebremst wurde. ... Statt selbst zu produzieren, nahmen die Importe zu; statt eigene Seife herzustellen, wurden amerikanische Shampoos eingeführt. Statt eigenen Orangensaft zu produzieren, wurde ausländischer Juice importiert. Und dadurch wurde natürlich alles sehr viel teurer. Die Auswirkung dieser Entwicklung auf die Frauen ist klar: Ihre Arbeitslosigkeit nimmt zu.“[12]

Am härtesten sind die Frauen auf dem Lande betroffen. Immer wieder weist Saadawi auf das Elend dieser Frauen hin. „In times of economic crisis in a village, for example, women suffer more than men. When there is food, the men eat first.“ Sie betont, daß als Folge der Notlage auf dem Lande mehr Frauen als Männer die Dörfer verlassen, um sich in Kairo zu verdingen, wo sie wirtschaftlich und sexuell in hohem Maße ausgebeutet werden.[13]

Der Islam ist in der Sicht Saadawis nicht primäre Ursache für die Unterdrückung der Frau. Patriarchalische Werte und Praktiken, wie sie z.B. mit dem Begriff der Ehre verbunden sind, existierten bereits vor dem Islam und wurden durch islamische Normen nur verstärkt. Insofern sich diese Normen diskriminierend für die Frau ausgewirkt haben, weist Saadawi zu Recht auf jüdische und christliche Traditionen hin, die jahrhundertelang ebenfalls auf einer untergeordneten Stellung der Frau bestanden haben. „Islam is not exceptional in having transformed women into slaves of their men. Judaism and Christianity subjected women to exactly the same fate. As a matter of fact, the oppression of women exercised by the temple and the church has been even more ferocious than that in the case of Islam. For thousands of years women continued to be dominated by men, no matter to what faith they belonged. The Arab women is no exception.“[14]

Saadawi betont jedoch, daß die normativen Aspekte des Islam zu dem gesellschaftlichen Umfeld, in dem sie zur Geltung kommen, in Beziehung gesetzt werden müssen. Als entscheidend sieht sie das Verhältnis des Staates zur Religion an, d.h., die Religion ist in den Händen des Staates und kann für politische und gesellschaftliche Zwecke genutzt werden, unter Einbeziehung der strukturellen Gegebenheiten der arabischen Gesellschaft, insbesondere der Familie als Kernstück patriarchalischer Klassenbeziehungen, und zusehends unter dem Einfluß internationaler politischer Verflechtungen. In Saadawis Auffassung dient der Islam nur der Verstärkung gewisser

Tendenzen in der Gesellschaft, seien sie fortschrittlicher oder reaktionärer Natur. Unter Hinweis auf Iran klagt sie den Westen an, den reaktionären Flügel des Islam gegen seine fortschrittlichen Kräfte zu stärken. Die Frauenfrage ist in diese Entwicklung eingebunden. In diesem Zusammenhang warnt sie auch westliche Feministinnen davor, gewisse Entwicklungen nicht außerhalb einer gesamtgesellschaftlichen Situation zu interpretieren. Das Tragen des Tschador in der iranischen Revolution könne sowohl Befreiung als auch potentielle Unterdrückung signalisieren: „In underdeveloped countries, liberation from foreign domination often still remains *the* crucial issue and influences the content and forms of struggle in other areas including that of women's status and role in society. ... This perhaps explains the fact that progressive circles among Iranian women adopted a somewhat neutral attitude to some American feminist figures who rushed to Iran in defence of their sisters."[15]

In der Sichtweise von Nawal el Saadawi erhält die sogenannte „arabische Frauenfrage" eine wichtige kritische Dimension, die einerseits dazu befähigt, die Rolle und Stellung der arabischen Frau zum Gegenstand sozialwissenschaftlicher Analyse zu objektivieren, und die andererseits einen engagierten Standpunkt fordert. In ihrem Denken gehört sie zu einer wachsenden Zahl kritischer arabischer Frauen, die die Stellung der Frau im Rahmen der dynamischen Beziehung von Gesellschaft, Kultur und Ideologie untersuchen — jenseits aller essentialistischen Interpretationen des Islam und arabischer Kultur, die die Darstellung der arabischen Frau im Westen bestimmt haben und in jüngster Zeit, unter dem Einfluß fundamentalistischen Denkens, aufs neue zu bestimmen versuchen.

Anmerkungen

1 Interview, Merip Reports, 1981
2 Interview, Spare Rib, 1986
3 The Women's Press, 1986, S. 3
4 Zur Zeit liegen ungefähr 30 Bücher veröffentlicht vor, darunter Romane, Kurzgeschichten, Gesellschaftsanalysen, autobiographische Darstellungen. In deutscher Übersetzung liegen bisher drei Bücher vor.
5 Interview, Spare Rib, 1986
6 Interview, Emma, Nr. 9, September 1985
7 Vgl. A. Hourani, Arabic Thought in the Liberal Age (Oxford University Press, 1962), S. 251
8 Hinsichtlich der jüngsten Entwicklung des Scheidungsrechts der Frau in Ägypten siehe: Mervat Hatem, „Egypt's middle class in crisis: the sexual division of labour", in: The Middle East Journal, Bd. 42, Nr. 3, 1988

9 ESCW-Report, zit. in: Nadia Hijab, Woman Power. The Arab Debate on Women at Work (Cambridge University Press, 1988), S. 3

10 Siehe Nadia Hijab, „Arab Women find their voice", in: The Middle East, September 1985; ebenfalls „UN decade for Women", in: West Africa, Nr. 3544, 29. 7. 1985

11 Vgl. Akram Khater, „Egypt feminism", in: The Middle East, February 1987

12 Interview, Emma, Nr. 9, September 1985

13 Interview, Jordan Times, 31. 8. 1981

14 Nawal el Saadawi, „Women and Islam", in: Women's Studies International Forum, Bd. 5, 1982, S. 202

15 Nawal el Saadawi, The Hidden Face of Eve (Zed Press, 1980), S. IX

Arnold Hottinger

Individuum und Gesellschaft

Im Mittelpunkt: Die Familie

Was das Leben eines Menschen im Nahen Osten am stärksten von dem eines heutigen Europäers unterscheidet, ist ohne Zweifel seine enge Bindung an die Familie. Es ist, im weiten Sinne des Wortes, die Großfamilie, die viel enger als im Okzident zusammenhält. Der einzelne lebt in ihrem Rahmen, er kommt ohne sie nicht aus und sie sucht ihn in ihrem Bannkreis zu halten.

Dabei kommt es auch in viel stärkerem Maße darauf an, ob der betreffende männlichen oder weiblichen Geschlechtes ist, denn die Familie, konkret besonders die Mutter, weist schon den Kleinkindern, kurz nachdem sie geboren sind, sehr unterschiedliche Rollen zu. Diese werden verinnerlicht, so sehr, daß auch spätere Rebellionen und Abkehrungen von dem traditionellen Modell schwerlich je ganze Emanzipation von ihm schaffen. Es gibt, anders als bei uns, eine deutlich voneinander geschiedene Männer- und eine Frauenwelt. Kleinkinder gehören in die Frauenwelt bis zum fünften oder sechsten Altersjahr; sie können, und zwar beide Geschlechter, durchaus Ausflüge in die Männerwelt unternehmen, werden dazu auch ermutigt; der Vater und seine Freunde spielen mit ihnen herzlicher und ungehemmter als das etwa in Nordeuropa der Fall zu sein pflegt. Doch beim kleinsten Zwischenfall, wenn die Kinder irgendwie lästig fallen, werden sie der Mutter zurückgeschickt. Schon kleine Mädchen sollen sich bei diesen Ausflügen charmant geben.

Die meisten Menschen im Nahen Osten glauben, das sei ihnen eingeboren. Doch sie wissen nicht, wie stark damit ein unterschiedliches Standardverhalten den männlichen und den weiblichen Kindern eingeprägt wird. Es beginnt schon mit der Geburt: Einer Mutter, die ein Mädchen geboren hat, sagt man auch heute noch tröstend:

„Macht nichts, das nächste Mal wird es ein Junge sein." Wer je ein Frauenspital im Nahen Osten besucht hat, weiß, wie oft bittere Tränen fließen, weil „nur" ein Mädchen das Licht der Welt erblickt hat. Erste entscheidende Prägungen erfolgen also durch die Familie: mit der Zuweisung von Rollen für künftige Männer oder Frauen.

Frühzeitige Rollenprägung

Nach fünf oder sechs Jahren wechseln die Knaben in die Männerwelt über, die Mädchen werden fester in die Frauenwelt eingebunden. Beiden bleibt eine Erinnerung an das frühere „Paradies", indem sie frei von der einen Seite des Hauses zur anderen wechselten und überall freudig und ohne strenge Anforderungen aufgenommen wurden. Weinen soll ein Kleinkind nur ja nicht. Man muß es gegebenenfalls sofort trösten und ablenken.

Mit der Eingliederung in die betreffende Welt kommen die ersten Anforderungen. Mädchen werden von ihrer Mutter streng behandelt, zur Zurückhaltung und Dienstleistung aufgefordert; ihr Vater rückt in die Ferne. Knaben erhalten frühzeitig Pflichten übertragen, sei es in der Schule, sei es im Arbeitskreis des Vaters, doch sie haben im Gegensatz zu ihren Schwestern eine Mutter zuhause, auf deren Nachsicht, ja Anbetung sie stets rechnen können. Schwestern lernen schon früh, ihre Brüder zu bedienen, und die nehmen das natürlich als ihr volles Recht auch in Anspruch.

Man lebt jedoch nicht nur in der kleinen Familienzelle, sondern hat normalerweise neben vielen Geschwistern eine „Horde" von Vettern und Cousinen, Tanten und Onkeln ersten, zweiten und dritten Grades. Komplizierte Verwandtschaftsbeziehungen, etwa: der zweite Sohn der dritten Frau meines Onkels zweiten Grades, werden rasch aufgefaßt und ohne Anstrengung präsent gehalten, weil Wahrnehmung und Pflege solcher Beziehungen von Jugend an zu den Lebensgewohnheiten gehören.

Großfamilie an einem Ort

Die Großfamilie lebt heute nicht mehr notwendigerweise in einem Haus oder Gehöft. Sie findet sich jedoch oft zu bedeutenden Teilen an einem Ort versammelt, der ein Teil eines Dorfes oder ein Stadtteil sein kann. Wer hinauszieht, sei es in einen neuen Stadtteil, sei es vom Dorf in die Stadt, sei es sogar in die Emigration, z. B. nach Westafrika oder nach Kanada, wird leicht zum Ansatzpunkt eines neuen Familienklans, der als „Kolonie" mit dem alten verbunden wird. Bis in ferne Auswanderungsländer holt man sich einen Vetter und eine Verwandte nach, wenn man erfolgreich genug ist, um Hilfe zu brauchen. Oder die Verwandten melden sich an und erwarten erste Hilfestellungen, um Fuß zu fassen. Im Südlibanon gibt es ganze Dörfer, aus denen Bewohner stets nach bestimmten Städten und Provinzen in Französisch-Westafrika auswandern, weil dort schon Familienmitglieder und Landsleute ansässig sind und „Geld machen".

Man heiratet gerne in die Verwandtschaft. Vetternehen haben nichts Anrüchiges an sich, im Gegenteil. „Bint Ammi" (die Tochter meines Onkels väterlicherseits) ist eine gebräuchliche Umschreibung für „meine Frau", vergleichbar unserem „meine bessere Hälfte". Bei manchen Beduinenstämmen gab es ein Anrecht des Vetters auf seine Cousine; erst wenn er sie ausdrücklich freigab, konnte sie einen anderen heiraten. Der Umstand, daß man sich unter Vettern und Basen von früh auf kennt, andere Mädchen und junge Frauen jedoch kaum zu Gesicht bekommt (Ausnahme in den Koeduaktionsschulen europäischen Stils, die weitgehend den Oberschichten reserviert bleiben), mag diesen Brauch unterstützen. Er hat auch wirtschaftliche Hintergründe. Im Falle der Vetternheirat wird der Familienbesitz nicht geteilt, Grund und Boden vor allem bleiben zusammen.

Vetternwirtschaft keineswegs anstößig

Auch ohne dieses Band bildet die Großfamilie die entscheidende Zelle, in der man lebt, wirtschaftet, sich gegen Unglück verteidigt und gegenseitig unterstützt. Wem soll man Vertrauen schenken, wenn nicht seinen Verwandten — darum werden sie auch gerne in Vertrauensstellungen eingesetzt. Diese Bande wirken bis in die höchste Politik. Für einen Politiker ist es immer gut, einen Schwager zu haben (der nicht seinen Namen trägt), der Geschäftsmann ist und den Notpfennig fruchtbar und unauffällig anzulegen versteht. Ohne ihn (Schwager und Pfennig) wird man auf die Dauer nicht auskommen können. Denn die Geschicke wechseln schnell.

Die Familie bildet den Gegenpol zum Staat. Dieser ist feindlich und unberechenbar; wer sich mit ihm einläßt, reitet auf einem Löwen; die Familie dagegen bietet den Zufluchtsort, den Mittelpunkt aller Solidarität und die Quelle aller Verläßlichkeit und Sicherheit. Der Staat ist zum Ausbeuten da, und er sucht ja auch seine Diener auszubeuten; was man seinerseits erbeutet hat, bringt man in die Familie zurück. Je geringer die Legitimität des Staates ist — und sie nimmt um so mehr ab, je tyrannischer er regiert wird —, desto wichtiger ist es, über jenen anderen Hort zu verfügen, über den Gegenpol zur Politik, in dessen Schoß bewahrt und aufgebaut wird. Denn der Staat pflegt sich als unfähig zu erweisen beides zu tun; er melkt nur und läßt sich melken. Die Familie sind wir; der Staat sind SIE, die Politiker, die Schergen und andere feindliche und unmoralische Menschen.

Die traditionelle Architektur paßt zu diesem Lebensgefühl: Mauern rund um das eigene Haus und den eigenen Garten, Dreck auf den öffentlichen Straßen, der niemand gehört; Durchgangsstraßen mit Läden; Wohngäßchen, die als Sackgassen gebaut sind, mit möglichst unscheinbaren Eingängen (damit der Staat nicht zugreift). Kairo hatte Holztore, die des Nachts geschlossen wurden, um ein Quartier (Nachbarschaft: „Hay") vom anderen abzutrennen. Napoleon ließ sie abmontieren, damit die Besatzungsmacht Zugriff erlangt.

Es gibt kaum einen Gewaltherrscher in der arabischen Welt, der nicht Mitglieder seiner Familie zuzieht und mit jenen Machtpositionen betraut, die er unbedingt kontrollieren muß. Auf sie ist noch am ehesten Verlaß! Die Verwandten wissen auch, daß sie mit dem Machthaber stürzen werden, wenn er zu Fall kommt. Die Alawiten Syriens und die Tikriti des Irak sind so zu Berühmtheit gelangt.

Man heiratet normalerweise innerhalb der Religionsgemeinschaften, die sich traditionell als ein „Volk" verstehen. Die Solidaritätsnetze der Familien dehnen sich deshalb auf die Religionsgemeinschaften aus, besonders natürlich, wenn es sich um relativ kleine Minderheiten in einer bestimmten Region handelt. In solchen Fällen kann leicht jeder mit jedem verwandt sein. Wenn man schon keinen Verwandten findet, um ihm eine Vertrauensposition anzuvertrauen, wählt man wenigstens einen Religionsgenossen. Die libanesische Bank war zum Beispiel, mit der Ausnahme weniger Außenseiter, von Maroniten beherrscht. Wer keinen Sohn oder Vetter hatte, kooptierte einen anderen Maroniten in den Verwaltungsrat. Auch in der Politik hält man zusammen: Familie, Klan und Religionsgemeinschaft sind die natürlichen Grundgruppierungen, die entweder den Staat zu erobern suchen oder sich gegen ihn zur Wehr setzen, mit dem Mittel und im Rahmen dieser dreifachen Solidarität.

Hohe Mobilität

Trotz der Verankerung des einzelnen in der Familie zeichnet sich das Leben im Nahen Osten durch eine starke Mobilität aus, sowohl in geographischer wie in sozialer Hinsicht. Wandern und Reisen, ob sie nun dem Handel dienen oder Bildung und Gelehrsamkeit fördern sollen, gehören ebenso wie die Pilgerfahrt seit Alters zum nahöstlichen Leben. Es gibt nicht nur muslimische Hadschis und Hadschas, die in Mekka gewesen sind, sondern auch christliche, die etwa eine Wallfahrt nach Jerusalem gemacht haben.

Heute aber wandert man mehr denn je, stets in der Hoffnung, wohlhabend heimzukehren. Die Erdölstaaten haben die Ägypter zu Wanderarbeitern werden lassen, die nach Libyen, dem Irak und den Staaten der Arabischen Halbinsel ziehen. Die Libanesen als Bergvolk waren Aus- und Rückwanderer seit dem vergangenen Jahrhundert. Den Kurden geht es nicht anders. Die Jemeniten sind Hirten in den Vereinigten Staaten geworden. Dazu kommt eine neue Wanderbewegung, die man als Bildungswanderung bezeichnen kann. Die westlich erzogenen Intellektuellen, die Fremdsprachen gelernt haben, empfinden nach Jahren französisch oder englisch geprägter Ausbildung ein starkes Bedürfnis, endlich einmal Paris, Oxford oder London zu sehen. Sie haben viel von jenen „Metropolen“ gehört und gelesen, wie man sie in der Kolonialzeit nannte. Die Eltern, von denen viele auch schon dort waren, wissen, daß jene Reisen, besser „Studien“, noch immer ein Billet zum Erfolg in der Heimat sind. Wohlstand, wirtschaftliche Beziehungen, neue Güter und neue Methoden, die als Vorbilder dienen, sogar Mode und Moden kommen noch immer von dort, von außen.

Die soziale Mobilität im Nahen Osten hängt mit den zahlreichen Umwälzungen zusammen, die jeder in seinem Leben erlebt. Reich werden, vom Staat ins Gefängnis geworfen werden, in die Gunst der jeweiligen Machthaber zurückkehren, auswandern oder fliehen, nach einem politischen Umsturz zurückgerufen oder „zurückerlaubt“ werden, gehören heute wegen der ausgeprägten politischen Instabilität, wie sie auch schon in fast allen vergangenen Jahrhunderten herrschte, zu den wichtigen Lebenserfahrungen vieler Menschen. Die Familie dient daher als Sicherheitsnetz. Ein syrischer Politiker beschrieb das einmal so: „Als ich Syrien verlassen mußte, war ich natürlich Gast meiner Verwandten im Libanon; heute sind sie natürlich bei mir zu Gast. Ich habe ein eigenes Haus für sie eingerichtet.“ Familie und Religion hängen sehr eng zusammen, jedoch nicht allein, weil die verschiedenen Religionsgesetze die jeweiligen Familienbeziehungen regeln. Es bestehen noch gewichtigere Parallelen: In der da wie dort herausgehobenen Figur des Vaters und vor allem in der gemeinsamen Zufluchtsfunktion. Man kehrt immer wieder in den Schoß der Familie zurück wie in die Moschee, die Kirche, die Synagoge. Man sucht immer wieder den Weg zu beiden zurück, weil sie physische und geistige Heimat bedeuten.

8. Kapitel
Kultur im Aufbruch

Napoleons Einzug in Kairo 1798: Nachdem der Orient jahrhundertelang an seine kulturelle Überlegenheit geglaubt hatte, präsentierte sich jetzt Europa als fortschrittlich und militärisch siegreich. Lithographie von Auguste Raffet.

Regina Karachouli

Europa und Arabien — die kulturgeschichtliche Dimension Brücken zwischen Orient und Okzident

Als der ägyptische Schriftsteller Nagib Machfus 1988 als erster Araber den Nobelpreis für Literatur verliehen bekam, erklärte er voller Genugtuung in einem Interview: „Der Westen weiß nun, daß wir Araber nicht nur Wüsten und Öl haben, sondern auch Schriftsteller." Diese Worte Machfus' geben die recht verbreitete Meinung von einer eigentlich desinformierten westlichen Welt wieder, die mit dem arabischen Raum gemeinhin nur die einseitige Vorstellung von Rückständigkeit und märchenhaftem Reichtum verbindet. Von der westlichen Öffentlichkeit würden kulturelle Werte und Leistungen entweder überhaupt nicht wahrgenommen oder in partieller Blindheit lediglich irgendeiner legendären Vergangenheit zugestanden: Wider alle aktuelle Erfahrung wolle der Westen seinen heilen Traum-Orient aus Tausendundeiner Nacht behalten.

Das geistig-psychologische Bild vom jeweils „Anderen" ist kulturgeschichtlich verankert, erwachsen aus dem wechselvollen Verhältnis zweier Welten — Orient und Okzident, Morgenland und Abendland. Kontroverse Betrachtungsweisen verzerrten es von alters her. Für das christliche Abendland war die islamische Welt das ganze Mittelalter hindurch ein negativ besetzter Ort von Ungläubigen, also Heiden. Die Araber wiederum, den Europäern lange Zeit an Wissenschaft und Bildung überlegen, brachten ihre Sicht entsprechend zum Ausdruck. Der arabische Kadi von Toledo etwa schrieb im Jahre 1068 über die Europäer, ihr Charakter sei klimatisch bedingt kühl, ihr Humor primitiv, ihr Bauch fett, ihre Farbe bleich, ihr Haar lang und strähnig, und so ermangele es ihnen an Verstandesschärfe und Klarheit der Intelligenz. Offensichtlich waren damals eben die Europäer die Unterentwickelten ohne kulturelle Attraktivität.

Trotz der religiösen Gegensätzlichkeit war es jedoch zwischen beiden Welten schon seit der Antike zu vielfältigen Berührungen und Beziehungen gekommen. Besonders die wissenschaftlichen und kulturellen Kontakte zeitigten für beide Seiten überaus fruchtbare Wirkungen. Die Übersetzung ganzer Bibliotheken mit Werken der griechisch-hellenistischen Philosophie, Naturwissenschaft und Medizin brachte die mittelalterliche arabisch-islamische Wissenschaft zum Blühen. 830 gründete al-Mamun, Kalif von Bagdad, mit dem „bait al-hikma" (Haus der Weisheit) eine große Zentrale für Übersetzungen. Den Europäern gelangten die inzwischen vergessenen antiken Wissenschaften erst durch die Araber, die sie weiterentwickelt hatten, wieder neu zu Bewußtsein. Durch arabische Vermittlung wurde mithin ein entscheidender Anstoß für die europäische Renaissance, ja im Grunde genommen für die wissenschaftlich-technische Entwicklung in Europa gegeben.

Im 19. Jahrhundert verlief der Zivilisationsstrom wieder in umgekehrter Richtung. Die arabische Welt übernahm nun die modernen Errungenschaften europäischer Wissenschaft und Technik, aber auch bestimmte Erscheinungen westlicher Lebensweise und Kultur. Der Einfluß des Orients auf europäische Literatur und Kunst brach damit nicht ab. Ganz im Gegenteil, man denke nur an Schriftsteller, Künstler und Komponisten wie Goethe, Lessing, Moliere, Dürer oder Mozart, die sich von morgenländischen Impulsen inspirieren ließen.

Als historische Datierung eines neuen, kulturgeschichtlich bedeutsamen Einschnitts für die Beziehung zwischen der arabischen Welt und Europa gilt allgemein die Napoleonische Expedition nach Ägypten 1798-1801. Die Intensivierung unmittelbarer Kontakte zu einem überraschend fortgeschrittenen Europa machte den arabischen Intellektuellen der Oberschicht schmerzlich bewußt, wie zurückgeblieben ihre Länder doch waren. Das Problematische an dieser Begegnung war aber darüber hinaus, daß der geistige Aufschwung, der im vorigen Jahrhundert in Syrien / Libanon und Ägypten einsetzte, von Anfang an konfliktgeladen zwischen zwei gegensätzlichen Polen angesiedelt war: Einerseits gab es eine Rückbesinnung auf die große arabische Geschichte und eine reiche Kultur und Sprache, die sich jahrhundertelang osmanischer Fremdherrschaft hatten beugen müssen. Andererseits erfolgte die geistige Orientierung am Idealbild eines aufgeklärten Europa, das aber, verwirrend genug, recht bald handfeste koloniale Gelüste offenbarte.

Konflikte

Ernüchterung setzte ein und wandelte sich bei vielen arabischen Intellektuellen in eine zwiespältige Haßliebe zu Europa. Im Laufe der jüngeren Geschichte lebte dieses Gefühl immer von neuem auf, schwankte, sowohl tendenziell als auch individuell, zwischen Anlehnung und Ablehnung. Auf diese Weise waren in der arabischen Kultur seit dem 19. Jh. nationale Selbstbehauptung und Nachahmung westlicher Muster ebenso widerspruchsvoll wie unlösbar miteinander verknüpft. Dieser Ansatzpunkt moderner Literatur- und Kunstentwicklung barg reichlich Konfliktstoff, und er ist bis heute aktiv.

In der arabischen Literatur war die Einführung neuer Formen und Inhalte aufs engste mit einer Modernisierung der arabischen Sprache verbunden. Eine wichtige Voraussetzung war die Drucktechnik. Napoleon Bonaparte hatte einen Druckstock aus Frankreich mitgebracht. 1822 wurde in Ägypten die erste staatliche Druckerei eingerichtet. In den siebziger Jahren blühte das Pressewesen auf; auch die 1876 entstandene Zeitung „al-Ahram" gehörte dazu. Plötzlich wurden ganz ungewohnte Anforderungen an die Sprache erhoben — an erster Stelle allgemeine Verständlichkeit und Prägnanz. Für neue Tatbestände erfand man kurzerhand „europäisierende" Wörter, zum Entsetzen der Puristen, die auf den Sprachnormen der klassischen Dichtung mit all ihrem brillierenden Glanz beharrten.

Was auf die Erneuerung der Sprache zutraf, war natürlich überall dort zu beobachten, wo Sprache künstlerisches Material und aufklärerisches Medium zugleich war. Am deutlichsten zeigten sich Veränderungen in der Prosaliteratur. Neben Genres, die mit der Entwicklung der Presse zusammenhingen — Feuilleton, Reportage, Essay — wurden auch Romane, Kurzgeschichten und Dramen aus Europa übernommen. Der erste arabische Gesellschaftsroman, „Zainab" von dem Ägypter Mohammed Hussein Haikal, erschien 1914; er verriet noch deutlich den Einfluß Rousseaus. Die frühen ägyptischen Kurzgeschichten, verfaßt von den Brüdern Taimur, standen in der realistischen Tradition eines Tschechow und Maupassant.

Frühzeitig war man sich des Problems bewußt, ureigene nationale Aussagen in nicht „bodenständigen" Formen zu vermitteln. Bald zeichneten sich zwei Tendenzen in dieser Frage ab. Bis zum Ersten Weltkrieg suchten ägyptische Schriftsteller neue Inhalte mit alten Gattungen, vor allem der Makame, auszudrücken. Andere Autoren bekannten sich dagegen zu europäischen Formen, die sie mit nationalem Leben erfüllen wollten. Große Bedeutung erlangte hierbei der historische Roman, der die arabischen Leser durch Erinnerung an ihre ruhmvolle Vergangenheit ermutigen und so die vermeintliche europäische Überlegenheit relativieren sollte.

Eine Sonderstellung nimmt das Drama ein, denn seine Bestimmung ist die lebendige Umsetzung auf der Bühne. Die Anfänge des modernen Dramas waren deshalb dem Rezeptionsmilieu stärker verpflichtet als andere Gattungen. Neben Tänzen, Gesang und Musik bildete der Text nur ein Element der Aufführung. 1847 inszenierte der libanesische Kaufmann Marun an-Nakkash das erste arabische Drama, „Der Geizige", eine Adaption nach Molieres gleichnamiger Komödie. Im Prolog versprach er programmatisch „ein literarisches Theater und ausländisches Gold in arabischer Gußform".

Die moderne arabische Literatur und Kunst ist bis heute vom Zwiespalt ihrer Entstehungszeit geprägt. Ihre Repräsentanten beschreiben diese Situation oft als einen Konflikt, der durchaus eine Bürde sein kann. Stärker hat er aber als Herausforderung zu künstlerischer Kreativität gewirkt. Im Laufe dieses Jahrhunderts gab es für arabische Geistesschaffende mehr als einmal außerliterarischen Anlaß, die Beziehung zu Europa neu zu überdenken. Vielleicht kein anderes Ereignis hat die Frage der arabischen Identität in solcher Schärfe provoziert wie der Junikrieg von 1967. Der Schock der militärischen Niederlage führte zu einer regelrechten Krise des Selbstwertgefühls, auch auf kulturellem Gebiet. Wieder war die Auffassung zu hören, man müsse endlich eine eigenständige arabische (und islamische) Kultur alternierend zum Westen schaffen. Die Depression wurde schließlich produktiv aufgehoben; vielfach mündete sie in eine prononciert auf die Gegenwart orientierte gesellschaftskritische Tendenz, die Erbe und Weltkultur zu verbinden trachtete.

Eine ähnliche Abwehrreaktion sagten nicht wenige Intellektuelle voraus, als der Golfkrieg 1990 noch in vollem Gange war. Man vermutete einen womöglich noch tieferen Einschnitt in das geistige Klima, insbesondere das literarisch-künstlerische Schaffen. Islamische Begründungen antiwestlicher Haltungen zeichneten sich bereits deutlich ab; das große Thema „Zivilisationsproblematik" wurde auf die beschworene gemeinsame Plattform „Islam" projiziert. Man interpretierte den Golfkrieg als neuerlichen Gipfelpunkt einer „ewigen“ Auseinandersetzung zwischen Orient und Okzident. Die schreckliche Präzision der modernen Waffentechnik war allerdings dazu angetan, alte Denkmuster wachzurufen: der Orient als Hort des Geistig-Spirituellen, der Okzident als Hort des Materiell-Technischen.

Besonnenheit

Die meisten Schriftsteller vermochten sich weder mit dem islamischen Extremismus noch mit der antiwestlichen Frustration zu identifizieren. Schon Taha Husain, der große ägyptische Humanist, hatte in den dreißiger Jahren vor Klischeebildern vom Orient und Okzident gewarnt. In seiner Tradition steht auch eine Autorität wie Nagib Machfus. Angesichts einer derzeit gestörten geistigen Balance zwischen der Öffnung gen Westen und der Integration in die arabisch-islamische Kultur mahnte er zur Besonnenheit. „Was ist überhaupt westliche Kultur“, fragte er im Februar dieses Jahres und antwortete: „Das ist die menschliche Kultur, die zufällig im Westen entstanden ist. Kultur ist etwas Allgemeinmenschliches.“

Möge er recht behalten, auch was unsere europäische Sicht auf die zeitgenössische arabische Kultur betrifft. Wie ihre besten Literatur- und Kunstwerke zeigen, hat sie sich heute in weiten Bereichen aus der Abhängigkeit von westlichen Vorbildern befreit, ohne sich deshalb gegen internationale Trends zu verschließen. Umgekehrt nimmt eine interessierte Weltöffentlichkeit immer stärker Notiz von den „weißen Flecken“ eines Orients, der so gar nicht mehr in das Schema von Tausendundeiner Nacht passen will.

Naguib Mahfouz, Gewinner des Nobelpreises für Literatur 1988

Erdmute Heller

„Vater des ägyptischen Romans“

Man nennt ihn den „Balzac Ägyptens“, rückte ihn in die Nähe von Tolstoi, Dickens und Thomas Mann. Treffender als der Vergleich mit den Großen der Weltliteratur ist es jedoch, Nagib Machfus den „Vater des ägyptischen Romans“ zu nennen. Denn: Auch wenn das an die 40 Romane, Kurzgeschichten und Novellen umfassende Lebenswerk des nahezu 80jährigen inzwischen längst zur Weltliteratur gehört, so ist Nagib Machfus doch vor allem ein typisch ägyptisch-arabischer Erzähler, der tief in der Kultur und Tradition seines Landes und der ägyptischen Gesellschaft verwurzelt ist.

Nagib Machfus ist der erste Schriftsteller arabischer Sprache, der den höchsten Lorbeer errungen hat, den die Literatur zu vergeben hat. Damit hat er den Traum aller arabischen Literaten und Intellektuellen — vom Golf bis an den Atlantik — verwirklicht: Die arabische Literatur hat endlich den universellen Durchbruch geschafft, der von drei Schriftstellergenerationen so sehr erhofft — und so vergeblich erwartet worden war. Auf die Frage, ob er jemals damit gerechnet hatte, sagte Nagib Machfus am Tag der Preisverleihung in seiner typischen Bescheidenheit: „Ich hatte keine Ahnung. Weder ich noch meine Freunde haben es erwartet. Ich wußte nicht einmal, daß man mich vorgeschlagen hatte, und konnte es zunächst nicht glauben. Mein erster Gedanke galt meinen großen Lehrmeistern -- Taha Hussein, Taufiq al-Hakim und Akkad, die alle den Preis vor mir verdient hätten — und ihn nie bekamen. Ich bin sehr glücklich, daß ich diese Chance hatte, weil es eine Chance für Ägypten und die ganze arabische Welt ist, die neue Horizonte eröffnet ...“

Renaissance der arabischen Kultur

„Neue Horizonte" sind dringend nötig — nicht nur in der arabischen Welt, wo seine Bücher in manchen Ländern verboten sind, wo man ihn immer wieder der Häresie und des Verstoßes gegen die „islamische Moral" bezichtigt hat. Neuer Horizonte bedürfen auch wir hier im Westen. Wir nehmen seit ein paar Jahren zwar Anteil an den Exzessen der sogenannten Renaissance des Islam. Von der wirklichen Renaissance der arabischen Kultur zu Beginn unseres Jahrhunderts haben wir jedoch nichts wahrgenommen.

Ägypten erlebte damals — vor allem in den 20er Jahren — die bewegteste Phase seiner geistig-intellektuellen Entwicklung. Denker und Schriftsteller wie Taufiq al-Hakim, Taha Hussein, Salama Moussa und Lotfi as-Sayyid — um einige nur zu nennen — gaben dem kulturellen Leben Ägyptens neue Impulse. Die ersten Tageszeitungen erschienen, politische Gewerkschaften und Parteien kamen auf. Der enge Kontakt mit Europa führte zu einer regen Übersetzertätigkeit. Es war die erste Intellektuellengeneration, die in Paris und London ausgebildet worden war. Dort hatten sie das Theater, den Film und vor allem die europäische Literatur entdeckt. Bald entstanden in Kairo die ersten Kunstgalerien und die berühmten literarischen Salons.

In diesem kulturellen Klima entstand — nach Jahrhunderten der Dekadenz — die moderne arabische Literatur. Einer ihrer hervorragendsten Repräsentanten war und ist Nagib Machfus. Wie schon sein großes Vorbild Taha Hussein hat er die arabische Sprache — eine der ältesten der Welt, die von 140 Millionen gesprochen wird — von ihrer jahrhundertelangen Verkrustung und Schwere befreit und wurde auf diese Weise selbst Maßstab und Vorbild ganzer Schriftstellergenerationen.

Die arabische Phantasie literaturfähig gemacht

Wenn — um mit Georg Lukać zu sprechen — die Stadt die Wiege des Romans ist, so kann man sagen, Nagib Machfus ist der Romancier der größten, faszinierendsten Stadt des Orients: Kairos. Was Balzac für das Paris des 19. Jahrhunderts, Dickens für das viktorianische England, Tolstoi und Gorki für das zaristische Rußland bedeuteten — das ist Nagib Machfus für das Ägypten des 20. Jahrhunderts.

Er wurde am 11. Dezember 1911 als Sohn einer Kleinbürgerfamilie in einem der ältesten historischen Viertel Alt-Kairos geboren und hatte an der Universität von Kairo Philosophie studiert. Doch bald nach Abschluß seines Studiums kam er in Konflikt zwischen den Geisteswissenschaften und der Schriftstellerei. Er hat sich für das Schreiben entschieden — für den Roman, eine Literaturgattung, die damals in der arabischen Welt noch völlig unbekannt war. „Bei uns", so sagt er, „verstand man damals unter Literatur den Essay, die Poesie und die Geschichtsschreibung. Ein literarisches Werk wie beispielsweise ‚Tausendundeine Nacht' — das einzige, das in Europa und auf der ganzen Welt berühmt und bekannt war — wurde an den ägyptischen Universitäten überhaupt nicht gelehrt oder behandelt. Man betrachtete ‚Tausendundeine Nacht' als ein Produkt der Volksdichtung, das keinerlei literarische Bedeutung hatte."

Nagib Machfus hat es als erster gewagt, schreibend „zu erzählen". Damit hat er die reiche arabische Phantasie „literaturfähig" gemacht. Religiöser Dogmatismus und engstirniger Buchstabenglaube hatten die große Fabulierkunst der Nomadenvölker und ihre Mythen, Märchen und Legenden — die man sich an den Nachtfeuern der Karawansereien, in den Wüstennächten Arabiens, in den Bergen des Jemen und auf den Straßen und Plätzen Tunesiens und Marokkos erzählte und heute noch erzählt — jahrhundertelang unterdrückt und verdrängt. Nagib Machfus hat alle Elemente der volkstümlichen Erzählkunst in sein episches Werk aufgenommen. Auf diese Weise hat er das klassische Arabisch aus seiner sprachlichen und religiösen Zwingburg befreit. Er gab ihm eine neue, lebendige und volksnahe Ausdruckskraft. Allein mit dieser neuen Sprache, die einfach, knapp und präzise war, konnte er die Wirklichkeit der ägyptischen Gesellschaft unseres Jahrhunderts beschreiben. Und so erschloß er der arabischen Literatur eine ganz neue Gattung — die Novelle und den Roman.

„Sokaq al-Midaq" — „Die Midaq-Gasse" — sein erster Roman, der die Aufmerksamkeit der arabischen Literaturkritik auf sich zog, ist der Gesang der Altstadt: trist und heiter zugleich. Es ist die Geschichte des Lebens einer kleinen Gasse und gleichzeitig die Geschichte der Veränderung, des Wandels. Denn die Veränderung der Gasse bedeutet auch die Veränderung der Menschen, die in ihr leben: Der Tod der Gasse — die alten Viertel — ist auch der Tod der Traditionen, der Werte, der Menschlichkeit und Solidarität, um die der Dichter trauert.

Seit Anfang der 60er Jahre ist Nagib Machfus nicht mehr nostalgisch. Er ändert seinen Stil und sein Sujet. Er ist nicht mehr auf der

Suche nach den verlorenen Orten und interessiert sich nicht mehr für eine Welt im Verfall. Von nun an gilt sein Interesse der unmittelbaren Gegenwart. Die Revolution von 1952 hatte das politische und gesellschaftliche Klima Ägyptens verändert. Auch wenn in seinen frühen Romanen der gesellschaftskritische Aspekt stets gegenwärtig war, so rückte jetzt die soziale Problematik in den Mittelpunkt seines Schaffens.

Der eigentliche Held ist die Zeit

Auch wenn es in den Romanen Nagib Machfus' nie an lebensvollen Gestalten, an Helden und einer mit großem dichterischem Atem geschilderten Szenerie fehlt — so ist der eigentliche Held und ein ständig wiederkehrendes Leitmotiv die Zeit — die alles verändernde und zerstörende Zeit. In seinem 1962 erschienenen Roman „Der Dieb und die Hunde“ steht nicht mehr der Mensch in der Gesellschaft im Mittelpunkt, sondern der Mensch in der Zeit. Mit den Romanen der 70er Jahre setzte wiederum eine neue Phase ein: Noch einmal hat der Erneuerer der arabischen Sprache seine eigene Sprache völlig erneuert; oder wie einer seiner Bewunderer und „Schüler“, der ägyptische Novellist Mansi Kandil, es formuliert: „Keiner hat die Architektur des Romans, die literarischen Techniken und Schulen so vollkommen beherrscht wie er. Immer wieder hat er seine Sprache verändert, verjüngt und bereichert. Auf diese Weise ist als Romancier nie veraltet. Für uns — die dritte Schriftstellergeneration nach ihm — ist er ein Vorbild, ein Symbol.“

Mit dem „Hausboot am Nil“ hatte Machfus mit den Nasseristen abgerechnet, denn die Revolution der „Freien Offiziere“ hatte die Hoffnungen und Erwartungen des ägyptischen Volkes — vor allem der Intellektuellen — nicht erfüllt. Für Nagib Machfus und seine Freunde konnte das Nasser-Regime das Grundproblem der ägyptischen Gesellschaft nicht lösen — nämlich die Frage der Demokratie. Folter, Repression und willkürliche Gewalt stürzten die aufgeklärten Intellektuellen in Ratlosigkeit und Verwirrung — das ägyptische Volk in Hoffnungslosigkeit, Schrecken und Angst. Die pessimistische Erkenntnis, daß sein Land — Ägypten — vom Ideal einer gerechten Gesellschaft noch weit entfernt ist, wurde zum zentralen Thema eines seiner letzten Romane: „Malhamat Harafisch“ — das Epos der Außenseiter. Dieser Roman, in dem sich Mythos, Zeit und

Raum vermischen, erinnert an Gabriel García Márquez' „Hundert Jahre Einsamkeit" — an die vergebliche Suche des Menschen nach dem Heil.

Als engagierter Romancier setzte sich Nagib Machfus sein Leben lang für die Grundwerte des Humanismus ein — für Freiheit und Gerechtigkeit. Als aufgeklärter Zeitgenosse, der sich der Philosophie der Aufklärung verpflichtet fühlt, plädierte er zeit seines Lebens für eine Trennung zwischen Staat und Religion, d.h. für eine Säkularisierung der arabischen Gesellschaft. So geht er auch in seinem vor kurzem abgeschlossenen Roman „Koschtomor" scharf mit den Fundamentalisten ins Gericht, die er für eine ernste Gefahr hält. Ihrer engstirnig-rückwärtsgewandten Ideologie stellt er das Bild einer aufgeklärten, humanen Weltschau entgegen — einer kulturellen und intellektuellen Erneuerung, die in die Zukunft weist — nicht in eine idealisierte Vergangenheit.

Er liebt es, in den Cafés zu sitzen

Trotz seines hohen Alters hat Nagib Machfus seine geistige und körperliche Vitalität bewahrt. Jede Woche — am Donnerstag — schreibt er einen Kommentar für seine Zeitung, den „Ahram". Unter den arabischen Schriftstellern ist er ein Phänomen: einer der wenigen, der bisher keine Autobiographie geschrieben hat. Das Werk steht für ihn über der Person. Uneitel und bescheiden, scheut er jegliche Öffentlichkeit und meidet den Umgang mit den Großen der Macht. Als echter „Ibn al-balad" (Sohn des Volkes) liebt er es, in den Cafés zu sitzen, die Menschen zu studieren und mit den einfachen Leuten zu reden. Diese Lebensnähe gibt seiner Sprache Authentizität.

Suche nach dem Sinn menschlicher Existenz

Ein halbes Jahrhundert lang hat er die ägyptische Zeitgeschichte kritisch begleitet. Bis heute erhebt er seine Stimme als unbestechliches Gewissen seines Landes und der arabischen „Nation". Sein gewaltiges Lebenswerk ist eine einzige Suche nach dem Sinn menschlicher Existenz. Was ihn am Ende dieses langen Weges als Mensch beschäftigt — das ist die Frage nach dem Ziel — die Frage nach dem Tod. Und seine Antwort ist: „Ich bin inzwischen in einem Alter, in dem man an das Ende denkt. Ich wünschte mir, daß an dem Tag, an dem ich nicht mehr das Bedürfnis verspüre zu schreiben, Neues zu entdecken, mein Leben zu Ende sei."

Peter Heine

Bildende Kunst — nur ein Abklatsch des Westens?

Die Geschichte der Malerei und Plastik in der arabischen Welt ist bis in die Gegenwart durch das Verbot von bildlichen und plastischen Darstellungen lebender Wesen durch den Islam gekennzeichnet. Dieses Verbot findet sich zwar nicht im Koran, dem heiligen Buch der Muslime selber, sondern vor allem in den Prophetentraditionen (Hadith), hat jedoch in der islamischen Kulturgeschichte eine beträchtliche Wirkung ausüben können.

Bilderverbot

Theologischer Hintergrund dieses Bilderverbots ist wohl die Sorge des Propheten Mohammed, daß Plastiken oder Bilder durch die Menschen göttliche Verehrung erfahren könnten. In vorislamischer Zeit war allerdings die Verehrung von Götterstatuen auf der Arabischen Halbinsel und im gesamten Vorderen Orient durchaus üblich. Der strenge Monotheismus, den Mohammed predigte, mußte jeden Anschein eines Polytheismus vermeiden, so daß das Bilderverbot und eine daraus resultierende Ikonoklastik nur als konsequent bezeichnet werden kann. Die beiden anderen, im Orient entstandenen monotheistischen Religionen, Judentum und Christentum zeigten ganz ähnliche Reaktionen. Das Judentum erlaubt bis heute keine bildlichen Darstellungen, und im Christentum bedurfte es erst langer theologischer Diskussionen, ehe der sogenannte Bilderstreit beendet war.

Trotz des Bilderverbotes hat sich schon in der arabischen Welt des Mittelalters eine beeindruckende Malerei entwickelt, die allerdings eher im Verborgenen blühte. Es handelt sich vor allem um Buchmalerei, also eine Form künstlerischer Äußerung, die einen ausgesprochen privaten Charakter hat und darauf angelegt ist, dem breiten Publikum unbekannt zu bleiben, bzw. um die Ausschmückung von Palästen, deren Betreten der Mehrheit der Bevölkerung untersagt war. Öffentlichkeitscharakter hatte dagegen die Schriftkunst, die Kalligraphie. Da das Arabische in einer Kursivschrift wiedergegeben wird, entwickelten sich hier verschiedene, nach Herkunft und Tradition unterschiedliche künstlerische Schriftformen, die auch bei der Ausschmückung von öffentlichen Gebäuden und Moscheen Verwendung fanden. In der Kalligraphie begegnen wir einer der bemerkenswertesten originären Gestaltungsformen der arabischen Kultur.

Vergleichbares läßt sich für die Plastik in der mittelalterlichen arabischen Welt nicht feststellen. Von einigen Ansätzen im Bereich der Elfenbeinschnitzerei abgesehen, finden sich keine plastischen Kunstwerke. Der öffentliche Charakter dieser Kunstform ließ das wohl nicht zu.

Malerei in der Neuzeit

Erst in den 20er Jahren unseres Jahrhunderts wurden in den arabischen Metropolen Kairo, Damaskus oder Bagdad im Rahmen des Ausbaus des Hochschulwesens Kunstakademien gegründet. Zuvor waren schon Kunstmuseen eingerichtet worden, in denen Werke älterer und zeitgenössischer europäischer Künstler, Maler wie Bildhauer, gesammelt wurden. Orientalen, die Bildungsreisen nach Europa unternahmen, besuchten die großen Museen in Paris, London oder Berlin und berichteten darüber in ihren Reisebeschreibungen. Eine gewisse Vertrautheit des städtischen Publikums mit westlicher Kunst war also vorhanden. Dozenten an den neu eingerichteten Kunsthochschulen waren in der Regel Europäer oder Araber, die an europäischen Hochschulen ausgebildet worden waren. Auch in der Gründung von Künstlergemeinschaften folgten die arabischen Künstler Praktiken der europäischen Kunstszene. Im Gegensatz zu dieser finden sich in den frühen Generationen arabischer Maler, aber auch in der Gegenwart bemerkenswerter Weise zahlreiche Frauen.

Bis in die Mitte des Jahrhunderts stellte sich die arabische Malerei als akademisches Epigonentum Europas dar, wobei die Mehrheit der arabischen Maler sich vor allem an impressionistischen Vorbildern versuchten. Später folgte man expressionistischen oder realsozialistischen Paradigmen und erschöpfte sich in Formen naiver Malerei. Wir können hier eine gewisse Nachzeitigkeit der künstlerischen Entwicklung feststellen, wie sie auch in der neueren arabischen Literatur zu beobachten ist. In vielen Fällen waren und sind die Maler auch abhängig von den herrschenden Ideologien der Staaten, in denen sie leben, da sie auf Aufträge von öffentlichen Mäzenen angewiesen sind. So ist es nicht verwunderlich, daß die Arbeiten oft einen deklamatorischen oder pädagogischen Charakter haben. Werke des europäischen Konstruktivismus oder Kubismus fanden dagegen keine Nachahmung.

Abstrakten Vorbildern, wie sie die euro-amerikanische Kunstszene bis in die 70er Jahre kennzeichneten, brachte man in der arabischen Welt kaum Interesse entgegen. Das geringe Echo auf die abstrakte Kunst hat seine Ursache vor allem in einer emanzipatorischen Perspektive. Für einen bildenden Künstler in der arabischen Welt war die Darstellung von Realitäten ein Schritt weg von islamischen Traditionen, ein antinomistischer Akt. Der Künstler machte damit deutlich, daß er sich dem Islam nicht mehr in dem Maß verpflichtet fühlte, daß er dessen Bilderverbot und damit die Einschränkung seiner künstlerischen Freiheit weiter zu respektieren bereit war. Die Übernahme abstrakter Themen hätte unter diesem Aspekt keinen emanzipatorischen Akt dargestellt.

Neue Kunstformen

Mit einer Veränderung des geistigen Klimas in der arabischen Welt, der Ablehnung westlicher Errungenschaften und Lebensformen und der Suche nach der eigenen Identität stellt sich die Kunstszene heute in mancher Hinsicht verändert dar. Gewiß, die Abhängigkeit vom Staat als Mäzen der Künstler bleibt weiter bestehen. Die Museen in Bagdad, Aleppo oder Kairo kaufen weiterhin großformatige realistische Bilder, die mit den propagierten staatlichen Vorstellungen von Kampf um Unabhängigkeit und wirtschaftlichem und gesellschaftlichem Fortschritt einhergehen. Daneben spielt aber zumindest in Staaten wie dem Irak oder Ägypten, in denen es mehr oder weniger breite Mittelschichten gibt, auch der Privatmann als Sammler eine gewisse Rolle. Diese Tatsache hat zur Produktion von Graphik und anderen multiplen Kunstformen geführt. Die Suche nach der kulturellen Identität bei Künstlern wie bei Kunstliebhabern rief eine Wiederbelebung und Weiterentwicklung der arabischen Kalligraphie hervor. Hier findet sich nun eine von europäischen Vorbildern unabhängige Entwicklung abstrakter Formen ausgehend von der arabischen Schrift.

Wie schon die klassische arabische Kalligraphie eine Vielzahl von Ausdrucksweisen kannte, finden wir in dieser genuin arabischen abstrakten Kunst ein Kaleidoskop von Techniken. Die Künstler arbeiten im herkömmlichen Sinn mit dem Schreibrohr, benutzen Pinsel und Stichel oder fertigen Kollagen an. Manche von ihnen arbeiten einerseits, indem sie Korantexte traditionell kopieren und vor allem damit ihren Lebensunterhalt sichern, andererseits jedoch Werke schaffen, bei denen die arabische Schrift nur noch in ihren Formen eine Grundlage der Abstraktionen bildet. Dabei mag eine graphische Form wie die des Wortes Allah variiert werden, doch lösen sich die Künstler auch von jedem Bezug zu den Buchstaben und verwenden nur noch Formen, die allein dem Duktus der arabischen Schrift verpflichtet sind. Besonders bemerkenswert sind in diesem Kontext Künstlerinnen und Künstler, die in ihren Darstellungen von Landschaften oder Architekturensembles Grundformen der arabischen Schrift verwenden und damit einerseits das emanzipatorische Moment gegenständlicher Kunst und das identitätsstiftende Moment der arabischen Schrift miteinander verbinden.

Plastik in der Gegenwart

In höherem Maße als die Malerei ist die Plastik eine öffentliche Kunst. Sie hatte angesichts des islamischen Bilderverbotes in der arabischen Welt keine Tradition, wenn man einmal von den marginalen Bereichen des Puppenspiels absieht. Auf ihrer Suche nach Vorbildern wandte sie sich nicht in dem Maße nach Europa, wie das die Malerei getan hatte. Vielmehr orientierte sie sich an der vorislamischen Plastik der altorientalischen Kulturen. Es ist nicht verwunderlich, daß in Ländern wie Ägypten oder dem Irak, in denen sich zahlreiche Zeugnisse dieser Kulturen finden, diese Form der künstlerischen Auseinandersetzung besonders fruchtbar war. Die Künstler befinden sich damit zugleich im Kontext mit immer wieder, wenn auch mit unterschiedlicher Intensität propagierten Bestrebungen der

Identifikation mit dem pharaonischen bzw. phönizischen oder babylonischen Erbe der jeweiligen Staaten. Da Bildhauer fast ausschließlich von öffentlichen Aufträgen abhängig sind, richten sie sich häufig nach den Vorgaben der herrschenden ideologischen Vorstellungen. Allerdings gibt es, z.B. im Irak, einen relativ großen Freiraum für Bildhauer, die mit bemerkenswerten Bezugnahmen auf die arabische Kultur des Zweistromlandes überzeugen. Das emanzipatorische Moment, das für das Schaffen vieler arabischer Maler von Bedeutung ist, spielte hier eine noch größere Rolle. Durch ihre Arbeiten geben sich die Bildhauer als moderne, islamischen Traditionen nicht mehr verhaftete Künstler zu erkennen. Auch das Publikum, das notwendigerweise mit ihren Arbeiten konfrontiert wird, sieht das so. Die Aufstellung einer Plastik wird als Akt des gesellschaftlichen Fortschritts angesehen.

Die aktuelle arabische Kunst zeigt eine erstaunliche Unabhängigkeit von europäischen oder amerikanischen Vorbildern. Das bedeutet nicht, daß die arabischen Maler und Bildhauer ihren Blick vor den künstlerischen Entwicklungen in der übrigen Welt verschließen und in autistischer Weise nur auf ihre eigene Situation konzentriert sind. Sie zeigen sich in der Regel am gedanklichen Austausch mit Künstlern aus anderen Kulturen sehr interessiert und sind über die herrschenden Trends in der Kunstszene gut informiert. Die bildende Kunst in der arabischen Welt hat heute eine angesichts der kulturellen Voraussetzungen bewundernswerte Eigenständigkeit erreicht.

Munir D. Ahmed

Reiches Erbe, ärmliche Gegenwart
Der Zustand des Bildungswesens

Die arabisch-islamische Welt blickt auf ein reiches kulturhistorisches Erbe zurück. Bereits im siebten Jahrhundert schickten Eltern ihre Kinder im Alter von vier Jahren, vier Monaten und vier Tagen zum Kuttab (Schreibstube), wo sie von festbesoldeten Lehrern die Kunst des Schreibens lernten. Da der Unterricht nicht immer kostenlos war, konnten sicherlich nicht alle Kinder die Schule besuchen, die es außerdem nicht in jedem Ort gab. Es zählte nicht zu den Pflichten des Staates, sie zu errichten. Die islamische Welt kannte die Institution von mildtätigen Stiftungen, Waqf genannt, die fast den gesamten Bereich der Sozialfürsorge abdeckten. Sie gründeten und unterhielten auch Schulen und Hochschulen, Madrasa genannt. Einige dieser ehrwürdigen Universitäten, die häufig in den Moscheen untergebracht waren, zählen zu den ältesten der Welt. Sie sind zum Teil im heutigen Bildungswesen integriert und bieten Unterricht außer in religiösen und philologischen Fächern auch in den naturwissenschaftlichen Disziplinen an.

Im Jahre 1801 hatte der damalige osmanische Gouverneur Ägyptens, Mohammed Ali, mit dem Aufbau eines Schulwesens nach europäischem Vorbild begonnen. Allerdings galt sein Interesse der militärischen Ausbildung. Dementsprechend waren auch die von ihm gegründeten höheren Schulen ausgerichtet, deren Lehrpersonal vorwiegend aus europäischen Militärs bestand. Ein Elementarschulwesen gab es auch, aber die Lehrer dieser Schulen waren Absolventen des alten Erziehungssystems und waren überdies ohne jegliche Lehrerausbildung. Dieses Bildungssystem, das keinesfalls für die Allgemeinheit gedacht war, wurde ein Opfer der finanziellen Schwierigkeiten des Landes, die zur Übernahme der Finanzhoheit Ägyptens durch Frankreich und Großbritannien und zum englischen Protektorat führten.

Die neuen Herren hatten wenig für den Aufbau eines Bildungswesens übrig. Durch die Einführung von Unterrichtsgeld machten sie den Schulbesuch für die ärmeren Schichten unmöglich. Die Schule wurde außerdem dazu degradiert, lediglich Beamte für die unteren Dienstgrade auszubilden. Die Vernachlässigung des Bildungswesens durch die englische Protektoratsmacht rief die ägyptischen Führer auf den Plan, die 1907/8 auf eigene Faust die „ägyptische Universität" errichteten. Eine umfassende nationale Bildungspolitik konnte aber erst nach Beendigung des Protektorats 1922 einsetzen. Zum eigentlichen Durchbruch kam es erst nach der Revolution von 1952.

Große Teile der arabischen Welt gehörten bis zum Ersten Weltkrieg dem Osmanischen Reich an und mußten sich daher nach der Bildungspolitik Konstantinopels richten. Insbesondere galt dies für Syrien (umfaßte damals auch Libanon und Transjordanien, das heutige Jordanien, und Palästina) und den Irak, die zum Kernbereich des Reiches zählten, aber auch für Hedschas, Jemen und Libyen. Die Sultane bemühten sich seit Anfang des 19. Jahrhunderts, dem traditionellen Bildungssystem mit einem nach europäischem Muster aufgebauten Schulwesen Konkurrenz zu machen.

Frankreichs Übergriff auf Nordafrika — Algerien 1830 und Tunesien 1881 — war von der Idee der „mission civilisatrice" getragen. Algerien sollte ganz französisch werden und seine arabische Vergangenheit bis hin zur Sprache ablegen. Das von der Kolonialmacht aufgebaute Schulsystem war auf dieses Ziel gerichtet, abgesehen davon, daß nur wenige Algerier überhaupt Zugang dazu hatten. In Tunesien ging man nicht ganz so weit, weil dort angeblich die vorgefundenen Strukturen besser intakt waren. Die praktischen Folgen für das Bildungswesen waren in beiden Ländern gleich verheerend.

Es gibt im Nahen Osten auch Länder, die nie, auch nur kurz oder indirekt, Kolonien gewesen sind. Die Versäumnisse auf dem bildungspolitischen Gebiet sind dort teilweise noch schlimmer als in den ehemaligen Kolonialgebieten. In Saudi-Arabien wurde mit dem Aufbau eines modernen Schulsystems erst in den 50er Jahren begonnen. Die meisten Golfstaaten besaßen bis vor zwei Jahrzehnten kaum Schulen. In Oman gab es 1970 bei der Machtübernahme durch Sultan Qaboos lediglich drei Elementarschulen und einige wenige Kuttab.

Anfänge nationaler Bildungspolitik

Der Aufbau eines nationalen Bildungswesens begann in den meisten arabischen Staaten erst nach dem Zweiten Weltkrieg. Privatschulen, darunter viele ausländische, waren die ersten Opfer der nationalen Bildungspolitik. Sie wurden mit den staatlichen Schulen gleichgeschaltet oder unter Kontrolle der Erziehungsministerien gestellt. Libanon bildete in dieser Hinsicht eine Ausnahme, wo den Privatschulen weitgehend ungehinderte Betätigung erlaubt wurde. Ausgerechnet dieses Land, in dem es keinen Schulzwang gibt, weist die höchste Einschulungsrate in der arabischen Welt auf.

Der Gedanke der Vereinheitlichung des Bildungsangebots und -standards ist so alt wie die Arabische Liga. Den Anfang machten 1957 Ägypten, Syrien und Jordanien mit der Unterzeichnung des „Abkommens zur kulturellen Einheit". 1970 wurde nach dem Vorbild von Unesco die „Arabische Organisation für Erziehung, Kultur und Wissenschaften" (genannt Alecso) gegründet, die ihr Hauptbetätigungsfeld im Bildungsbereich sieht. Sie wird in ihrer Arbeit durch eine Reihe von Spezialinstitutionen für Alphabetisierung, Erwachsenenbildung, Arabisierung, Bildungstechnologie und Hochschulbildung unterstützt. Trotz dieser Einrichtungen und der feierlichen Beteuerungen der Mitgliedstaaten muß der arabischen Welt ein wenig schmeichelhaftes Zeugnis ausgestellt werden. Sie haben es nicht vermocht, die Dimension des Bildungsproblems zu überschauen, geschweige es zu lösen.

Zentralismus und Bildungsemigration

Die arabische Welt kennt nur den Zentralstaat, dessen Ministerien alles aus der Hauptstadt heraus regeln und kontrollieren. Die lokalen Bedürfnisse bleiben angesicht eines starren Verwaltungssystems unberücksichtigt. Die allgemeine Schulstruktur (6 Jahre Elementar-, 3 Jahre Mittel- und 3 Jahre Sekundarschule) ist linear aufgebaut und erlaubt keinen Seiteneinstieg. Berufsausbildung wird stiefmütterlich behandelt, und nur diejenigen wählen die entsprechenden Lehrgänge, die in den zur akademischen Bildung führenden Schulen versagt haben.

Dieser Trend setzt sich an den Universitäten fort, wo die große Masse der Studenten die Humanwissenschaften bevorzugt. Die Naturwissenschaften und die Technologie werden von einer kleinen Minderheit gewählt, die überdies häufig Ausschau nach Übersiedlung in die westlichen Industriestaaten hält. Ägypten z. B. bildet vier Mal soviele Ärzte jährlich aus, wie im Lande absorbiert werden können. Der Großteil von ihnen wandert in die Erdölstaaten der Region aus. Aber ein nicht unbeträchtlicher Teil landet im Westen, wo die Lebensbedingungen angenehmer sind. Immerhin verfügte die arabische Welt Ende der 80er Jahre über 78 Universitäten und technische Bildungsanstalten. Eine erfreuliche Entwicklung ist es, daß die Zahl der weiblichen Studierenden im Wachsen begriffen ist. In einigen Golfstaaten mit Schulzwang gehen fast genauso viele Mädchen zur Schule wie Jungen. An den Hochschulen, z.B. in Kuwait, stellen die Studentinnen die Mehrheit der Studierenden. Angesichts des Abzugs vieler Ausländer aus Kuwait könnte dies dazu führen, daß Frauen Einzug in das mittlere Management der Banken, Versicherungen und anderer Dienstleistungsbetriebe halten.

Wolfgang S. Freund

Nicht gerade vielfältig — von gelenkt bis eben frei Die arabische Presse

Der Begriff „arabische Presse" ist ungenau. Was ist damit gemeint? Die Presse der arabischen Länder? Sie ist nicht nur arabischsprachig. Es erscheinen zwischen Casablanca und Bagdad Zeitungen auf englisch und französisch, die der „arabischen Presse" nicht weniger angehören als etwa die international bekannte ägyptische und arabischsprachige Zeitung Al-Ahram mit einer Tagesauflage von über 400 000 Exemplaren. Oder wäre „arabische Presse" alles in arabischer Sprache Gedruckte? Dann müßten auch jene Presseprodukte näherer Beleuchtung unterzogen werden, die beispielsweise in Paris und London auf arabisch erscheinen, meist herausgegeben — mit saudi-arabischen oder sonstigen „Öl-Geldern" — von libanesischen Emigranten. Schließlich gibt es die arabischsprachige Presse Israels, Ost-Jerusalems und der „besetzten Gebiete"; handelt es sich dabei ebenfalls um „arabische Presse"? Eine wohl legitime Frage.

Für eine generelle, summarische Betrachtung dürfte es realistisch sein, jene Printmedien als „arabische Presse" zu bezeichnen, die in den arabischen Ländern selbst, egal in welcher Sprache (es gibt zwischen Kairo, Beirut und Kuwait sogar Blätter auf griechisch, armenisch und . . . urdu!), publiziert werden. Denn hinsichtlich inhaltlicher Bewertungen, die hier im Vordergrund stehen, bleibt die Publikationssprache von sekundärer Bedeutung, während der Erscheinungsort das Profil des Blattes entscheidend beeinflußt. Zeitungen aus Beirut, Kairo oder Algier, wo heute relative (Kairo) bis völlige (Beirut, Algier) Pressefreiheit herrscht, haben ein anderes Gesicht als die Blätter aus Bagdad, Damaskus oder Tripolis / Libyen, letztere trotz weltweitem „perestroika"-Druck weiterhin, stramm, unter Ein-Mann- bzw. Einparteienzensur stehend. Die marokkanische, tunesische, teilweise auch die Golfstaaten-Presse wiederum liegt irgendwo zwischen diesen Extremen: liberale Ansätze stehen neben verdeckten Formen von ... „benevolent censorship", um einen Begriff der amerikanischen Politikwissenschaft zu parodieren.

Pressezensur

Die inhaltlichen Ausrichtungen der gesamten arabischen Presse bleiben den jeweiligen Formen „politischer Kultur" eng verknüpft. Da Demokratie, Menschenrechte und die damit verbundenen individuellen sowie kollektiven Freiheiten in den arabischen Ländern entweder (noch) nicht bestehen oder aber — frisch geboren bzw. künstlich geschaffen — auf schwachen, verletzlichen Füßen tänzeln, liegen inzwischen bestellte Felder von Presse- und Meinungsfreiheit fast immer im juristischen Vakuum. Rechtsschutz genießt staatlicher Eingriff in die Medien, keineswegs Medienkritik an Staatsaffären. Die berüchtigten „codes de la presse" Nordafrikas, ursprünglich französischen Ursprungs doch in ihrer Anwendung gewissermaßen hinter die Linien der Französischen Revolution zurückfallend, liefern hierfür weiterhin aktuelle, anschauliche Beispiele.

Fast alle arabischen Journalisten, ob Chefredakteure oder dem Fußvolk einer Zeitung angehörend, haben persönlich Gründe, wenig aufmüpfig in ihrer Berufspraxis zu sein. Sie sind in der Mehrzahl Angestellte des Staates (fast überall in der Arabischen Welt durch ein sogenanntes „Informationsministerium" vertreten) oder aber, sofern das Land nach frühkapitalistischen Methoden (Libanon, Saudi-Arabien, Kuwait . . .) funktioniert, jenen Kreisen verschwägert bzw. klientelenhaft verpflichtet, welche die Zeitungen materiell besitzen. Niemand spuckt leichtfertig in den Teller, aus dem er täglich zu essen pflegt. Ferner haben weder amerikanischer „investigative journalism" noch freie Meinungspresse, geformt an französischen Traditionen, geistige Wurzeln im arabisch-islamischen Raum. Hemmungslose Kritik erlaubt sich der arabische Journalist allenfalls dort, wo seine Aussage im Gleichschritt mit regierungsamtlichen Verlautbarungen marschiert, d.h. für ihn als Individuum risikolos bleibt (z.B. Anti-Israel-Kampagnen). Nahezu alle arabischen Zeitungen haben nach wie vor, wie man in Kairo etwas schnoddrig sagt, ihre „hate-Israel-page".

Selbstzensur folgt aus Sozialkultur

Schließlich gibt es eine bei arabischen Journalisten aller Mediengattungen weitverbreitete Form der Selbstzensur, die aus einer Eigentümlichkeit der arabisch-islamischen Sozialkultur erklärt werden kann: man scheut die öffentliche „Nestbeschmutzung"; man stellt „Andere" in ihren Schwächen nicht bloß, man übergeht Fehlverhalten mit Schweigen, in der Familie, gegenüber Außenstehenden wie auch in öffentlichen Angelegenheiten. „Kritik an der Person des Staatschefs" ist darüber hinaus in nahezu allen arabischen Ländern ein strafbares Delikt. Arabische Diktatoren, ob Könige oder Präsidenten, profitieren auf das Schamloseste von der ortsüblichen Humankultur, die einen totalen Respekt vor der Intimsphäre der Mitmenschen zur wichtigsten Umgangsform macht. Sie verdonnern auf diesem Wege die Massenmedien ihrer Länder zu „sittenkonformem" Schweigen. In einigen Ländern — Algerien und Libanon deutlich; Marokko, Tunesien, Ägypten, Jordanien bisweilen — greift der eingefahrene soziokulturelle Mechanismus allerdings nicht mehr so recht. Revolten kündigen sich an.

Interessanterweise ist jedoch die Zensur des Staates gegenüber der Presse in allen arabischen Ländern, mit Nuancen, weniger direkt als gegenüber Rundfunk und Fernsehen. Das Phänomen erklärt sich leicht. Aufgrund fortbestehender hoher Analphabetenraten außerhalb der Großstädte bleibt der Printmedieneinfluß auf die Bevölkerungen arabischer Kleinstädte, Land- und Wüstengebiete gering. Eine der Bezeichnung würdige Regionalpresse gibt es in arabischen Ländern ohnehin nicht; deren Existenz setzt einen sozioökonomischen Entwicklungsstand, in die Tiefe des jeweiligen Landes reichend, voraus, der nirgendwo in der arabischen Welt erreicht ist. Rundfunk- und Fernsehprogramme indessen dringen über Transistorradios, Satelliten- und Parabolsysteme sowie batteriebetriebene Fernsehempfänger bis in die Lehmhütten des Niltals, unter die Zelte Südmarokkos und in die letzten Oasen vorderorientalischer Wüstengebiete. Zeitungsleser bilden eine verschwindende Minderheit; sie liegen bei 2-3 Prozent der arabischen Medienkonsumenten. Deren staatsgefährdende Mobilisierung steht nirgendwo zu befürchten.

Im Vorderen Orient (= Maschreq) erscheinen neben den großen arabischsprachigen Tageszeitungen (z. B. Al-Ahram, Al-Gumhuriyya in Ägypten, Asch-Scharq al-ausat in Saudi-Arabien, An-Nahar im Libanon) auch Blätter in englischer oder französischer Sprache (z.B. Le Progrès Egyptien, Le Journal d'Egypte, The Egyptian Gazette, Arab News, Saudi Gazette, Kuwait Times, Baghdad Observer, Jordan Times, L'Orient-Le Jour), die sich in erster Linie an die im Nahen Osten lebenden „internationalen Minderheiten" wenden und im Wesentlichen nichts anderes sind als dünne Kondensate einer wesentlich farbigeren arabischsprachigen Presse. Viele kontroverse Themen werden in der arabischsprachigen Presse häufig sehr nuancenreich behandelt, in den anglo- bzw. frankophonen Gazetten jedoch nicht wiederaufgegriffen. Man geht ganz einfach davon aus, daß arabisch-interne „schmutzige Wäsche" pressemäßig allenfalls „unter Arabern" zu waschen sei, nicht aber vor einem internationalen Lesepublikum, das — zum Glück — fast immer keinen direkten Zugang zur arabischen Sprache besitzt. Ähnliches läßt sich im übrigen in Israel bei einem Vergleich der hebräischsprachigen mit einschlägigen europäisch-sprachigen Zeitungen (z.B. The Jerusalem Post) beobachten.

Völlig anders ist die Lage in Nordafrika (= Maghreb), wo aufgrund effektiver arabisch-französischer Zweisprachigkeit die französischsprachigen Zeitungen (Tunesien: La Presse de Tunisie, Le Temps; Algerien: El-Moudjahid, Alger Républicain, Algérie-Actualités; Marokko: Le Matin, Maroc-Soir, L'Opinion) ein ebenso großes, wenn nicht größeres Gewicht haben als die arabischsprachigen Organe. Der qualifiziert ausgebildete Nordafrikaner (ob nun Tunesier, Algerier oder Marokkaner) beherrscht fast immer die französische Sprache besser in Wort und Schrift als das schreib- und lesbare Hoch- bzw. Pressearabisch. Letzteres ist eine vereinfachte und modernisierte Form des Hocharabischen, gründend in Sprachreformen während der ersten Jahrzehnte des 20. Jahrhunderts in Syrien, im Libanon und — vor allem — in Ägypten. Die maghrebinischen Intellektuellen (= wichtigste Gruppe der Zeitungsleser zwischen Tunis und Casablanca) lesen lieber Französisch als Arabisch, von atypischen Minderheiten (Studium in Kairo, Damaskus usw.) abgesehen.

Neben den örtlichen Gazetten liest man daher entlang der südlichen Mittelmeerufer nicht weniger intensiv Le Monde, Le Figaro (der im Faksimile-Verfahren simultan zu Paris auch in Casablanca gedruckt wird!), Jeune Afrique, Paris-Match usw.

Diese partielle, aber strukturelle Frankophonie der nordafrikanischen Presse bringt naturgemäß mit sich, daß „gestaltende" Zensureinflüsse — von Algerien einmal abgesehen, wo seit über einem Jahr die Dinge in völligem Wandel sind — im Maghreb rigider gehandhabt werden als im Bereich der arabischsprachigen Presse des Vorderen Orients; denn die französischsprachigen Zeitungen Nordafrikas werden auch in Frankreich sowie im ganzen frankophonen Europa sehr aufmerksam gelesen.

Presse und Perestroika

Das überstrapazierte Russenwort hat auch vor der arabischen Printmedienszene nicht haltgemacht. In Algerien wird „Pressefreiheit" heute ganz groß geschrieben, in Tunesien predigt man sie mit eher zurückhaltender Begeisterung, in Marokko bleibt manches möglich, sofern nicht Seine Majestät Hassan II. ins journalistische Schußfeld gerät, ein Privileg, das bisher ausschließlich von französischen Zeitungen wahrgenommen wird. In Ägypten haben sich im Pressebereich solide liberale Traditionen aus früheren Zeiten — "british minded" — neue Wege ans Licht der Öffentlichkeit gebahnt; im Libanon erwachen, parallel zur innerstaatlichen Konsolidierung, die alten „Umgangsformen" von Pressefreiheit zu neuem Leben. Eher düster sieht es aus in Saudi-Arabien, in den Golf-Staaten, in Syrien und im Irak, wo die Kontrolleure und Stichwortlieferanten aus Religion und Politik mehr denn je zuvor am Werk sind und zum fortbestehenden Eindruck von einer „nicht gerade vielfältigen" arabischen Presse einen substanziellen Beitrag leisten. Und doch: Diese „arabische Presse" ist — im internationalen Vergleich — in der Zwischenzeit wesentlich besser geworden als ihr Ruf.

Besser als ihr Ruf: die arabische Presse. Zeitungsleser bilden jedoch eine verschwindende Minderheit, sie liegen bei 2–3 Prozent arabischer Medienkonsumenten.

9. Kapitel
Anhang

Begriffe des Islam

Ahl al-bait	wörtl.: „Angehörige des Hauses“, die Familie des Propheten Mohammed
Ahl al-aqd wal-hall	wörtl.: „Leute des Bindens und Lösens“, Vertreter der islamischen Gemeinde, betraut den Herrscher zu berufen und abzusetzen
Ahl al-kitab	wörtl.: „Angehörige der Schrift“, gemeint sind Angehörige der drei Schriftreligionen: Islam, Christentum, Judentum
Aliden	Nachkommen von Ali, dem Cousin des Propheten. Diese Familie beansprucht für sich das Erbe der politischen und religiösen Führung der islamischen Gemeinde
Allah	wörtl.: „Gott“, zusammengesetzt aus al-ilah (der Gott)
Aschura	Gedenktag an den Märtyrertod des Sohnes von Ali, Hussein, am 10. des ersten islamischen Monats (Muharram)
Ayatollah	wörtl.: „Zeichen Gottes“, höchster Geistlicher der Schiiten
(al-) Azhar:	Name einer Moschee und der bedeutendsten theologischen Hochschule der sunnitischen Welt in Kairo; die Moschee wurde im 10. Jh. von den Fatimiden gegründet
Baraka	Segen, göttliche Kraft
Derwisch	islamischer Mystiker, lebt meist in einem Orden zusammengeschlossen im Kloster
Dschihad	wörtl.: „Anstrengung“, sowohl auf die eigene religiöse Perfektion gerichtet, als auch auf die Missionierung „Ungläubiger“, d.h. derer, die keine Schrift besitzen
Emir	„Befehlshaber, Gouverneur“
Fatwa	Rechtsgutachten, die dafür ausgebildete Gelehrte (Mufti) erstatten
Hadith	wörtl.: „Mitteilung“, Überlieferung der Aussprüche und Handlungen des Propheten, um über den Koran hinaus eine Quelle zur Bestimmung der richtigen Verhaltensweise zu erhalten
Hadsch	jährliche Pilgerfahrt nach Mekka, die von jedem Muslim einmal in seinem Leben gefordert ist, zur Erinnerung an die Hidschra des Propheten

Harem	Teil des Hauses, der ausschließlich für Frauen reserviert ist, zu dem Männer keinen Zutritt haben
Hidschra	Auswanderung des Propheten von Mekka nach Medina im Jahre 622 n.Chr.; markiert den Beginn der islamischen Zeitrechnung
Idschtihad	Fortentwicklung des islamischen Rechts (Shari'a) auf der Grundlage der Rechtsquellen durch qualifizierte Gelehrte
Imam	wörtl.: „Vorsteher, Vorbeter", oberster Führer der muslimischen Gemeinde, Nachfolger des Propheten; bezeichnet auch den Vorbeter einer Gemeinde
Islam	wörtl.: „Unterwerfung", unbedingter Gehorsam zu Gott; Name der vom Propheten Mohammed gestifteten Religion
Kadi	Gesetzeskundiger, Richter (auch Mufti)
Kalam	Wissenschaft vom „Wort"; Bezeichnung für die traditionelle Theologie
Khalif	wörtl.: „Nachfolger, Stellvertreter" des Propheten, Führer der muslimischen Gemeinde
Koran	Heilige Schrift des Islam, welche die Offenbarungen des Propheten Mohammed enthält
Madhhab	pl. madhahib: Rechtsschule; die vier Rechtsschulen sind die der Hanafiten, Malekiten, Schafiiten und Hanbaliten; vielfach wird die der Schiiten als fünfte anerkannt
Madschlis	wörtl.: „Zusammenkunft, Treffen", bezeichnet heute vielfach das „Parlament"
Mahdi	wörtl.: „der unter göttlicher Leitung stehende"; Person, die am Tag des jüngsten Gerichtes erscheinen wird, um den Islam und das Reich der Gerechtigkeit einzusetzen
Mudschtahid	zum Idschtihad (s.o.) befähigter Geistlicher
Mullah	ein (Religions-)Gelehrter, Geistlicher
Mu'taziliten	Anhänger der Mu'tazila; Verteidigung des Glaubens mit dem Mittel der rationalen Beweisführung
Ramadan	9. Monat des muslimischen Kalenders, jährlicher Fastenmonat
Scherif	Adliger, Nachkomme der Familie des Propheten
Schi'a	wörtl.: „Anhängerschaft, Partei", bezeichnet die Gruppe der Muslime, die nur Ali und seine Nachkommen als die rechtmäßigen Nachfolger des Propheten ansehen; verbreitet vorwiegend in Iran und den arabischen Golfstaaten; betragen ca. 20 % aller Muslime
Schiit	Anhänger der „Schi'a"
Shari'a	wörtl.: „das, was vorgeschrieben ist", von Gott offenbarter Gesetzeskodex, der das Verhalten der Menschen zu ihrem Schöpfer und zu ihren Mitgeschöpfen regelt
Shura	wörtl.:„Beratungsgremium", ursprüngl. vom 1. Kalifen zur Wahl seines Nachfolgers eingesetzt
Sufi	muslimischer Mystiker
Sunna	wörtl.: „der Weg, den man beschreitet, Tradition", Praktiken und Handlungsweisen des Propheten, die den Muslimen ihren

	korrekten Lebensweg beschreiben
Sunnit	Anhänger der Konfession, die die historische Abfolge der Kalifen anerkennt, im Gegensatz zu den Schiiten; bilden die Mehrheit der Muslime
Sure	Kapitel des Koran
Ulama	Sammelbegriff für die muslimischen Gelehrten und Geistlichen
Umma	wörtl.: „Gemeinde“, bezeichnet die Gesamtheit aller auf der Erde lebenden Muslime
Waqf	Fromme Stiftung nach islamischem Recht

Zusammenstellung: Claudia Utermann

Zeitleiste

1916
„Sykes-Picot-Abkommen“ zur Abgrenzung englischer und französischer Interessenssphären im Nahen Osten; für die Errichtung eines unabhängigen arabischen Staates unter europäischer Kontrolle.

1916 - 18
Revolte auf der Arabischen Halbinsel gegen das Osmanische Reich unter dem Scharifen Hussein von Mekka, mit Unterstützung der Briten (T.E. Lawrence).

1917
Deklaration des britischen Außenministers Balfour über die Errichtung einer „nationalen Heimstatt“ der Juden in Palästina.

1919
Sa'd Zaghlul, Führer der Wafd-Partei für nationale Unabhängigkeit Ägyptens, von den britischen Behörden verhaftet; Volksaufstand von den Besatzungstruppen niedergeschlagen.
Iranisch-britischer Vertrag zum Ausbau der englischen Stellung nach Bestechung iranischer Minister unterzeichnet.

1919 - 22
Nach griechischer Invasion in Anatolien Sammlung nationalistischer Streitkräfte unter Mustafa Kemal (Atatürk); türkischer Unabhängigkeitskrieg gegen die Alliierten.

1920
Die Völkerbund-Konferenz von San Remo erklärt Syrien und Libanon zu französischem Mandatsgebiet.

1921
Der Irak wird konstitutionelle Monarchie unter König Faisal ibn Hussein; „Bündnisvertrag“ wahrt britische Ziele.
Rif-Krieg in Spanisch-Marokko; Unterwerfung Abd al-Karims.

1922
Großbritannien verkündet die Bildung eines unabhängigen Königreiches Ägypten mit Ahmad Fuad I. als König unter britischer Kontrolle.
Die Türken schaffen das Sultanat ab; der letzte osmanische Sultan Mehmed VI. flieht aus Istanbul.
Eroberung Libyens durch Italien.

1923
Verkündung der ägyptischen Verfassung.
Proklamation der türkischen Republik. Präsident: Mustafa Kemal (Atatürk).
Transjordanien von England als autonomer Staat anerkannt; der Bruder König Faisals, Abdallah bin Hussein, wird zu dessen Gouverneur ernannt.

1924
Ibn Saud erobert den Hedschaz und gründet ein wahhabitisches Königreich.
Abschaffung des Kalifats in der Türkei; Ende der Osmanendynastie.

1926
Abd al-Aziz ibn Saud nach Eroberung von Mekka zum König des Hedschaz ausgerufen; Unabhängigkeit von England 1927 anerkannt.
Unter französischer Aufsicht wird der griechisch-orthodoxe Charles Dabbas zum ersten Präsidenten des Libanon gewählt.

1928
Abschaffung des Islam als Staatsreligion in der Türkei.

1932
Unabhängigkeit des Irak und Aufnahme in den Völkerbund.

Emil Eddé wird von der französischen Mandatsmacht nach Suspension der Verfassung zum libanesischen Präsidenten ernannt.

1934
In Tunesien wird unter Habib Bourguiba die Neo-Destur-Partei gegründet.

1936
Ende der englischen Militärbesatzung in Ägypten (ausgenommen die Kanalzone).

1938
Tod von Mustafa Kemal Atatürk.

1941
Aufhebung des britisch-französischen Mandats und Ausrufung der Republik Syrien.

1943
Formelle Unabhängigkeit des Libanon. „Nationalpakt" regelt die Verteilung der Machtpositionen zwischen Christen und Muslimen; der Christ Bishara al-Khoury wird neuer Präsident.

1945
Gründung der Arabischen Liga: Ägypten, Syrien, Libanon, Transjordanien, Irak, Saudi-Arabien und Jemen.

1946
Jordanien, Libanon und Syrien werden als unabhängig anerkannt, Rückzug der französischen und britischen Truppen.
Abdallah bin Hussein wird König von Jordanien.

1948
Ende des britischen Palästina-Mandats; die Vereinten Nationen billigen die Teilung des Landes und die Errichtung des jüdischen Staates Israel. Arabisch-israelischer Krieg.

1949
Nach dem Ende des ersten Nahostkrieges werden der Gaza-Streifen und das Westjordanland ägyptischer und jordanischer Kontrolle unterstellt, Jerusalem wird geteilt, Israel gewinnt Galiläa und den Negev dazu.

Militärputsch in Syrien;
Putschversuch gegen den libanesischen Präsidenten Khoury, initiiert von der Gruppierung „Parti Populaire Syrien".

1950
Erste demokratische Wahlen in der Türkei, Sieg der „Demokratischen Partei" unter Adnan Menderes.

1951
Unabhängigkeit Libyens.

1952
Revolution in Ägypten: Putsch der Freien Offiziere unter Oberst Nasser.
Nach Ermordung von Abdallah bin Hussein (1951) wird dessen Enkel Hussein König von Jordanien.
Nach Kabinettskrisen im Libanon Rücktritt Präsident Khourys; zu seinem Nachfolger wird der Christ Camille Chamoun gewählt.

1954
Beginn des algerischen Befreiungskampfes.

1956
Königreich Marokko unter Muhammad V. wird unabhängig;
Unabhängigkeit Tunesiens.
Ägyptens Präsident Nasser nationalisiert den Suez-Kanal; Israel eröffnet durch seinen Angriff auf Ägypten den „Suezkrieg".
Der Sudan wird zur unabhängigen Republik erklärt.

1958
Revolution im Irak unter Abd al-Karim Qasem; Sturz der Monarchie von König Faisal; Proklamation der Republik.
Bürgerkriegsähnliche Unruhen im Libanon; General Fuad Shihab wird Präsident.

1958-61
Ägypten und Syrien schließen sich zur Vereinigten Arabischen Republik zusammen.

1959
Grenzstreit um erdölhaltige Gebiete am Ostufer des Schatt al-Arab zwischen Iran und dem Irak.

1960
Gründung der OPEC in Bagdad.
Militärputsch in der Türkei

1961
Unabhängigkeit Kuwaits.
Aufstand der Kurden im Nordirak

1962
Unabhängigkeit Algeriens.
Proklamation der Jemenitischen Arabischen Republik nach dem Sturz der Monarchie.
Gründung der Liga der Islamischen Welt in Mekka.

1963
Militärputsch im Irak; Abd as-Salam Arif wird neuer Präsident.

1964
Gründung der Palästinensischen Befreiungsorganisation (PLO) als nationale Bewegung der Palästinenser.
Charles Hélou löst Shihab als Präsident des Libanon ab.

1965
Algeriens Premierminister Ben Bella wird durch Oberst Houari Boumedienne gestürzt.

1967
5. - 11. 6.: Sechs-Tage-Krieg; Israel greift Ägypten, Syrien und Jordanien an und besetzt die Golanhöhen, die Westbank, den Gaza-Streifen und die Sinaihalbinsel.
Der UN-Sicherheitsrat verabschiedet die Resolution 242.
Proklamation der Volksrepublik Südjemen (seit 1970 Volksdemokratische Republik Jemen)

1968
Ein Staatsstreich im Irak unter General Hasan al-Bakr bringt die Baath-Partei an die Macht.
Gründung der OAPEC in Beirut.

1969
Militärputsch in Libyen unter Mu'ammar Khaddafi.

Jassir Arafat wird Vorsitzender der PLO.
Gründung der Organisation der Islamischen Konferenz (OIC) in Rabat.

1970
Tod des ägyptischen Präsidenten Nasser; Anwar as-Sadat übernimmt die politische Führung des Landes.
Hafiz al-Asad kommt in Syrien an die Macht.
Sulaiman Frandschiyya wird zum Präsidenten des Libanon gewählt.
In einem 15-Punkte-Friedensplan garantiert die Regierung in Bagdad den Kurden im Nordirak Autonomie.

1971
Britischer Rückzug „east of Suez"; Auflösung der Mandate und Protektorate in den Arabischen Golfstaaten.
Gründung der Vereinigten Arabischen Emirate (VAE).
„Schwarzer September": Bürgerkrieg in Jordanien zwischen jordanischem Militär und der palästinensischen Bevölkerung.
Mißlungener Militärputsch in Marokko.

1973
Ausbruch des „Oktober-Krieges": Ägypten und Syrien greifen Israel an.
Die OPEC beschließt Boykottmaßnahmen gegen Israel und seine Verbündeten im Oktober-Krieg.
22. Oktober: Verabschiedung der Resolution 338 durch den UN-Sicherheitsrat.

1974
Schwere Zusammenstöße zwischen der irakischen Armee und kurdischen Guerillas (Peshmergas) im Nordirak.
Türkische Truppen besetzen 40 % Zyperns.

1975
Ausbruch des Bürgerkrieges im Libanon.
September: Unterzeichnung des „Sinai-Abkommens" zwischen Israel und Ägypten.
Eröffnung der Islamischen Entwicklungsbank in Dschidda.

1976
Nach Abzug der spanischen Truppen aus dem Westsahara-Gebiet einigen sich Marokko und Mauretanien auf dessen Teilung; Beginn des Befreiungskampfes der saharaischen Polisario-Front.

Der von Damaskus favorisierte Elias Sarkis wird Präsident des Libanon.

1977
Unter Menachem Begin gewinnt die Likud-Partei die Wahlen in Israel und löst somit die seit 1949 regierende Arbeiterpartei ab.

1978
Unterzeichnung eines Separatfriedens zwischen Ägypten und Israel auf der Konferenz von Camp David; daraufhin erhalten Anwar as-Sadat und Menachem Begin den Friedensnobelpreis.

1979
Islamische Revolution in Iran, Sturz des Schah, Ayatollah Khomeini übernimmt die Führung der Islamischen Republik Iran.
Saddam Hussein übernimmt das Amt des Präsidenten im Irak.
Die Arabische Liga bricht die politischen Beziehungen zu Ägypten aufgrund der Unterzeichnung eines „Separatfriedens" mit Israel durch Präsident Sadat ab.

1979/80
Sowjetische Invasion in Afghanistan.

1980
Der Irak greift Iran an, Ausbruch des 8 Jahre dauernden Golfkrieges.
Militärputsch unter General Kenan Evren in der Türkei.

1981
Gründung des Golfkooperationsrates (GCC).
Ermordung des ägyptischen Präsidenten Sadat; Husni Mubarak wird neuer Präsident Ägyptens.

1982
Invasion der israelischen Armee im Südlibanon, um palästinensische Guerillabasen zu zerstören. Arafat und seine Anhänger müssen ihr Hauptquartier dort verlassen.
Bashir Gemayel, Führer der christlichen Milizen und designierter Präsidentennachfolger im Libanon, kommt bei einem Sprengstoffanschlag ums Leben; sein Bruder Amin wird Präsident.

1983
Yitzhak Schamir löst Menachem Begin als Präsident Israels ab.
Erste freie Wahlen seit dem Militärputsch in der Türkei; Sieg der „Mutterlandspartei“ von Turgut Özal.

1986
11. April: Amerikanische Flugzeuge bombardieren Ziele in Libyen.

1987
Ausbruch der Intifada, des Aufstandes der Palästinenser in den Besetzten Gebieten gegen die israelische Besatzung.
Die Türkei stellt einen Antrag auf Vollmitgliedschaft in der EG.

1988
Arafat erkennt das Existenzrecht Israels an und schwört dem Terrorismus ab.
Saddam Hussein greift die kurdische Bevölkerung des Nordirak mit Giftgas an.
UN-Friedensinitiative zur Beseitigung des Westsahara-Konfliktes.
Der Ägypter Nagib Mahfouz erhält als erster arabischer Schriftsteller den Nobelpreis für Literatur.

1989
„Taif-Abkommen“: Wiederherstellung der libanesischen Souveränität; Abkommen zur Entwaffnung der Milizen.
Wiederaufnahme Ägyptens in die Arabische Liga.
Tod Ayatollah Khomeinis; Ali Hashemi Rafsandschani wird im August zum Präsidenten Irans gewählt.

1990
Wiedervereinigung des Jemen, Hauptstadt wird Sana.
2. August: Überfall des Irak auf Kuwait.
8. Oktober: Israelische Sicherheitskräfte erschießen 17 Menschen bei Zusammenstößen zwischen Juden und Palästinensern auf dem Tempelberg.
Die Islamische Heilsfront (FIS) in Algerien gewinnt die Mehrheit in den Bezirksversammlungen.

1991
„Operation Wüstensturm“; Jan./Feb. Sieg der alliierten Streitkräfte.

Irakische Streitkräfte gehen gegen die Schiiten im Süden und die Kurden im Norden des Landes vor. Massenflucht der kurdischen Bevölkerung, vor allem nach Iran und in die Türkei.

11. März: US-Außenminister Baker startet seine Vermittlungsbemühungen zwischen Arabern und Israelis in Jerusalem.

13. August: Elias Hrawi, unterstützt durch syrische Militäreinheiten, entmachtet den libanesischen Präsidenten Aun.

Entwaffnung palästinensischer Milizen im Libanon.

30. Oktober: Erste multilaterale arabisch-israelische Friedenskonferenz in Madrid.

26. Dezember: Im ersten von zwei Wahlgängen gewinnt die Islamische Heilsfront in Algerien die Mehrheit der Sitze im Parlament.

Zusammenstellung: Claudia Utermann

Einige Entwicklungsdaten

(Zahlen beziehen sich auf 1990.
Umrechnungskurs: 1 $ = 1,60 DM)

Ägypten:

Fläche:	1 100 000 km^2
Hauptstadt:	Kairo
Einwohner:	54,8 Mio.
Bevölk. Dichte:	55 pro km^2
Jährl. Bevöl. Wachstum:	2,6 %
Alphabetisierung:	45 %
Urbanisierung:	45,2 %
BSP:	50,375 Mrd. DM
BSP Anteile: Landwirtschaft:	16 %
Industrie:	39 %
Dienstleistg.:	45 %
BSP pro Einwohner:	915 DM

Algerien:

Fläche:	2 381 740 km^2
Hauptstadt:	Algier
Einwohner:	24,9 Mio.
Bevölk. Dichte:	10 pro km^2
Jährl. Bevöl. Wachstum:	3,0 %
Alphabetisierung:	45 %
Urbanisierung:	42,6 %
BSP:	90,9 Mrd. DM
BSP Anteile: Landwirtschaft:	14 %
Industrie:	49 %
Dienstleistg.:	37 %
BSP pro Einwohner:	3 573 DM

Bahrain:

Fläche:	620 km^2
Hauptstadt:	Manama
Einwohner:	497 000
Bevölk. Dichte:	802 pro km^2
Jährl. Bevölk. Wachstum:	3,3 %
Alphabetisierung:	75 %
Urbanisierung:	80,7 %
BSP:	4,4 Mrd. DM
BSP Anteile: Landwirtschaft:	1 %
Industrie:	42 %
Dienstleistg.:	57 %
BSP pro Einwohner:	9 051 DM

Irak

Fläche:	438 446 km^2
Hauptstadt:	Bagdad
Einwohner:	18 Mio.
Bevölk. Dichte:	42 pro km^2
Jährl. Bevölk. Wachstum:	3,8 %
Alphabetisierung:	46 %
Urbanisierung:	68 %
BSP:	60 Mrd. DM
BSP Anteile: Landwirtschaft:	16 %
Industrie:	37 %
Dienstleistg.:	47 %
BSP pro Einwohner:	3 320 DM

Israel

Fläche:	20 770 km^2
Hauptstadt:	Jerusalem
Einwohner:	4,4 Mio.
Bevölk. Dichte:	210 pro km^2
Jährl. Bevölk. Wachstum:	1,7 %
Alphabetisierung:	92 %
Urbanisierung:	88,9 %
BSP:	58,9 Mrd. DM
BSP Anteile: Landwirtschaft:	5 %
Industrie:	28 %
Dienstleistg.:	67 %
BSP pro Einwohner:	13 323 DM

Jemen

Fläche:	527 970 km^2
Hauptstadt:	Sana
Einwohner:	9,5 Mio.
Bevölk. Dichte:	18 pro km^2
Jährl. Bevölk. Wachstum:	3,1 %
Alphabetisierung:	39 %
Urbanisierung:	25,4 %
BSP:	10,6 Mrd. DM
BSP Anteile: Landwirtschaft:	20 %
Industrie:	20 %
Dienstleistg.:	60 %
BSP pro Einwohner:	1 097 DM

Jordanien

Fläche:	91 880 km^2
Hauptstadt:	Amman
Einwohner:	4 Mio.
Bevölk. Dichte:	32 pro km^2
Jährl. Bevölk. Wachstum:	3,6 %
Alphabetisierung:	64,4 %
BSP:	6,9 Mrd. DM
BSP Anteile: Landwirtschaft:	7 %
Industrie:	24 %
Dienstleistg.:	69 %
BSP pro Einwohner:	2 291 DM

Katar:

Fläche:	11 000 km^2
Hauptstadt:	Doha
Einwohner:	469 000
Bevölk. Dichte:	43 pro km^2
Jährl. Bevölk. Wachstum:	4,1 %
Alphabetisierung:	75 %
Urbanisierung:	88 %
BSP:	7,2 Mrd. DM
BSP Anteile: Landwirtschaft:	1 %
Industrie:	49 %
Dienstleistg.:	50 %
BSP pro Einwohner:	14 153 DM

Kuwait:

Fläche:	17 812 km^2
Hauptstadt:	Kuwait-City
Einwohner:	2,1 Mio.
Bevölk. Dichte:	113 pro km^2
Jährl. Bevölk. Wachstum:	3,6 %
Alphabetisierung:	75 %
Urbanisierung:	93,7 %
BSP:	42,6 Mrd. DM
BSP Anteile: Landwirtschaft:	1 %
Industrie:	49 %
Dienstleistg.:	50 %
BSP pro Einwohner:	20 394 DM

Libanon:

Fläche:	10 400 km^2
Hauptstadt:	Beirut
Einwohner:	3,4 Mio.
Bevölk. Dichte:	317 pro km^2
Jährl. Bevölk. Wachstum:	1,1 %
Alphabetisierung:	77 %
Urbanisierung:	80,4 %
BSP:	2,9 Mrd. DM
BSP Anteile: Landwirtschaft:	8 %
Industrie:	21 %
Dienstleistg.:	71 %
BSP pro Einwohner:	851 DM

Libyen:

Fläche:	1 759 540 km^2
Hauptstadt:	Tripolis
Einwohner:	4,1 Mio.
Bevölk. Dichte:	2 pro km^2
Jährl. Bevölk. Wachstum:	3,1 %
Alphabetisierung:	75 %
Urbanisierung:	75,9 %
BSP:	34,5 Mrd. DM
BSP Anteile: Landwirtschaft:	4 %
Industrie:	69 %
Dienstleistg.:	27 %
BSP pro Einwohner:	8 456 DM

Marokko:

Fläche:		446 550 km^2
Hauptstadt:		Rabat
Einwohner:		25,6 Mio.
Bevölk. Dichte:		57 pro km^2
Jährl. Bevölk. Wachstum:		2,5 %
Alphabetisierung:		71 %
Urbanisierung:		42,7 %
BSP:		27,5 Mrd. DM
BSP Anteile:	Landwirtschaft:	21 %
	Industrie:	30 %
	Dienstleistg.:	49 %
BSP pro Einwohner:		1 961 DM

Mauretanien:

Fläche:		1 030 700 km^2
Hauptstadt:		Nouakchott
Einwohner:		1,9 Mio.
Bevölk. Dichte:		2 pro km^2
Jährl. Bevölk. Wachstum:		3,0 %
Alphabetisierung:		28 %
Urbanisierung:		34,6 %
BSP:		1,4 Mrd. DM
BSP Anteile:	Landwirtschaft:	19 %
	Industrie:	27 %
	Dienstleistg.:	54 %
BSP pro Einwohner:		710 DM

Oman:

Fläche:		212 460 km^2
Hauptstadt:		Muskat
Einwohner:		1,3 Mio.
Bevölk. Dichte:		6 pro km^2
Jährl. Bevölk. Wachstum:		3,1 %
Alphabetisierung:		38 %
Urbanisierung:		8,8 %
BSP:		11,5 Mrd. DM
BSP Anteile:	Landwirtschaft:	3 %
	Industrie:	51 %
	Dienstleistg.:	46 %
BSP pro Einwohner:		8 466 DM

Saudi-Arabien:

Fläche:	2 240 000 km^2
Hauptstadt:	Riad
Einwohner:	16,2 Mio.
Bevölk. Dichte:	7 pro km^2
Jährl. Bevölk. Wachstum:	4 %
Alphabetisierung:	57 %
Urbanisierung:	73 %
BSP:	143,7 Mrd. DM
BSP Anteile: Landwirtschaft:	5 %
Industrie:	49 %
Dienstleistg.:	46 %
BSP pro Einwohner:	8 477 DM

Sudan:

Fläche:	2 505 813 km^2
Hauptstadt:	Khartoum
Einwohner:	24,4 Mio.
Bevölk. Dichte:	10 pro km^2
Jährl. Bevölk. Wachstum:	2,7 %
Alphabetisierung:	22 %
Urbanisierung:	20,2 %
BSP:	13,6 Mrd. DM
BSP Anteile: Landwirtschaft:	32 %
Industrie:	17 %
Dienstleistg.:	51 %
BSP pro Einwohner:	524 DM

Syrien:

Fläche:	185 180 km^2
Hauptstadt:	Damaskus
Einwohner:	12,8 Mio.
Bevölk. Dichte:	65 pro km^2
Jährl. Bevölk. Wachstum:	3,8 %
Alphabetisierung:	61 %
Urbanisierung:	49 %
BSP:	32,7 Mrd.
BSP Anteile: Landwirtschaft:	27 %
Industrie:	19 %
Dienstleistg.:	54 %
BSP pro Einwohner:	2 577 DM

Tunesien:

Fläche:		163 610 km^2
Hauptstadt:		Tunis
Einwohner:		7,9 Mio.
Bevölk. Dichte:		48 pro km^2
Jährl. Bevölk. Wachstum:		2,3 %
Alphabetisierung:		48 %
Urbanisierung:		52,8 %
BSP:		15,1 Mrd. DM
BSP Anteile:	Landwirtschaft:	14 %
	Industrie:	30 %
	Dienstleistg.:	56 %
BSP pro Einwohner:		1 926 DM

VAE:

Fläche:		83 600 km^2
Hauptstadt:		Abu Dhabi
Einwohner:		2,2 Mio.
Bevölk. Dichte:		25 pro km^2
Jährl. Bevölk. Wachstum:		3,2 %
Alphabetisierung:		73 %
Urbanisierung:		80,9 %
BSP:		37,6 Mrd. DM
BSP Anteile:	Landwirtschaft:	2 %
	Industrie:	59 %
	Dienstleistg.:	39 %
BSP pro Einwohner:		17 225 DM

Zusammenstellung: Claudia Utermann

Neuere Literatur — Bücher in vorwiegend deutscher Sprache

I. Grundlagenwerke / Handbücher / Bibliographien

Ehlers, Eckart: Der islamische Orient: Grundlagen zur Länderkunde eines Kulturraumes, Köln: Islamische Wissenschaftliche Akademie, 1990

Khoury, Adel Theodor / Hagemann, Ludwig / Heine, Peter: Islam-Lexikon. Geschichte, Ideen, Gestalten; 3 Bde., Freiburg u.a.: Herder, 1991

Mensching, Horst / Wirth, Eugen (Hrsg.): Nordafrika und Vorderasien (Bd. 4, Fischer Länderkunde), Stuttgart: Fischer, 1989

Nahost Jahrbuch (1987 ff.). Politik, Wirtschaft und Gesellschaft in Nordafrika und dem Nahen und Mittleren Osten, hrsg. von Deutsches Orient-Institut, Thomas Koszinowski / Hanspeter Mattes, Opladen: Leske + Budrich

Otto, Ingeborg / Schmidt-Dumont, Marianne: Der Nahostkonflikt seit Ausbruch der Intifada. Eine Auswahlbibliographie, Hamburg: Deutsches Übersee-Institut, Übersee Dokumentation, 1990

Reich, Bernard (ed): Political Leaders of the Contemporary Middle East and North Africa. A Political Dictionary, New York / London: Greenwood Press, 1990

Steinbach, Udo / Robert, Rüdiger (Hrsg.): Der Nahe und Mittlere Osten. Politik, Gesellschaft, Wirtschaft, Geschichte, Kultur; 2 Bde., I: Grundlagen, Strukturen und Problemfelder; II: Länderanalysen, Opladen: Leske + Budrich, 1988

II. Islam und neuere Geschichte

Colpe, Carsten: Problem Islam, Frankfurt / M.: Athenäum, 1989

Ende, Werner / Steinbach, Udo (Hrsg.): Der Islam in der Gegenwart. Entwicklung und Ausbreitung, Staat, Politik und Recht, Kultur und Religion; München: C.H. Beck, ^{3}1991

Haarmann, Ulrich (Hrsg.): Geschichte der arabischen Welt, München: C.H. Beck, 1987

Paret, Rudi: Der Koran. Übersetzung, Stuttgart u.a.: W. Kohlhammer, ^{5}1989, Kommentar und Konkordanz ibid., ^{4}1989

Schimmel, Annemarie: Der Islam. Eine Einführung, Stuttgart: Reclam, 1990

Schimmel, Annemarie (Hrsg.): Der Islam. Islamische Kultur — Zeitgenössische Strömungen — Volksfrömmigkeit, Stuttgart u.a.: Kohlhammer, 1990

III. Politik und Gesellschaft

Baumgarten, Helga: Palästina: Befreiung in den Staat. Die palästinensische Nationalbewegung seit 1948, Frankfurt/M.: Suhrkamp (ed. suhrkamp 1616), 1991

Farouk-Sluglett, Marion/Sluglett, Peter: Der Irak seit 1958. Von der Revolution zur Diktatur, Frankfurt/M.: Suhrkamp (edition suhrkamp, 661), 1991

Hanf, Theodor: Koexistenz im Krieg. Staatszerfall und Entstehen einer Nation im Libanon, Baden-Baden: Nomos, 1990

Hottinger, Arnold: Die Araber vor ihrer Zukunft. Geschichte und Problematik der Verwestlichung, Paderborn: Ferdinand Schöningh, 1989

Hünseler, Peter: Die außenpolitischen Beziehungen der Bundesrepublik Deutschland zu den arabischen Staaten von 1949 - 1990, Frankfurt/M.: Lang, 1990

Kepel, Gilles: Die Rache Gottes. Radikale Moslems, Christen und Juden auf dem Vormarsch, München u.a.: Piper, 1991

Krell, Gerd/Kubbig, Bernd W.: Krieg und Frieden am Golf. Ursachen und Perspektiven, Frankfurt/M.: Fischer (Sachbuch, 980), 1991

Landeszentrale für politische Bildung Baden-Württemberg (Hrsg.): Die Golfregion in der Weltpolitik, Stuttgart: W. Kohlhammer, 1991

Miller, Judith/Mylroie, Laurie: Saddam Husain. Biographie eines Diktators und die Geschichte seines Landes, München: Martin Greil, 1991

Nirumand, Bahman (Hrsg.): Sturm im Golf. Die Irak-Krise und das Pulverfaß Nahost, Reinbek: Rowohlt, 1990

Pawelka, Peter (Hrsg.): Arabische Golfstaaten in der Krise, Frankfurt/M.: R.G. Fischer, 1990

Perthes, Volker: Staat und Gesellschaft in Syrien 1970 - 1989. Hamburg: Deutsches Orient-Institut, 1990

Schreiber, Friedrich: Aufstand der Palästinenser — die Intifada. Fakten und Hintergründe, Opladen: Leske + Budrich, 1990

Shanneik, Ghazi (Hrsg.): Die Beziehungen zwischen der Bundesrepublik Deutschland und den Arabischen Golfstaaten, Bonn, 1990

Tibi, Bassam: Konfliktregion Naher Oster. Regionale Eigendynamik und Großmachtinteresse, München: C.H. Beck, 1989

IV. Der literarische Reflex

Abdallah, Jachja Taher: Menschen am Nil. Zwei ägyptische Novellen, Basel: Lenos, 1989

Boudjedra, Rachid: Der Pokalsieger, Berlin/Weimar: Aufbau-Verlag, 1985

Djaout, Tahar: Die Suche nach den Gebeinen, Berlin/Weimar: Aufbau-Verlag, 1988

al-Ghitani, Gamal: Seini Barakat, Diener des Sultans, Freund des Volkes, Basel: Lenos, 1988

Gibb, Hamilton A.R./Landau, Jacob M.: Arabische Literaturgeschichte, Zürich: Artemis, 1968

al-Hakim, Taufiq: Staatsanwalt unter Fellachen, Zürich: Unionsverlag, 1982

Khalifa, Sahar: Die Sonnenblume, Zürich: Unionsverlag, 1986

Machfus, Nagib: Die Kinder unseres Viertels, Zürich: Unionsverlag, 1990
Machfus, Nagib: Die Midaq-Gasse, Zürich, 1985
Machfus, Nagib: Das Hausboot am Nil, Berlin: Edition Orient, 1989
Mellah, Fawzi: Die Irrfahrt der Königin Elissa, Gründerin Karthagos, Frankfurt/M.: Eichborn, 1989
Walter, Helga: Widerschein Afrikas. Zu einer algerischen Literaturgeschichte, Wiesbaden: Harrassowitz, 1990

Autoren

Werner Adam, Journalist, „Frankfurter Allgemeine Zeitung", Frankfurt/M.
Detlev Ahlers, Journalist, „Die Welt", Bonn
Munir D. Ahmed, Orientalist, Deutsches-Orient-Institut, Hamburg
Aziz Alkazaz, Volkswirt, Deutsches Orient-Institut, Hamburg
Helga Anschütz, Germanistin, Reinbek bei Hamburg
Şefik Alp Bahadir, Volkswirt, Universität Erlangen-Nürnberg
Amazia Baram, Politologe, Universität Tel Aviv
Helga Baumgarten, Politologin, z.Zt. Deutsches Orient-Institut, Hamburg
Jochen Blaschke, Soziologe, Berliner Institut für Vergleichende Sozialforschung, Berlin
Hartmut Bobzin, Orientalist, Universität Erlangen-Nürnberg
Ursula Braun, Juristin, freie Mitarbeiterin bei der Stiftung Wissenschaft und Politik, Ebenhausen und am Deutschen Orient-Institut, Hamburg
Helena Cobban, Politologin, Universität Maryland
Khalid Duran, Orientalist, z.Zt. Foreign Policy Research Institute, Philadelphia
Hédi Eckert, Orientalist, z.Zt. Deutsches Orient-Institut, Hamburg
Alexander Flores, Politologe, Universität Erlangen-Nürnberg
Wolfgang S. Freund, Soziologe, Universitäten Paris und Tunis
Henner Fürtig, Orientalist, Universität Leipzig
Erhard Gabriel, Geograph, Ahrensburg bei Hamburg
Gad Gilbar, Politologe, Universität Tel Aviv
Yehoshavat Harkabi, Politologe, Hebräische Universität Jerusalem
Peter Heine, Orientalist, Universität Münster
Erdmuthe Heller, Orientalistin, München
Arnold Hottinger, Journalist, „Neue Zürcher Zeitung", Nikosia
Regina Karachouli, Orientalistin, Universität Leipzig
Wolfgang Köhler, Journalist, „Frankfurter Allgemeine Zeitung", Frankfurt/M.
Thomas Koszinowksi, Orientalist, Deutsches Orient-Institut, Hamburg
Martin Kramer, Orientalist, Universität Tel Aviv
Wolfgang Günter Lerch, Journalist, „Frankfurter Allgemeine Zeitung", Frankfurt/M.
Harald List, Orientalist, freier Mitarbeiter am Deutschen Orient-Institut, Hamburg
David E. Long, Politologe, Georgetown Universität, Washington

Hanspeter Mattes, Politologe, Deutsches Orient-Institut, Hamburg
Harald Mehner, Agrarwissenschaftler, Göttingen
Helmut Mejcher, Historiker, Universität Hamburg
Fawzi Mellah, Literaturwissenschaftler, Universität Genf
Bärbel Meyer, Soziologin, freie Mitarbeiterin am Deutschen Orient-Institut, Hamburg
Hassouna Moshabi, Journalist, z.Zt. München
Dieter Müller-Wodarg, Agrarwissenschaftler, Buxtehude
Volker Nienhaus, Volkswirt, Universität Bochum
Mustapha Ouertani, Soziologe, freier Mitarbeiter am Deutschen Orient-Institut, Hamburg
Martin Raschen, Volkswirt, Universität Bochum
Andreas Rieck, Orientalist, Deutsches Orient-Institut, Hamburg
Lothar, Rühl, Journalist und Staatssektretär a.D., „Die Welt", Bonn
Elke Schwanitz, Orientalistin, Humboldt-Universität zu Berlin, Institut für Friedens- und Konfliktforschung
Wolfgang Schwanitz, Orientalist, Forschungsschwerpunkt Moderner Orient, Berlin
Hisham Sharabi, Politologe, Georgetown Universität, Washington
Kenneth W. Stein, Politologe, Emory Universität, Atlanta
Udo Steinbach, Orientalist, Deutsches Orient-Institut, Hamburg
Reinhard Stewig, Geograph, Universität Kiel
Claudia Utermann, Orientalistin, Hamburg
Jörg von Uthmann, Journalist, „Frankfurter Allgemeine Zeitung", Frankfurt / M.
Wiebke Walther, Orientalistin, Universität Hamburg
Michael Wolffsohn, Historiker, Universität der Bundeswehr, München